中国纺织出版社有限公司
国家一级出版社
全国百佳图书出版单位

内 容 提 要

《舌华录》是明代曹臣所编著的名言集录。它继承了《世说新语》“遗形取神”的笔法，言简意赅地描绘出生动饱满的人物个性。该书广泛记载了上自远古、下至明代之间的奇人妙语。因本书中体现的时间跨度大，呈现出不同历史时期各类人物的语言风貌，是以编撰内容更为别具一格、异彩纷呈。今《舌华录全鉴》一书，严谨地对原文进行精准注释、译文解读，以及生僻字注音，力求本书通俗明畅，方便读者轻松阅读。

图书在版编目（CIP）数据

舌华录全鉴 / （明）曹臣编著；东篱子解译. -- 北京：中国纺织出版社有限公司，2021.8（2024.1重印）
ISBN 978-7-5180-8665-8

Ⅰ. ①舌… Ⅱ. ①曹… ②东… Ⅲ. ①格言—汇编—中国—古代 ②《舌华录》—译文 Ⅳ. ①H136.33

中国版本图书馆CIP数据核字（2021）第128521号

责任编辑：段子君　　责任校对：高　涵　　责任印制：储志伟

中国纺织出版社有限公司出版发行
地址：北京市朝阳区百子湾东里 A407 号楼　邮政编码：100124
销售电话：010—67004422　传真：010—87155801
http://www.c-textilep.com
中国纺织出版社天猫旗舰店
官方微博 http://weibo.com/2119887771
永清县晔盛亚胶印有限公司印刷　各地新华书店经销
2021年8月第1版　2024年1月第2次印刷
开本：710×1000　1/16　印张：20
字数：360千字　定价：68.00元

前言

曹臣（1583—？），字荩之，号文几山人。明代徽州府歙县人。《舌华录》这部记录清言俊语的力作就是曹臣所编写的。全书分为 9 卷 18 类，共有一千多个词条段落，可谓内容广泛，妙趣横生。

曹臣出生于商人之家，从小就喜欢文学，他广读经史子集，涉猎诸多领域，注重博采众家所长。这些良好的爱好，无疑为他后来的创作之路奠定了坚实的基础。

在三十多岁左右，经历过生活拮据，遭遇过穷愁流离的曹臣，他的才华需要施展，心绪需要发抒，感慨更需要有所寄托，所以在他心田里积淀多年的文学种子终于暴发了，写诗文之余，开始着手创作笔记小说《舌华录》，约写成于万历四十三年四月之前。

本书根据汉代至明代典籍中的问答妙语，以及自己平时所见所闻，博采古今人士警言隽语精简而成。虽然篇幅短小，但都是经典问答的隽秀之语，闪耀着令人意想不到的灵光。当然，读过《世说新语》的人，一眼便能看出其中若隐若现的相似之处，却又有着迥然不同的绝妙。

不错，这本《舌华录》就是曹臣沿用了刘义庆《世说新语》的思路与格局，精选了包括《世说新语》在内的众多典籍中的精言妙语，曾一度被世人认为是《世说新语》的姊妹篇。书中每一段精彩的对答，无不彰显出灵机一动的智慧，以及语言艺术的强大魅力。正所谓，相同之处是同样精彩，不同之处是《舌华录》跨越了时空的长度，长而不乱，具有“上至远古，下逮明人，分门别类”的精彩，兼有深刻的颖悟。

诸如“狂语篇”中：桑民怿会试既毕，自喜必中，乃于卷后画一站船，因击桌曰：“此回定坐官船矣。”竟以违式贴出。这一则小故事，让人不难看出得意忘形的隐患。又如“谐语篇”中：大学士石曼卿乘马出行跌落马下时说：“幸亏我是石学士啊，倘若是个瓦学士，可就摔成碎片了。”如此，让我们领略了古人的诙谐。再如“颖语篇”中有一段扣人心弦的君臣对话：梁武帝拿起一个红枣投掷萧琛，萧琛本能地拿起一个栗子投向梁武帝，正好击中梁武帝的脸。梁武帝勃然大怒。如此对皇上大不敬的回击，定死无疑！然而萧琛面对皇帝的问罪却不动声色，机敏应答道：“陛下投给我一颗红心，微臣岂敢不战栗侍奉陛下呢？”一句智慧的对答，化解了杀身之祸，也让我们看到了“伴君如伴虎”的年代，为人臣者的“颖语”是何其重要啊！

本书中如此机警智慧的“巧舌善辩”之语不胜枚举，这或许就是曹臣将此书命名为《舌华录》的灵感之源，大概也是取用了佛经中“舌本莲花”的寓意吧。

正如明代戏曲评论家潘之恒评论《舌华录》辑录缘由时曾说：“舌根于心，言发为华。”同时也阐明了这本书中语言类别的内在含义，是为了更好地弘扬智慧、力戒轻狂。为此，我们不敢遗忘先人志愿，在感悟历代文化涵养对人性塑造的神奇张力之中，力争让精华千秋万代流传下去。

本书共分为18篇，对每篇内容进行注释、译文，以及生僻字注音，尽量保证原书内容的完整，并力求注释精准，译文通畅，阅读轻松，成为一个通俗无障碍的经典版本。

解译者

2021年1月

目录

慧语篇第一

【原文】

吴苑曰[①]：佛氏戒定慧三等结习[②]，慧为了语，慧之义不大乎？慧之在舌机也，有狂智之别焉。狂之不别有智，如智之不识有狂也。是智者智，而狂者亦智，两而别之，则金粟如来氏矣。如来氏取法，一芥可以言须弥[③]，刹那可以称万劫[④]。其中倒拈顺举，无不中道。即智者不自知，而狂者能耶？乃次慧语第一。

【注释】

①吴苑：字楞香，安徽歙县人。小时候就特别聪颖，博古通今。康熙年间进士。著有《北黟山人集》《大好山水录》。

②结习：佛教称烦恼。多指积久难除的习惯。

③一芥（jiè）：一粒芥籽，比喻轻微纤细的事物。芥：一种草本植物。须弥（xū mí）：相传是古印度神话中的名山。佛教定义为诸山之王，世界的中心，为佛教的宇宙观。

④万劫：佛经称世界从生成到毁灭的过程为一劫，万劫犹万世，形容时间极长。

【译文】

吴苑说：佛家要求弟子一定要修成戒、定、慧三种根本学业，“慧”所指的是了悟之语，如此看来，“慧”的意义不大吗？从口舌之语的锋芒机巧来看，“慧”就具有巧智与疏狂的区别了。但遗憾的是，疏狂的人不知运用巧智，就像巧智的人不知自己也可以疏狂一样。如此看来，有巧智的人就有智慧，而疏狂的人也是有智慧的，如果将两者加以区别并巧妙运用，那么就成为金粟如来了。按照如来佛祖的取舍方法来看，一粒草籽就可以称为一个世界，一瞬间就可以称作万世。这其中无论是倒拿还是正举，都合符道理。这就是说，如果智者都不能认清自我，那么疏狂者还能做到吗？因此，将慧语列为第一位。

【原文】

1. 王元泽数岁时[①]，客有以一獐一鹿同笼以献[②]。客问元泽：“何者是獐？何者是鹿？”元泽实未识，良久对曰：“獐边者是鹿，鹿边者是獐。”客大奇之。

【注释】

①王元泽：王雱（pāng），字元泽，是王安石的儿子。

②獐（zhāng）：古同“麞”。哺乳动物，形状像鹿，毛较粗，头上无角。

【译文】

大约王元泽在几岁的时候，有一天，有个客人将一只獐和一只鹿关在同一个笼子里作为礼物敬献给他父亲王安石。客人笑呵呵地问王元泽：“你知道哪一只是獐？哪一只是鹿吗？”王元泽实在不认识这两种动物，他想了好久，然后认真地回答说：“獐子旁边的是鹿，鹿旁边的就是獐子。”客人对他机智的回答大为惊奇，赞不绝口。

【原文】

2. 苏东坡一日退朝[1]，食罢，扪腹徐行[2]，顾谓侍儿曰：“汝辈且道是中何物？”一婢遽曰[3]：“都是文章。”坡不以为然[4]。又一婢曰：“满腹都是机械。”坡亦未以为当。至朝云乃曰[5]：“学士一肚皮不合时宜。”坡捧腹大笑。

【注释】

①苏东坡：苏轼，字子瞻，号东坡居士。北宋眉州眉山（今属四川省眉山市）人，祖籍河北栾城，北宋著名文学家、书法家、画家。“唐宋八大家”之一。

②扪腹（mén fù）：抚摸腹部。

③婢（bì）：婢女，丫鬟。遽（jù）：立即，马上。

④不以为然：不认为是正确的。表示不同意或否定。然：是，对。

⑤朝云：王朝云，苏轼的侍妾。

【译文】

有一天，苏东坡退朝回府，吃完饭后，抚摸着肚子慢悠悠向前行走，回头看看身边侍女问道：“你们说说我这腹中都是什么东西？一个婢女马上回答说：“都是文章。”苏东坡认为不正确。又有一个婢女说：“满腹都是脏器。”东坡认为她的答案也不恰当。轮到朝云回答时，她便说：“学士有一肚子的不合时宜。”东坡听到后捧腹大笑。

【原文】

3. 庞安聋而颖悟[1]，人与之言，以指画字，不尽数字，辄了人意[2]。苏东坡戏之曰：“余以手为口[3]，尔以眼为耳，皆一时异人也。”

【注释】

①庞安：字安常，自号蕲水道人，被誉为“北宋医王”。颖悟：聪慧过人；极其聪明（多指少年时）。

②辄（zhé）：就。

③余：我。以：用，依靠。

【译文】

庞安耳朵聋，但他从小就聪颖过人，别人跟他说话时，得用手写字代替嘴说话，但还没等写完几个字，他就能很快明白对方所表达的意思。苏东坡开玩笑对他说："我用手写字代替嘴说话，你用眼睛代替耳朵来听，咱们都称得上是一时的奇人了。"

【原文】

4．张玄之、顾敷，是顾和中外孙[①]，皆少而聪慧。一日与至寺中，见泥洹佛像[②]，弟子有泣者[③]、不泣者。和以问二孙。玄之谓："彼亲，故泣；彼不亲，故不泣。"敷曰："不然。由忘情，故不泣；不能忘情，故泣。"

【注释】

①中外孙：孙子与外孙的合称。儿子所生子为"中"，女儿所生子为"外"。

②泥洹（huán）：即涅槃，死亡之意。泥洹佛像：指佛祖去世前涅槃的佛像。

③泣：哭泣。

【译文】

张玄之、顾敷，是顾和的孙子和外孙子，都年少而且聪明。一天，顾和与他俩一起到寺院去，看到佛祖涅槃的神像，弟子中有看到后哭泣的，也有不哭泣的。顾和因此问孙子和外孙子这是为什么。张玄之回答说："那些弟子跟佛祖亲近的，所以哭泣；那些弟子中跟佛祖不亲的，所以就不哭。"顾敷说："不是这样的。因为忘情，所以就不哭泣；因为不能忘情，所以才哭泣。"

【原文】

5. 杨德祖为主簿[①]，时操既平汉中[②]，欲讨刘备而不得进，欲守又难为功。护军不知进止，操出教，唯曰"鸡肋"。外曹莫能晓[③]，德祖曰："夫鸡肋，食之无所得，弃之殊可惜[④]，公归计决矣。"乃令白外称严，操果回师[⑤]。

【注释】

①杨德祖：杨修，东汉文学家，他为人恭敬，学问渊博，任曹操丞相府主簿。后来被曹操借故杀害。主簿：官名。

②操：曹操，字孟德，谥号武皇帝（魏武帝），沛国谯县（今安徽亳州）人。东汉末年杰出的政治家、军事家、文学家、书法家，曹魏政权的奠基人。

③晓：通晓，明白。

④殊：很，极。

⑤果：果然。回师：指出征作战时，某种原因将部队调动回归。

【译文】

杨德祖在曹操麾下任主簿，那时候曹操已经平定了汉中，想继续讨伐刘备却没有进展，想固守又很难取胜。护军不知道是进攻还是继续坚守，这时曹操传来命令，却只说了“鸡肋”俩字。在外边执行命令的曹氏将官没弄明白这是什么意思，不知道怎么办才好，只听杨德祖说：“那所谓的鸡肋，就是啃食它得不到多少肉，丢弃它觉得很可惜，看来曹公准备撤兵的计划已经决定了。”于是命令外围守卫的将士适当整顿防守，不久，曹操果然调动兵马回返京师了。

【原文】

6. 隋吏部侍郎薛道衡①，尝游钟山开善寺②，谓小僧曰：“金刚何为努目③？菩萨何为低眉④？”小僧答曰：“金刚努目，所以降伏众魔；菩萨低眉，所以慈悲六道⑤。”

【注释】

①薛道衡：字玄卿，隋朝大臣，著名诗人。历仕北齐、北周。隋朝建立后，任内史侍郎。

②尝：曾经。

③努目：相当于“怒目”，指把眼睛张大，使眼球突出。

④低眉：眉目低垂。形容很和顺慈祥的样子。

⑤六道：是佛根据业报身所受福报大小划分的，共分为天人道、人道、畜牲道、阿修罗道（魔）、饿鬼道、地狱道（化生）六种。

【译文】

隋朝吏部侍郎薛道衡，曾经游览钟山开善寺，看到神像时他对小和尚说：“金刚为什么怒目圆睁？菩萨为什么看上去眉目低垂呢？”小和尚回答说：“金刚怒目，所以才能降伏四面八方的妖魔；菩萨低眉，是因为慈悲为怀普度六道众生。”

【原文】

7. 王侍中尝因侍宴①，高祖问群臣：“朕为有为无②？”侍中答曰：“陛下应万物为有③，体至理为无。”

【注释】

①侍中：古代官名。皇帝近臣，地位渐重，魏晋后实际相当于宰相。

②朕（zhèn）：人称代词。自秦始皇起专用作皇帝的自称。

③陛下（bì xià）：本义是台阶，后来指臣子对皇上或帝王的尊称。

【译文】

王侍中服侍在高祖皇帝身边，有一天跟着一起去宴请群臣，当时高祖问群臣：“朕是实有之人还是虚无之人呢？”王侍中回答说：“陛下能应和万物，便为实有，能体察至理，则为虚无。”

【原文】

8. 王介甫尝见举烛[1]，因言：“佛书日月灯光明佛，灯光岂得配日月[2]？”吕吉甫曰[3]：“日昱乎昼[4]，月昱乎夜，灯光昱乎昼夜，日月所不及，其用无差别。”介甫以为然[5]。

【注释】

①王介甫：王安石，字介甫，赐封荆国公。北宋著名思想家、政治家、文学家、改革家。“唐宋八大家”之一。曾任宰相，主持变法。

②岂：怎能，岂能。用作助词，表示反诘语气。

③吕吉甫：吕惠卿，北宋宰相，政治改革家，王安石变法中的二号人物，为推动变法做出了许多贡献。

④昱（yù）：意同“煜”，光明，照耀。昼：白天。

⑤以为然：认为这是正确的。

【译文】

曾有一次，王安石看见有人举着灯烛走过去，因此说：“佛书上写着阳光、月光、灯光为佛照明，可是灯光又怎能与日月相匹敌呢？”吕吉甫回复说：“阳光照耀于白天，月光照亮于夜晚，而灯光则能照耀白天和黑夜，这是日月所做不到的，而它们能照明的作用却没有差别。”王安石认为他说得很正确。

【原文】

9. 黄龙寺晦堂老子[1]，尝问山谷以“吾无隐乎尔”之义[2]，山谷诠释再三[3]，晦堂不答。时暑退凉生[4]，秋香满院，晦堂因问曰：“闻木樨香乎[5]？”山谷曰：“闻。”晦堂曰：“吾无隐乎尔[6]。”山谷悟服。

【注释】

①晦堂老子：名祖心，宋高僧，名其方丈为晦堂，因此称晦堂老子。黄庭坚曾师事于他。

②山谷：即黄庭坚，字鲁直，号山谷道人、涪翁，北宋著名文学家、书法家、江西诗派开山之祖。

③诠释（quán shì）：指说明，解释，讲解。

④暑退凉生：是指炎热的夏天过去，凉爽的秋天来临之意。

⑤木樨（mù xī）：同木犀，是指桂花树，是一种珍贵的观赏芳香植物。花小，白色或暗黄色，也可做香料或食品。

⑥吾无隐乎尔：语出《论语·述而》，原文是“子曰：‘二三子以我为隐乎？吾无隐乎尔。吾无行而不与二三子者，是丘也。’”意为孔子说：“学生们以为我

对你们有什么隐瞒吗？我没有任何隐瞒你们的事。我没有什么不能向你们公开的言行，这就是我孔丘的为人。”

【译文】

黄龙寺有一个僧人名叫晦堂老子，他曾问黄庭坚“吾无隐乎尔”这句话的含义，黄庭坚一遍又一遍地反复加以讲解说明，晦堂都不赞成。当时正好是暑热消退，凉气徐生的季节，秋天特有的香气飘满庭院，晦堂因此问道：“你闻到木樨花的香味了吗？”黄庭坚回答说：“闻到了。”晦堂说：“我没有隐瞒于你吧。”黄庭坚很快明白了“吾无隐乎尔”这句话的真谛，并很佩服他的解释。

【原文】

10. 黄子琰少即辩慧①。建和中尝日食②，京师不见③。子琰祖太尉④，以状闻太后。诏问所食多少，太尉思其对，未知所况。子琰年七岁，时在侧，曰：“何不言‘日食之余⑤，如月之初’？”

【注释】

①黄子琰（yǎn）：即黄琬，字子琰，早年时就聪慧善辩。是东汉中后期名臣。少：年少，小时候。

②建和：东汉桓帝刘志的年号。

③京师：指京都。

④太尉：官名。此指子琰的祖父。曾官为魏郡太守。

⑤余（yú）：意为剩下的。

【译文】

黄子琰小时候就特别聪明善辩。汉桓帝建和年间曾发生过日食现象，京城一带人没有见到。子琰的祖父黄太尉，将发生日食现象的消息禀告给太后。随即太后下诏询问他太阳被食掉了多少，太尉考虑如何回答太后，但思来想去不知怎么比喻才能将日食的形状描述清楚。那一年子琰才七岁，当时正好在祖父身旁，见此情景便说：“祖父，您何不说‘日食所剩余的部分，就像初月的形状’？”

【原文】

11. 薛西源性好施①，尝脱绵袄施贫者②。或曰③：“安得人人而济之④？”薛曰：“吾为见者赠耳。”

【注释】

①薛西源：即薛蕙，字君采。官授刑部主事。世人尊称为“西原先生”。

②尝：曾经。

③或：有的。

④安：怎样，怎么。济：接济，救助之意。

【译文】

薛西源天性乐善好施，曾经脱下自己身穿的棉袄施舍给受冻的穷人。有人对他说："你怎么可能救济到所有缺衣少食的穷人呢？"薛西源回答说："我只能将物品赠给我所见到的穷人罢了。"

【原文】

12. 熊际华曰："梦以昨日为前身①，可以今夕为来世②。"

【注释】

①前身：本为佛教用语，指前世的身体。

②今夕：今夜，当晚。为：作为，当作。

【译文】

熊际华说："既然睡梦中把昨天当作是自己前世的身体，那么也可以把今晚当作是自己的来世。"

【原文】

13. 永乐改元①，徙江南富民实北京②。黄润（玉）时年十岁③，其父当行，乃诣官请代④。官不从，对曰："父去，日益老；儿去，日益长。"官异而从之。

【注释】

①永乐：中国明朝第三位皇帝明成祖朱棣的年号。改元：是指中国封建时期皇帝即位时或在位期间改换年号。新皇帝即位后改变纪年的年号，称为"改元"。

②徙（xǐ）：迁移和移动之意。

③黄润：应当是黄润玉，字孟清。明永乐年间官员，后以老致仕，归里筑南山书院讲学，人称南山先生。

④乃：于是。诣（yì）：到……去；前往。

【译文】

明成祖朱棣登基以后改年号为"永乐"，下令将江南的富户都迁徙到北方来充实京都的人口。黄润玉那时才十岁，按诏令他的父亲应当迁徙随行，于是他就到官府请求代替父亲进京。官府执事没有答应，他对官员说："父亲去了，会一天天变得更加衰老；儿子前去，会一天天长大。"官员听了以后感到很惊异，于是就答应了他的要求。

【原文】

14. 陆氏兄弟游龙潭寺①，见一暗室，弟曰："是黑暗地狱。"兄曰："是彼极乐世界②。"

【注释】

①陆氏兄弟：指西晋文学家陆机（字士衡）与陆云（字士龙）。

②彼：那，彼岸。极乐世界：也叫净土。是佛教幻想的世界。那里没有众苦，只受诸乐，不受尘世污染，故名极乐。因远在西方，故又俗称西天。

【译文】

陆机、陆云兄弟二人一同前去游览龙潭寺，偶然发现一间暗室，弟弟说："这是黑暗的地狱。"兄长则说："这是彼岸的极乐世界。"

【原文】

15. 陈元方子长文有英才①，与季方子孝先②，各论其父之功德，争之不能决。咨于太丘③，太丘曰："元方难为兄，季方难为弟④。"

【注释】

①陈元方：即陈纪，字元方，颍川许昌（今河南许昌东）人，是太丘陈寔（shí）的长子，他与弟弟陈谌（季方）都以至德著称，并与其父亲陈寔和弟弟陈季方在当时被合称为"三君"。

②季方子孝先：陈季方的儿子，名叫陈孝先。

③咨：询问，咨询。太丘：本是河南一个地名，陈元方的父亲陈寔（shí）曾经是那里的长官，后人称他为"陈太丘"。

④元方难为兄，季方难为弟：是说兄弟二人才智不分高下。后世用"元方季方""难兄难弟"来赞扬兄弟二人的才学品德出众。

【译文】

陈元方的大儿子名叫长文有出众的才华，他和叔叔陈季方的儿子陈孝先各自夸耀自己的父亲功业与德品高，就这样一直争论不休没有决出高低上下。于是就跑到祖父陈太丘面前询问结果，请求公断。太丘先生笑呵呵地说："元方是哥哥，但很难说他胜过弟弟；季方是弟弟，也很难说他不如哥哥。"

【原文】

16. 徐孺子年九岁①，尝月下嬉②，人语之曰："若令月中无物，当更明耶？"徐曰："不然，譬如眼中有瞳子③，无此必不明。"

【注释】

①徐孺子：即徐稺（zhì），字孺子，东汉时期名士，世称"南州高士"。朝廷多次征聘他，但他始终不应聘做官。他的一生因"恭俭义让，淡泊明志"的处世哲学受到世人推崇，被认为是"人杰"的典范和楷模。

②嬉：玩耍。

③譬如（pì rú）：比如。瞳（tóng）子：黑睛中央的圆孔，又称瞳孔。

【译文】

东汉时期，徐孺子九岁那年，有一天晚上他在月光下嬉戏玩耍，有人对他

说："如果想办法使月亮中没有杂物，不就应当更明亮了吗？"徐孺子说："不对，这就比如眼睛中有瞳孔一样，如果没有它，必然就不明亮了。"

【原文】

17. 孔融被收①，中外惶怖②。时融儿大者九岁，小者八岁，二儿故琢钉戏③，了无遽容④。融谓使者曰："冀罪止于一身，二儿可得全不⑤？"儿徐进曰："大人岂见'覆巢之下，复有完卵'乎？"寻亦收至。

【注释】

①孔融被收：指孔融被曹操逮捕处死之事。孔融：字文举。鲁国（今山东曲阜）人。东汉末年文学家，"建安七子"之一。收：逮捕，收监问罪。

②中外：指朝廷内外。惶怖（huáng bù）：惊恐，惊惶恐惧。

③琢钉戏：古时游戏。常以画地为界，琢钉其中，先以小钉琢地，名曰签。以签之所在为主，出界者负，彼此不中者负，中而触所主签者负。

④了（liǎo）无遽（jù）容：完全没有恐慌的神色。形容从容镇定。遽：恐慌。

⑤全：此指保全性命。

【译文】

孔融被曹操下令逮捕处死，朝廷内外一片惊恐。那时候，孔融的儿子当中最大的才九岁，小的只有八岁，两个孩子听到这个消息后依旧在玩琢钉游戏，完全没有恐慌的神色。孔融对前来传令逮捕他的使者说："希望惩罚只限于我自己，两个孩子能否可以得到保全性命呢？"这时，孔融的儿子从容地走上前说："父亲难道见过'打翻的鸟巢之中，还有完整的鸟蛋'吗？"不大一会儿，来拘捕他孩子的差役也到了。

【原文】

18. 中朝小儿父病①，行乞药②。主人问病，曰："患疟也③。"主人曰："尊侯明德君子④，何以病疟？"答曰："来病君子⑤，所以为疟。"

【注释】

①中朝：西汉朝官自汉武帝以后有中朝、外朝之分，中朝又称内朝。汉武帝为加强皇权，选用一些亲信侍从如尚书、常侍等组成的，称为"中朝"或"内朝"。病：生病，患病。

②乞药：求医讨药。

③病：病症。疟（nüè）：疟疾，由疟原虫引起的急性传染病。

④尊侯：尊称对方的父亲。明德：光明的德行。当时俗传行疟的源头是疟鬼，形体极小，不敢使大人物得病，所以主人这样问小孩儿。

⑤来病君子：来使君子生病。病：祸害。

【译文】

中朝时期，有个小孩儿的父亲生病了，他赶紧外出求医讨药。药铺主人询问他父亲的病情时，他说："我父亲患疟疾病了。"药铺主人说："令尊是一个德行高洁的君子，而俗传疟鬼不敢使大人物得病，你父亲怎么会患疟疾病呢？"小孩儿马上回答说："正因为它来使君子患病，所以才被称作疟疾的（"疟"与"虐"同音）。"

【原文】

19. 庾公尝入佛图①，见卧佛②，曰："此子疲于津梁③。"

【注释】

①庾（yǔ）公：即庾亮，字元规。东晋时期名臣、名士，丞相庾琛之子、明穆皇后庾文君的兄长。佛图：常指佛塔；佛寺。

②卧佛：常指如来佛祖的神像。《涅盘经》中描述为"如来背痛，于双树间北首而卧。"

③津梁：桥梁。此句比喻佛祖为接引众生奔忙，但佛也会因奔忙而疲劳，这与常人无异。

【译文】

庾公曾有一次去佛寺进香，他看到一尊卧佛的神像，便说："这位佛祖因忙于普渡众生到极乐世界而疲劳了。"当时人们把这句话当成名言传诵。

【原文】

20. 庾法畅造庾太尉①，握麈尾②，至佳。公曰："此至佳，那得在？"法畅曰："廉者不求，贪者不与，故得在耳。"

【注释】

①庾法畅：晋代僧人。有才思，善为往复。著《人物始义论》等。庾太尉：即庾亮，字元规，在东晋时历仕元帝、明帝、成帝三朝。

②麈（zhǔ）尾：古人闲谈时执以驱虫、掸尘的一种工具。在细长的木条两边及上端插设兽毛，当作拂尘。或做成形状类似羽扇的物件，柄之左右饰以麈尾之毛。麈：古书上指鹿一类的动物，其尾可做拂尘。

【译文】

庾法畅前去拜访太尉庾亮，手里拿着的拂尘，看上去特别精致。庾公说："你这把麈尾拂尘如此精致，在哪里得到的，怎么才能长期保存在自己手中呢？"法畅说："廉洁的人不会向我索求，贪心的人索求，我不送给他，所以就能长久保存在自己手中了。"

【原文】

21. 晋武帝每饷山涛①，恒少②。谢太傅以问子弟③，车骑答曰④："当由欲者不多，而使与者忘少。"

【注释】

①晋武帝：晋朝开国皇帝司马炎。饷（xiǎng）：馈赠，赏赐。山涛：字巨源。河内郡怀县（今河南武陟西）人。三国至西晋时期名士、政治家，"竹林七贤"之一。曾历任侍中、吏部尚书、司徒等职。

②恒：总是。

③谢太傅：即谢安，字安石。陈郡阳夏（今河南太康）人。东晋政治家、名士。曾经挫败桓温篡位，是淝水之战东晋决策者。

④车骑：官名。此指车骑将军谢玄，字幼度。东晋名将，谢安的侄子。有经国才略，善于治军。早年为大司马桓温部将。

【译文】

号称"竹林七贤"之一的山涛，曾任吏部尚书，他为朝廷选拔很多人才，但是晋武帝每次给他的赏赐都很少。就此，谢安问他的子侄们对于此事有何看法，车骑将军谢玄回答说："这应当是因为领受赏赐的人贪欲之心不大，所以才使赏赐的人忽略了赏赐的多与少。"

【原文】

22. 简文崩①，孝武年十余岁②，立，至暝不临③。左右启："依常应临。"帝曰："哀至则哭，何常之有？"

【注释】

①简文：指晋代简文帝司马昱（yù）。在位不到两年就忧愤病卒。谥号简文皇帝。崩：驾崩，一般用于称呼帝王死亡。

②孝武：即晋孝武帝司马曜，庙号烈宗，东晋第九任皇帝。四岁时被封为会稽王，晋简文帝驾崩前夕被立为皇太子并继承皇位，时年十一岁。最初由大司马桓温辅政。

③暝（míng）：日落；黄昏。临（lìn）：旧时指帝王为丧事而悲痛哭泣。

【译文】

简文帝在位两年左右就驾崩了，他的儿子孝武帝司马曜继位那一年才十多岁，服丧期间，他站在那里，直到天黑也没有哭出声来。他身边的侍从启奏说："按常规惯例此刻应该哭出声来。"孝武帝回答说："悲伤到来时自然就会哭出来，有什么常规惯例之说呢？"

【原文】

23. 谢太傅问诸子侄①："子弟亦何预人事②，而正欲使其佳③？"诸人莫有言者。车骑答曰④："譬如芝兰玉树⑤，欲使其生于阶庭耳⑥。"

【注释】

①谢太傅：即谢安，字安石。东晋政治家、名士。

②子弟：弟弟、儿子、侄子等，对父兄而言，泛指年轻后辈。预：参与，干涉。这句话意思是：子侄后辈的事又跟长辈有什么关系呢？

③欲：想。佳：美好，优秀。

④车骑：指车骑将军谢玄。

⑤譬如：比如。芝兰：芝草和兰草，都是芳香的草。玉树：是传说中的仙树。二者都用来比喻才德之美。

⑥欲使其生于阶庭耳：比喻希望美好、高洁的东西都能出自于自家庭院。阶庭：意思是台阶前的庭院。耳：而已，罢了。

【译文】

太傅谢安问各位子侄："作为长辈，子侄们的事又何必去干预，为什么总想正面引导而使他们成为优秀的人才呢？"大家听完都不说话。过了一会儿，只听车骑将军谢玄回答说："这就好比是芬芳的芝兰和玉树，人们总想让它们生长在自家的庭院中罢了。"

【原文】

24. 孝武将讲《孝经》①，谢公兄弟与诸人私庭讲习②。车武子难苦问谢③，谓袁羊曰："不问则德音有遗④，多问则重劳二谢。"袁曰："必无此嫌⑤。"车曰："何以知尔？"袁曰："何尝见明镜疲于屡照⑥，清流惮于惠风⑦？"

【注释】

①讲：研究、讨论。

②私庭：意思是私家，私人府邸。

③车武子：即车胤（yìn），字武子，东晋大臣。自幼聪颖好学，因家境贫寒，无意间成就了"囊萤夜读"的历史典故。后来曾任吏部尚书，为人公正，不畏强权。

④德音：善言，对别人言辞的敬称，这里指谢安兄弟二人的言论。

⑤嫌：嫌怨；不满意。

⑥何尝：何曾。屡照：屡次对照。这句话的意思是：明镜经过屡次对照，仍然明亮。

⑦惮（dàn）：惧怕，害怕。惠风：和暖的风。这句意思是：和暖的微风轻拂，水流仍然清澈。

【译文】

孝武帝将要研讨《孝经》，于是谢安、谢石兄弟二人和众人先在私人府邸开始研讨学习。车武子不好意思没完没了地询问谢安兄弟，便对袁羊说："不问清楚则怕遗漏精湛的言论，反复问得多了，又怕劳累二位谢公。"袁羊说："一定不会引起他们嫌怨的。"车武子说："你依据什么知道的呢？"袁羊说："你何曾见过明亮的镜子会因为连续照影而疲劳，清澈的流水何时会害怕和暖的微风吹拂呢？

【原文】

25. 范宁作豫章①，八日请佛，有板，众僧疑之，或欲作答。有小沙弥在坐末曰②："世尊默然③，则为许可。"举众从其义④。

【注释】

①范宁：字武子。南阳顺阳（今河南淅川东）人。东晋经学家，著述颇丰。曾任豫章太守。

②小沙弥（mí）：小和尚。

③世尊：佛陀的尊称。佛教认为，佛无论在世，还是出世间都尊贵，所以叫"世尊"。

④举：全部，所有。从：听从，认同，同意。

【译文】

范宁担任豫章太守的时候，在四月初八正值佛生日那天到寺院中拜谒佛像，他的手里捧着用简牍写成的文书等候佛祖回应，众僧都感到疑惑不解，有人想上前去回复范宁。这时有一个坐在最末位的小沙弥说："佛祖沉默不语，就表示默认许可了。"这时所有人都认同小沙弥的说辞。

【原文】

26. 江夏冯京①，知并州，谓王平甫曰②："并州歌舞妙丽，闭目不窥③，日以谈禅为上。"王答曰："若如所论，未达禅理④。闭目不窥，已是一重公案。"

【注释】

①冯京：字当世，鄂州江夏（今湖北武昌）人，北宋大臣。曾连中解元、会元、状元，在古代诸位"三科状元"中名气较大。

②王平甫：即王安国，北宋时期诗人，宰相王安石同母弟弟，与王安礼、王雱并称为"临川三王"。

③闭目不窥（kuī）：闭着眼睛不偷看。比喻视而不见。

④达：通达，参透。禅理：意思是佛学之中的义理。

【译文】

北宋时期，江夏人冯京，担任并州知州，有一天他对王平甫说："并州的歌舞清丽、美轮美奂，但我闭着眼睛不偷看，每日将讨论佛学禅理当作最上乘的乐事。"王平甫回答说："如果真像你所说的那样，说明你还没有参透禅理。在事实面前却装作视而不见，就已经是一个极为严重的问题了。"

【原文】

27. 卫玠总角时①，问乐令梦②，乐云："是想。"卫曰："形神所不接而梦③，岂是想耶④？"乐云："因也。未尝梦乘车入鼠穴，捣齑啖铁杵⑤，皆无想无因故也。"

【注释】

①卫玠（jiè）：字叔宝，河东安邑（今山西夏县北）人，晋朝玄学家、官员，中国古代四大美男之一。总角：指八九岁至十三四岁的少年。古代儿童将头发分作左右两半，在头顶各扎成一个结，形如两个羊角，故称"总角"。

②乐令：即乐广，字彦辅。南阳郡淯阳县（今河南南阳）人。 西晋时期名士，西晋清谈领袖之一。历任元城令、中书侍郎、侍中等职。后任尚书左、右仆射，又代王戎为尚书令，被后人称为"乐令"。

③形神：身形和心神。

④岂：难道；哪里。

⑤捣齑（jī）：捣碎。啖（dàn）：吃。铁杵（chǔ）：舂米或捣衣的铁棒。

【译文】

卫玠十多岁的时候，曾问尚书令乐广什么是梦，乐令说："那就是心中所想。"卫玠说："身形和心神之间相互不接触，却能成梦，这难道是心中所想的结果吗？"乐广说："所想是因。未曾有人梦见自己坐着车子进入老鼠洞，也没有人梦见自己捣齑粉时将铁杵吃下去的，这都是因为心中没有去想，所以就没有机缘梦到的原因啊。"

【原文】

28. 殷中军问①："自然无心于禀受②。何以正善人少，恶人多？"诸人莫有言者。刘尹答曰③："譬如泻水着地，正自纵横流漫，略无正方圆者。"

【注释】

①殷中军：殷浩，字渊源，喜欢研学《老子》《易经》，时负盛名。东晋时期大臣、将领、清谈家。晋穆帝时任中军将军，故称殷中军。

②禀受：犹承受。

③刘尹（yǐn）：刘惔，东晋著名清谈家，晋陵太守刘耽之子。出身世族家庭。年少为王导所赏识。历任司徒左长史、侍中、丹阳尹等职，故称为刘尹。

【译文】

殷中军问："自然界不是有意想让人承受某种先天的禀赋。为什么偏偏是善良的人少，作恶的人多呢？"众人中没有人能回答上来。这时刘尹回答说："这就好比是水流泻在地上，自然是自己纵横流淌、随便漫溢了，大概没有能正好流成方形或者圆形的。"大家听完都非常赞同，认为这是名言通论。

【原文】

29. 人问殷中军："何以将得位而梦棺器①，将得财而梦矢秽②？"殷曰："官本臭腐，所以将得而梦棺尸；财本粪土，所以将得而梦秽污③。"时以为名通④。

【注释】

①位：指官位，爵位等身份地位。棺器：指棺材。

②矢秽（shǐ huì）：指粪便污物。

③秽污：不洁，肮脏。也可以说是污秽。

④名通：名言通论；通达合理。

【译文】

有人问殷中军："为什么将要得到官职地位却梦见棺材，将要得到钱财富贵却梦见粪便？"殷中军回答说："官职地位本来就是臭腐的东西，所以将要得官通常会梦见棺材与尸体；钱财本来就如粪土，所以将要得到它便梦见肮脏污秽的粪便。"当时的人都认为他所说的话是通达合理的。

【原文】

30. 司马太傅问谢车骑①："惠子其书五车②，何以无一言入玄③？"谢曰："故当是其妙处不传。"

【注释】

①太傅：晋代官称。

②惠子：即惠施，是战国时期宋国人，著名的政治家、哲学家，名家思想的开山鼻祖和主要代表人物。

③玄：玄理，指道家幽深高妙的义理。

【译文】

司马太傅问车骑将军谢玄："战国时期思想家惠子的著述有五车之多，为什么没有一句话是涉及玄理之说的呢？"谢玄回答说："应当是因为道家的玄理幽深高妙而不可言传的缘故。"

【原文】

31. 楚王张繁弱之弓①，载忘归之矢②，以射蛟兕于云梦之泽③，而丧其弓。左

右请求之，王曰："止。楚人遗之，楚人得之，又何求焉？"

【注释】

①繁弱之弓：繁弱是古代中国神话中的一把良弓，相传是后羿的配弓。后来泛指良弓。

②忘归之矢：忘归是良箭名。以一去不复返，故称。

③蛟兕（jiāo sì）：蛟龙与兕牛。蛟：古代传说中一种能发洪水的龙。云梦之泽：即云梦泽，中国湖北省江汉平原上的古代湖泊群的总称。

【译文】

楚王带着一张繁弱之弓，箭囊装满忘归之矢，率领一行人来到云梦泽，准备猎取蛟龙与兕牛，但是不小心弄丢了那张繁弱之弓。左右侍臣请求去寻找良弓，楚王说："不必了。那是楚人丢失的东西，也是楚人拾到了它，又何必去寻找它呢？"

【原文】

32. 王戎七岁[1]，尝与诸小儿游[2]。看道边李树多子折枝，诸儿竞走取之，唯戎不动[3]。（人问之，）答曰："树在道边而多子，此必苦李。"取之果然。

【注释】

①王戎：三国至西晋时期名士，西晋惠帝时官至司徒，"竹林七贤"之一。长于清谈，以精辟的品评与识鉴而著称。

②尝：曾，曾经。游：游玩。

③唯：只有。

【译文】

王戎七岁那年，曾有一次与小孩子们一起出去游玩。看见路边李树上长满了李子，都快把树枝压断了，这些孩子们争先恐后去摘果子，只有王戎一动也不动。（有人问他为什么不去摘李子，）他回答说："树长在路边却挂满了果实，这必定是味道极苦的李子。"众人摘下来一品尝，果然是苦李。

【原文】

33. 曹公少时见乔玄[1]，玄谓之曰："天下方乱[2]，群雄虎争，拨而理之，非君乎？然君实是乱世之英雄，治世之奸贼[3]。"

【注释】

①曹公：指曹操。曹操在历史中是争议非常大的一个人，因为他挟天子以令诸侯被世人称作"盗世之奸贼"。又因雄才伟略，智谋过人，被称为"乱世之英雄。"乔玄：字公祖，东汉时期名臣。曾任尚书令。

②方：正。

③治世：治理国家，处理国事。奸贼：狡诈凶残的人。

【译文】

曹操年轻时，有一次去拜见乔玄，乔玄对他说："天下正动乱不定，各路豪强如猛虎相争，能够为此拨乱反正使其顺服的，难道不就是你吗？然而你确实是动乱时代中崛起的英雄，也是一个治理国家的奸雄。"

【原文】

34. 晋明帝数岁[①]，坐元帝膝上，因问长安何如日远？答曰："日远，不闻人从日边来[②]，居然可知[③]。"元帝异之。明日集群臣宴会[④]，告以此意，更重问之，答曰："日近。"元帝失色曰："尔何故异昨日之言耶[⑤]？"答曰："举目见日，不见长安。"

【注释】

①数岁：几岁。

②闻：听说。

③居然：表示明白清楚，显然。

④明日：第二天。

⑤尔：你。何故：表示疑问，即什么缘故。耶：用于句末，语气助词。

【译文】

晋明帝刚几岁时，有一次有人从长安过来，当时他正坐在晋元帝的膝上，元帝因此问他："长安与太阳相比，哪个更远些？"明帝回答说："太阳远。因为没听说有人从太阳那边过来，显然可知太阳远。"元帝认为他的回答与众不同。第二天召集群臣举行宴会，并将明帝的回答告诉大家，然后再次问他这个问题。晋明帝回答说："太阳近。"元帝大惊失色地问道："你为什么说得与昨天不一样呢？"明帝回答说："我们抬起双眼便能见到太阳，却看不见长安。"

【原文】

35. 韩康伯年数岁[①]，家酷贫，至大寒，止得襦[②]。母殷夫人自成之，令康伯捉熨斗[③]，谓康伯曰："且着襦，寻复作裈[④]。"儿曰："已足，不须作裈也。"母问其故，答曰："火在熨斗中而柄热。"

【注释】

①韩康伯：即韩伯，字康伯，东晋玄学思想家。好学，善言理。历任豫章太守、领军将军等职。

②襦（rú）：短袄。

③捉：拿着。熨斗：熨烫衣料用具。旧式熨斗中间烧木炭。

④寻：不久，过段时间后。裈（kūn）：古代称裤子。

【译文】

韩康伯几岁的时候，家里非常贫穷，到了最冷的季节，他仍然只穿了一件短袄。这件短袄是母亲殷夫人亲自给他缝制的，当时母亲让康伯在旁边提着熨斗，并对康伯说："你先暂时穿着短袄，等过两天再给你缝制裤子。"儿子说："母亲，这已经足够了，不需要再缝制夹裤了。"母亲不解地问他原因，他回答说："炭火在熨斗里燃烧就已经将熨斗的把柄温热了。"

【原文】

36. 陈眉公曰①："武林西湖②，有花朝而无月夜③，有红粉而无佳人④，于此不无少恨⑤。"吴鹿长闻之曰："既有此西湖，不得不有此缺恨。"

【注释】

①陈眉公：即陈继儒，字伯醇，号眉公，明代文学家、书画家。

②武林：古时为杭州的别称，传说因武林山而得名。

③花朝：是传统农历二月的别称。相传农历二月十二日（有说是二月初二或二月十五日）为百花生日，所以叫花朝。俗称"花神节"等。

④红粉：女子化妆用的胭脂和铅粉，引申指女子。佳人：指有才情、或美貌的女子；也指君子贤人。

⑤恨：遗憾，憾恨。

【译文】

陈眉公说："杭州西湖，有花朝节而没有明月夜，有红粉而没有佳人，对此不能说没有少许遗憾。"吴鹿长听完他的话便说："既然有了这般美丽的西湖，就不能没有这样的缺憾。"

【原文】

37. 王子猷居山阴①，夜大雪，眠觉空室，命酌酒，四望皎然②。因起彷徨③，咏左思《招隐诗》，忽忆戴安道④。时戴在剡⑤，即便夜乘小船就之，经宿方至，造门不前。人问其故，王曰："吾本乘兴而来，兴尽而返，何必见戴？"

【注释】

①王子猷（yóu）：即王徽之，东晋名士、书法家，书圣王羲之第五子，后世传帖《新月帖》等。山阴：地名，在今浙江省。

②皎然（jiǎo rán）：明亮而皎洁的样子。

③彷徨（páng huáng）：表示徘徊、走来走去。

④戴安道：即戴逵，字安道，东晋时期隐士、美术家、雕塑家。

⑤剡（shàn）：剡溪，古县名，在今浙江省。

【译文】

东晋官员王子猷居住在山阴一带，有一天夜里下大雪，他一觉醒来感觉室内空荡荡的，于是就让人准备酒菜小酌几杯，喝着喝着，一抬眼发现四周被白雪映衬得一片皎洁明亮。他站起身子，一边来回踱步，一边吟咏左思的《招隐诗》，走着走着，忽然又想起了好友戴安道。当时戴安道在剡溪居住，王子猷便连夜乘坐小船去找他，小船行驶了一夜才抵达，可是他到了戴安道的门前却没有进门拜访。有人问他不进去的原因，王子猷回答说："我本是乘兴而来，而兴致尽了就可以返回，又何必非要见到戴安道呢？"

【原文】

38. 陈继儒曰①："有人闻人善则疑之②，闻人恶则信之，此满腔杀机也。"

【注释】

①陈继儒：字仲醇，号眉公、麋公，明文学家、书画家。

②闻：听说。疑：怀疑。

【译文】

陈继儒说："有的人听到别人行善就去怀疑他，听到别人作恶却十分相信他，这真是含有满腔的扼杀动机啊。"

【原文】

39. 石塔长老戒公，东坡居士昔赴登闻①，戒公迓之②。东坡曰："吾欲一见石塔，以行速不及也。"戒公起曰："这着是砖浮图耶③？"坡曰："有缝奈何？"曰："若无缝，争容得世间蝼蚁④！"

【注释】

①东坡居士：即苏轼，字子瞻，号东坡居士，世称苏东坡、苏仙，北宋著名文学家、书法家、画家，历史治水名人。"唐宋八大家"之一，豪放派主要代表，也是"宋四家"之一。

②迓（yà）：迎接。

③浮图：此指佛塔。

④争：怎么；如何。表示疑问代词。蝼蚁（lóu yǐ）：蝼蛄和蚂蚁。泛指微小的生物，也比喻力量薄弱或地位低微的人。

【译文】

石塔长老名叫戒公，苏东坡曾经前去登门拜访，戒公长老赶紧出门迎接他。苏东坡说："我本来打算一并看看石塔再离开，但是由于行程紧急无法实现这个愿望了。"戒公起身说："你说的是这砖砌筑的佛塔吗？"苏轼问道："砖石砌筑佛塔怎么有缝隙呢？"戒公说："倘若没有缝隙，又怎能容得下世间的蝼蚁安

身啊！”

【原文】

40. 管辂年七岁①，与邻里小儿戏，画地为日月星辰之状，语言不常。父母禁之，答曰："家鸡野鹄②，尚知天时，况人乎？"

【注释】

①管辂（lù）：字公明，三国魏人。幼时喜欢仰视星辰，成年后，精通《周易》、风水占卜之道。正元初为少府丞。

②鹄（hú）：鸟名。指鸿鹄，又名“黄鹄”，俗称天鹅。

【译文】

管辂七岁那年，与邻里小孩儿玩游戏的时候，他经常在地上画出日月星辰的形态，所说出来的话语也不寻常。他的父母都禁止他这样做，他回答说："家鸡与野鹄尚且知道天气时令，何况是人呢？"

【原文】

41. 贾思伯至性谦和①，遇士大夫，虽在街道②，停车下马，接诱恂恂③，曾无倦色。客曰："公今贵重，宁能不骄？"曰："衰至便骄，何常之有？"

【注释】

①贾思伯：字仕休，齐郡益都人。北魏大臣，幼年聪慧，十岁能诵诗，性谦和，倾身礼士。谦和：谦逊和气，易接近的意思。

②虽：即使，即便是。

③诱：引导。恂恂（xún）：诚实谦恭、很有次序的样子。

【译文】

贾思伯性情谦逊和气，在半路上遇到士大夫，即使正在街道上行走，他也要停车下马，非常谦恭地寒暄接待、很有次序地谦让前行，从来没有露出过厌倦的神色。有一位客人对他说："您现在已经是达官显贵，为何能做到不骄横自大呢？"贾思伯回答说："一个人衰败懈怠到一定地步就会骄横自大，哪有什么固定的常规而言呢？"

【原文】

42. 霍王元轨临徐州①，与处士刘玄平为布衣之交②。或问玄平王之所长，玄平答以无长。人问其故，玄平曰："夫人有短，所以见长。"

【注释】

①元轨：即李元轨，唐高祖李渊第十四子，唐太宗李世民的异母弟弟。多才多艺，深受李渊宠爱，武德六年，被册封为蜀王。贞观年间，改封为霍王。授绛州刺史，后来又转徐州刺史。

②布衣之交：旧指贫寒老友。这里指与老百姓之间的贫贱之交。

【译文】

唐朝时期的霍王李元轨到徐州担任刺史，和处士刘玄平成为贫贱之交的好友。有人问刘玄平霍王李元轨有什么长处，刘玄平回答说霍王并没有什么长处。人们都感到不解，就问他如此回答的原因，刘玄平说："人因为有了短处，所以才能显示出长处。"

【原文】

43. 黄蘖祖师曰[①]："'不是一番寒彻骨，怎得梅花扑鼻香[②]。'念头稍缓时，便宜庄诵一遍[③]。"

【注释】

①黄蘖（niè）祖师：即黄檗（niè）禅师，与黄檗（bò）、黄蘖指的都是同一人。他是唐代易学家、大乘佛教高僧。一生意志澹泊，聪慧利达，精通内学，有《语录》《传心法要》等传世。

②不是一番寒彻骨，怎得梅花扑鼻香：不经过这样一番严寒彻骨的洗礼，梅花怎能香味扑鼻。彻骨：透到骨头里，比喻程度极深。

③宜：应当。

【译文】

唐代名僧黄蘖禅师说："'不经过一番严寒彻骨的洗礼，怎能得到梅花如此扑鼻的馨香。'所以当念头稍有懈怠的时候，就应当将这诗句庄重地诵读一遍。"

【原文】

44. 卢相迈不食盐醋[①]，同列问之："足下不食盐醋[②]，何堪[③]？"迈笑曰："足下食盐醋，复又何堪？"

【注释】

①卢相迈：指宰相卢迈，唐德宗贞元年间曾担任宰相，为官奉公廉明，不谋私利，胸怀坦荡，待人谦恭正直，一度被朝野上下所景仰。

②足下：对对方的尊称，相当于"您"。

③何堪：怎能忍受。

【译文】

唐代的宰相卢迈不吃盐和醋，同朝大臣问他："您不吃盐和醋，怎能受得了呢？"卢迈笑着回复说："您吃盐和醋，又怎能受得了呢？"

【原文】

45. 陶侃疾笃[①]，都无献替之言[②]，朝士以为恨[③]。谢仁祖闻之曰："时无竖刁[④]，故不贻陶公话言[⑤]。"时人以为德音[⑥]。

【注释】

①陶侃（kǎn）：字士行（或士衡）。东晋时期名将。唐德宗时，陶侃成为武成王庙六十四将之一。宋徽宗时，位列武庙七十二将。笃：此指病势危急。

②献替之言：进献可行者，废去不可行者。语出《左传·昭公二十年》。

③恨：遗憾。

④竖刁：春秋时齐国奸臣。他善于揣摩他人心理，善于阿谀奉承，深得齐桓公的宠爱。后来齐桓公病危时作乱，被埋伏的兵甲杀死。

⑤贻（yí）：遗留，留下。陶公：指陶侃。

⑥德音：犹德言，指合乎仁德的言语、教令。

【译文】

陶侃病势危急的时候，始终没有提出由谁接替他辅佐皇帝治理国家，以及废去哪些不可行者的建议，朝廷中的人都感到很遗憾。谢仁祖听到这件事以后说："现在朝廷中没有像春秋时期竖刁那样的奸臣，所以不需要陶公留下建设性的遗言。"当时的人们都认为这是合乎仁德的言论。

【原文】

46. 昙秀往惠州见苏东坡①，将归，坡云："山中人见公还，必求土物，何以应之？"秀曰："鹅城清风②，鹤岭明月③，人人送与，只恐他无着处。"坡曰："不如将几纸字去，每人与一纸，但向道此是言《法华》，里头有灾福。"

【注释】

①昙秀：北宋诗僧。与苏轼、晁补之是好友。

②鹅城：地名，在广东惠州。

③鹤岭：山岭名称，意思是仙道所居的山岭。位于湖南省境内。

【译文】

北宋诗僧昙秀前往惠州拜访苏轼，将要返回山寺的时候，苏轼说："你云游四方而归，山里的人见你回去，必然会向你索求各地土特产，你拿什么送给他们呢？"昙秀说："鹅城的清风，鹤岭的明月，我想将其送给每一个人，只是恐怕他们没有地方安放。"苏轼说："不如我写下几张纸字你带回去，每人送一张，只需要告诉他们这是《法华经》中写的箴言，里头可以预言灾福。"

【原文】

47. 王守仁初封新建伯①，入朝谢，戴冕服②，有帛蔽耳。或戏曰③："先生耳冷耶？"王曰："是先生眼热。"

【注释】

①王守仁：字伯安，别号阳明，俗称"王阳明"。浙江余姚人。明代著名的

思想家、哲学家、书法家、军事家、教育家，创立“阳明心学”，主要著作有《王阳明全集》《传习录》等。新建伯：爵位名称。因平定“宁王之乱”等军功而封。

②冕服（miǎn fú）：是中国古代一种礼服名称。常作为大夫以上的礼冠与服饰。凡是吉礼之时都戴冕，服饰随事件而有所不同。

③或：有的人。戏：戏谑，开玩笑。

【译文】

王守仁因为有战功而刚被封爵为新建伯，所以要到朝堂去当面感谢皇恩，他穿戴好礼冠和礼服，这礼冠上有一个用丝帛做的防冻蔽耳。有人开玩笑地对他说：“先生的耳朵怕冷吗？”王守仁回答说：“是先生您的眼睛发热（嫉妒眼热之意）。”

【原文】

48. 宋王旦被服质素[①]，有人货玉带者[②]，弟以称佳，呈旦，旦命系之[③]，问曰：“还见佳否？”弟悟，急还之。

【注释】

①被服：指被子、衣服之类，古时“被”可作动词用，有覆盖、包裹的意思。

②货：贿赂。

③旦：王旦。命：让，命令。意为上级对下级的指示。

【译文】

宋朝的王旦穿着朴素，有人想用玉带贿赂他，弟弟看到后大声称赞这条玉带是极品，收下后便把它呈献给王旦，王旦却让弟弟将玉带紧紧地系在自己身上，然后问道：“你现在还觉得好受吗？”弟弟顿悟，急忙将玉带解下来还给那个人。

【原文】

49. 李中溪无子[①]，恒不乐。其友谓之曰：“孔子不以伯鱼传[②]，释迦不以罗睺传[③]，老聃不以子宗传[④]。待嗣而传[⑤]，三教绝矣[⑥]。”

【注释】

①李中溪：即李元阳，字云甫，号中溪。明代理学家。

②伯鱼：孔子的儿子。名鲤，字伯鱼。

③罗睺（hóu）：传说是释迦牟尼之子。

④老聃（dān）：即老子，姓李名耳。子宗：是指老聃的儿子。

⑤嗣（sì）：有接续、继承、子孙之意。

⑥三教：指儒、道、佛三教。儒以孔子教主，道之老子为教主，佛以释迦牟

尼为教主。绝：灭绝。

【译文】

李中溪没有儿子，为此总是闷闷不乐。他的朋友对他说："孔子的学说不是靠儿子孔伯鱼才传承下来的，释迦牟尼的佛学不是靠儿子罗睺来传承的，老聃的道学也不是靠儿子来传承的。如果只等自己的子孙后代来传承，那么儒、道、佛三教早就灭绝不在了。"

【原文】

50. 孙子荆欲云"枕石漱流①"，误曰"漱石枕流"。王武子曰："流可枕，石可漱乎？"孙曰："所以枕流，欲洗其耳；所以漱石，欲砺其齿②。"

【注释】

①孙子荆：孙楚，字子荆，太原中都（今山西省）人，西晋官员、文学家。枕石漱流：以石为枕，以流水漱口，比喻恬淡为怀，志行高尚。

②砺：磨砺。

【译文】

西晋的孙楚想说"枕石漱流"，结果口误说成了"漱石枕流"。王武子因此说："难道流水可以枕靠，石头可以用来漱口吗？"孙楚不慌不忙地回答说："之所以枕靠流水，是想洗净双耳；之所以用石头漱口，是想磨砺牙齿。"

【原文】

51. 陈眉公曰："人生莫如闲，太闲反生恶业①；人生莫如清，太清反类俗情。"

【注释】

①恶业：指邪恶之事。

【译文】

陈眉公说："美好的人生莫过于闲适，但是太过闲适反而会滋生出邪恶之事；美好的人生莫过于清幽淡雅，但是一味追求清幽淡雅反而会类似于庸俗粗鄙、矫情造作。"

【原文】

52. 殷仲文劝宋武帝蓄妓①，曰："我不解声②。"仲文曰："但蓄自解。"帝曰："畏解故不蓄③。"

【注释】

①殷仲文：字仲文，东晋大臣、诗人。晋安帝义熙年间以谋反罪伏诛。蓄妓：蓄养歌姬舞伎。

②解：了解，懂得。

③畏：畏惧，害怕。

【译文】

殷仲文劝说宋武帝蓄养一些歌姬舞伎用以娱乐，宋武帝说：“我不懂音律乐声。”殷仲文说：“只要大王蓄养了歌姬舞伎，天长日久自然就懂了。”但武帝却回答说：“正是因为怕懂音乐，所以才不去蓄养。”

【原文】

53. 王韶之少家贫而好学，尝三日绝粮①，执卷不辍②。家人诮之曰③：“困穷如此，何不耕？”王答曰：“我常自耕耳。”

【注释】

①绝粮：绝食，没吃饭。

②执卷不辍：捧书学习，从不停止。

③诮（qiào）：讥讽。

【译文】

王韶之年少时家里清贫，但他依然勤奋好学，为了捧起书不间断学习，他曾经连续三天没吃饭。家里人讥讽他说：“家里这么穷困，为何不去耕种田地？”王韶之回答说：“我每天都在自我耕种啊（指每天读书学习）。”

【原文】

54. 庞仲达为汉阳太守①，郡人任棠有奇节，隐居授教。仲达到郡，先候之。棠不交言，但以薤一大钵、水一盂②，置户屏前，自抱孙儿伏于户下。主簿白以为倨③。仲达思其微意，良久曰：“棠是欲晓太守，水者欲吾清；扒大钵薤者④，欲吾击强宗；抱儿当户，欲吾开门恤孤也⑤。”叹息而还。

【注释】

①庞仲达：庞参，字仲达，东汉名臣，并官至太尉、录尚书事。

②薤（xiè）：多年生草本植物，地下有鳞茎，鳞茎和嫩叶可食用。钵（bō）：僧侣所用的食具，像碗，平底。盂（yú）：古代一种盛液体的器皿。

③倨（jù）：傲慢无礼。

④扒（bā）：古同“拔”。

⑤恤孤（xù gū）：意思是抚恤孤弱的人。

【译文】

东汉时期，庞仲达担任汉阳太守，汉阳任棠品德高尚有气节，隐居民间靠教书维持生活。庞仲达到了郡州以后，先去慕名拜访了任棠。任棠见到他并没有开口跟他交谈，只是拿出一大钵薤白、一盂清水，放在屋内的屏风前，自己抱着孙

子蜷缩在门外。主簿见状认为任棠傲慢无礼。刚想前去质问，庞仲达立刻制止，然后他略加思索其中微妙的含义，想了一会儿便说："任棠是想让我明白，作为太守要像水那样清澈；摆放一大钵薤白的意思，是想让我打击强暴；他抱着孙儿对着门户蜷缩在那里，是想让我打开门户抚恤孤弱之人、造福百姓啊。"说完，一声叹息后就回去了。

【原文】

55. 唐六如画精极[①]，尤佞佛[②]，有诗曰："闲来写幅青山卖，不使人间作业钱。"吴鹿长指诗笑曰："问六如何处买来？"

【注释】

①唐六如：唐寅，字伯虎，号六如居士、桃花庵主等。明代著名画家、书法家、诗人。

②尤：特别。佞（nìng）：沉迷，迷恋。

【译文】

唐寅的画非常精致，堪称极品，尤其在佛学方面颇有造诣，他曾写过一首诗中说："闲来写幅青山卖，不使人间作业钱。"吴鹿长指着那幅诗画笑着说："请问六如居士，这青山在哪里用钱能买来呢？"

【原文】

56. 屠长卿曰："挞死尸不痛[①]，个中痛者，便非形骸[②]。"

【注释】

①挞（tà）：指的是用鞭棍等抽打，拍打等。

②形骸（hái）：指人的躯体。

【译文】

屠长卿说："鞭打死尸，死尸不会感到疼痛，其中能够感到疼痛的，那么这就不是死人的躯体了。"

【原文】

57. 赵大周在京师，何吉阳问曰[①]："大周近来何故不讲学[②]？"大周曰："不讲。"吉阳又问曰："不讲何以成就？"大周曰："不讲便成就。"

【注释】

①何吉阳：何迁，字益之，号吉阳。明代官员、学者。

②何故：什么原因。

【译文】

明代学者赵大周在京城居住的时候，何吉阳问他："大周最近是什么原因没去讲学呢？”赵大周说：“不讲了。”何吉阳又问道：“不讲学怎么会有所成就呢？”赵大周说：“不再继续宣讲便是成就。”

【原文】

58. 吴因之曰：“造谤者甚忙①，受谤者甚闲。”

【注释】

①造谤者：造谣诽谤的人。

【译文】

吴因之说：“造谣诽谤的人非常忙碌，受人诽谤的人则很清闲。”

【原文】

59. 李崆峒作诗①，一句不工，即弃去不录。何大复深惜之②，李曰：“自家物终久还来。”

【注释】

①李崆峒（kōng tóng）：李梦阳，号崆峒子，善工书法，得颜真卿笔法，精于古文词。明代中期文学家。

②何大复：何景明，字仲默，号太复山人。明代文学家，明朝文坛四杰之一。

【译文】

明代文学家李崆峒写诗，只要有一句不工整，就废弃而不录用。他的好友何大复对此深感惋惜，可是李崆峒却说：“自家的东西终究还是要回来的。”

【原文】

60. 朱勃年十二①，能诵诗书，常候马援兄况②。勃衣方领能矩步，辞言娴雅。援裁知书，见之自失。况知其意，乃自酌酒慰援曰：“朱勃小器速成，智尽此耳。”后勃果劣援③。

【注释】

①朱勃：字叔阳，东汉历史人物，十二岁就能诵读《诗经》《尚书》。

②马援：字文渊，扶风郡茂陵县。西汉末年至东汉初年著名军事家，东汉开国功臣之一。

③劣：低于，较差一些。

【译文】

朱勃刚刚十二岁，就能诵读《诗经》《尚书》，他常去拜见马援的兄长马况。每次朱勃都是衣着整洁，步履方正，言辞文雅。当时马援才开始读书，看到朱勃举止儒雅常常自愧不如，若有所失。马况知道马援的心思后，就独自斟酒来安慰马援说："朱勃器量狭小、急于求成，智力到此为止了，今后很难成什么大事。"后来，朱勃的成就果然低于马援。

【原文】

61. 杨奇（一作琦）为侍中，汉灵帝问奇曰："朕何如桓帝？"对曰："陛下之于桓帝，亦犹虞舜比德唐尧①。"帝不悦曰："卿强项②，真杨震子孙③！"

【注释】

①虞舜（yú shùn）：姓姚，名重华，因其先国于虞地，故称虞舜帝。为上古五帝之一，古代传说中的圣君。唐尧（yáo）：传说中的中国上古时期部落联盟首领，上古五帝之一。有德政，后即传位于舜。

②强项：直挺颈项。形容秉性刚直，不肯低头屈服。强：倔强。

③杨震：东汉时期名臣，嫉恶如仇，屡谏安帝，后遭诬陷而被罢免，遣返回乡，途中而亡。

【译文】

杨奇担任侍中时，汉灵帝问杨奇："朕与桓帝相比谁更略胜一筹？"杨奇回答说："陛下与桓帝相比，也就犹如虞舜帝与因德政著名的唐尧帝攀比功德。"汉灵帝听后有点不高兴地说："爱卿你如此耿直倔强，果真是谏臣杨震的子孙后代啊！"

【原文】

62. 方司徒定之不好观剧戏①，曰："涂面带须，一悲使人堕泪，一喜使人解颐②。此辈本假，世人惑真。"

【注释】

①方司徒定之：即方宏静，字定之。

②解颐（jiě yí）：开颜欢笑。

【译文】

司徒方定之不喜欢看剧戏，他说："脸上涂着油彩，而且还戴着假胡须，一会儿悲伤起来能让人落泪，一会儿欢喜万分又使人随之开颜欢笑。这些人的表演本来是虚假的，却总是迷惑世人信以为真。"

【原文】

63. 李卓吾谓耿中丞曰："世人白昼寐语①，公以寐中作白昼语，可谓常惺惺矣②。"

【注释】

①寐（mèi）语：说梦话。

②惺惺：机智清醒的人。

【译文】

明代思想家李卓吾对中丞耿定向说："世人都是喜欢白天说梦话，而您却在梦中说白天清醒的话，真可以称得上是一位机智清醒的人了。"

【原文】

64. 宋元祐间，黄秦诸君子在馆，暇日观山谷出李龙眠所作《贤已图》，博弈摴蒱之俦咸列焉[①]。博者六七人，方据一局，投迸盆中，五皆六，而一犹旋转不已。一人俯盆疾呼，旁观皆变色起力，纤浓态度，曲尽其妙。相与叹赏，以为卓绝。适东坡从外来，睨之曰[②]："李龙眠天下士，顾效闽人语耶[③]？"众贤怪请其故。坡曰："四海语音，言六皆合口，惟闽音则张口。今盆中皆六，一犹未定，法当呼六，而疾呼者，乃张口也。"龙眠闻之，亦笑而服。

【注释】

①博弈：古代指下围棋，也指赌博游戏。摴蒱（chū pú）：古代的一种博戏。如同后来演变成的掷骰子。俦（chóu）：伙伴。

②睨（nì）：斜着眼睛看、偏斜等意思。

③闽（mǐn）：中国福建省的别称。

【译文】

宋代元祐年间，黄庭坚、秦观等人在馆阁任职，闲暇时欣赏黄庭坚拿出的李龙眠所画的《贤已图》，画面上进行对弈围棋、玩摴蒱博戏的人都分别排列在那里。玩摴蒱博戏的人有六七个，正在进行一场对局，他们将骰子投入盆中又迸射开来，有五个都是六点，而其中有一个还在旋转不定。有一个人俯视那个小盆大声疾呼，站在旁边观看的人个个都神态变得异常紧张憋足了劲儿，画面所展现的各种细微浓郁的姿态，都如同一曲结束的余音缭绕之美，简直惟妙惟肖。大家一起愉快地欣赏赞叹，都认为这幅画画得精妙绝伦。这时恰好苏轼从外面走进来，斜视了一眼之后说："李龙眠是天下名士，看来也效仿起闽南人说话了吗？"众人感到奇怪纷纷请他说出缘故。苏轼说："各地的口音中，说'六'时都是闭着嘴巴，唯独闽南口音则是张着嘴巴。现在盆中的骰子都是六，只有一个还在旋转不定，按常理应当喊'六'，但是画中这些大声疾呼的人，却都是张着嘴巴啊。"李龙眠听到这些评论后，也笑了起来，对苏轼细致入微的观察能力无比佩服。

【原文】

65. 祭仲专国政[①]，厉公患之，阴使其祭仲婿反杀之。女知之，谓其母曰："父与夫孰亲[②]？"母曰："父一而已，人尽夫也。"

【注释】

①祭（zhài）仲：即祭足，郑国祭邑人，春秋时期著名政治家，先后辅佐郑国五位君主。

②孰：谁。

【译文】

春秋时期郑国大夫祭仲独自掌管国家大权，郑厉公非常担忧他独断专横而生出祸端，于是就暗地里派祭仲的女婿反将他杀掉。他的女儿知道这件事后左右为难，就对母亲说："父亲与丈夫谁更亲近？"母亲说："父亲只有一个，而成年男人都可以成为丈夫啊。"

【原文】

66. 桓宣武常谓孟万年[①]："听妓，丝不如竹[②]，竹不如肉[③]，何也？"孟答曰："渐近自然。"

【注释】

①桓宣武：即桓温字元子，东晋明帝女婿，官至大司马，谥宣武侯。

②丝：八音之一，指弦乐器。竹：指箫管一类乐器。

③肉：指从喉中发出的歌声。

【译文】

东晋的宣武侯桓温曾经对孟万年说："欣赏歌妓表演的时候，总是觉得弦乐不如管乐，管乐不如唱歌，这是为什么呢？"孟万年回答说："那是因为表演逐渐接近自然的缘故。"

【原文】

67. 吴鹿长奉斋，惟饮酒挟姬[①]，杂茹五辛诸菜[②]。人或风之曰："既奉戒，何得又食五辛？"吴答曰："未闻鸡毛与鸡舌同声。"

【注释】

①惟：只是，但是。挟姬：携带美女舞姬。

②茹：吃。五辛：一葱，二薤，三韭，四蒜，五兴蕖。

【译文】

吴鹿长信佛吃斋，但是喜欢喝酒，而且贪恋女色，喜欢吃五辛之类的各种蔬菜。有人曾经讽刺他说："既然信佛持戒，为什么又要吃五辛？"吴鹿长回答说："我从来就没听过鸡毛和鸡舌是同样发声的。"

【原文】

68. 赵母嫁女，临嫁敕之曰[①]："慎勿为好。"女曰："不为好，可为恶乎？"母曰："好尚不可为，况恶乎[②]？"

【注释】

①敕：告诫。

②况：何况。

【译文】

赵母家的女儿要出嫁了，临出门前赵母告诫女儿说："谨慎行事，不要随便做好事。"女儿说："不做好事，就是可以做坏事吗？"母亲说："好事尚且不可以随便去做，更何况是作恶呢？"

【原文】

69. 钟士季精有才理，先不识嵇康[①]。钟要于时贤俊之士，俱往寻康[②]。康方大树下锻[③]，向子期为佐鼓排。康扬锤不辍[④]，傍若无人，移时不交一言。钟起去，康曰："何所闻而来？何所见而去？"钟曰："闻所闻而来，见所见而去。"

【注释】

①嵇（jī）康：字叔夜。三国时期曹魏思想家、音乐家、文学家。

②俱：一起。

③锻：锻造，亦指打铁。

④锤（chuí）：敲打用具。不辍：不停止。

【译文】

三国时期的士人钟士季很有才华，精于推理，之前他并不认识嵇康。钟士季便邀请了当时的贤俊之士，一起去拜访嵇康。当时嵇康恰好在大树下打铁，向子期辅助他拉风箱。嵇康不停地抡着铁锤锻打，旁若无人的样子，过了很长时间也没说一句话。钟士季起身打算离去，这时嵇康说："你听到了什么而来？如今你又看到了什么而决定离去？"钟士季说："听到了别人的传言而来，目睹了眼前的事实才决定离去。"

【原文】

70. 顾长康啖甘蔗[①]，先食尾，人问所以，顾曰："渐入佳境。"

【注释】

①顾长康：顾恺之，字长康，晋陵无锡（今江苏省无锡市）人，东晋杰出画家、绘画理论家、诗人。

【译文】

顾恺之喜欢吃甘蔗，但他喜欢从尾部开始向前吃，别人问他为什么，他说："如此便叫渐入佳境。"

【原文】

71. 王荆公尝问张文定[①]："孔子去世百年生孟子，自后绝无人，何也？"文定言："岂无？只有过孔子者。"公问是谁。文定言："江西马大师、汾阳无业、雪峰、岩头、丹霞、云门是也。"公问何谓，文定曰："儒门淡薄，收拾不住耳。"荆公欣然叹服。

【注释】

①王荆公：即王安石，北宋文学家、政治家，"唐宋八大家"之一。

【译文】

北宋王安石曾经问张文定："圣人孔子去世百年以后才出现一个孟子，自从孟子之后世上再没人能超越他，这是为什么呢？"张文定说："怎么没有？有些人已经超过了孔子。"王安石忙问是谁。张文定说："江西的马大师、汾阳的无业、雪峰、岩头、丹霞、云门都是。"王安石问他为何这么说，张文定说："儒门浅薄无趣，留不住他们罢了。"王安石听后开心一笑，深表佩服。

【原文】

72. 庄子与惠子游于濠梁之上。庄子曰："鲦鱼出游从容[①]，是鱼乐也。"惠子曰："子非鱼，安知鱼之乐？"庄子曰："子非我，安知我不知鱼之乐？"惠子曰："我非子，故不知子矣；子固非鱼也，子之不知鱼之乐全矣。"庄子曰："我知之濠上也。"

【注释】

①鲦（tiáo）鱼：鱼名。生性活泼，善跳跃，常在水面结群往来。

【译文】

庄子与惠子一起在濠水的堤坝上游览。庄子说："鲦鱼在水中优哉游哉，如此淡定从容，这是鱼的快乐。"惠子说："你不是鱼，怎么知道鱼很快乐？"庄子说："你又不是我，怎么知道我不知道鱼的快乐？"惠子说："我不是你，所以不知道你的心情；你固然也不是鱼，当然也完全不知道鱼的快乐了。"庄子说："我当然知道这些，这都是濠水告诉我的。"

【原文】

73. 孟敏尝至市贸甑[①]，荷担堕地[②]，坏之，径去不顾。适遇郭林宗，见而异之，因问曰："坏甑可惜，何以不顾？"孟曰："甑已破矣，顾之何益？"

【注释】

①贸：贸易，出售。甑（zèng）：古代炊具，底部有许多小孔。

②堕（duò）：落；掉。

【译文】

东汉时期的孟敏曾有一次到集市上去卖甑子，他挑的担子忽然从肩头滑落到地上，甑器都被摔坏了，于是他看也不看就径直离去。这时正好遇到了郭林宗路过此地，看到他的举动后非常惊讶，因此问他："甑子被摔坏了挺可惜的，你为什么看也不看就离去呢？"孟敏回答说："甑已经摔坏了，看了又有什么用？"

【原文】

74. 章子厚与苏子瞻少为莫逆交①。子厚坦腹卧②，适子瞻自外来，子厚摩其腹以问曰："公道此中何所有？"子瞻曰："都是谋反底家事。"子厚大笑。

【注释】

①章子厚：章惇，字子厚，福建浦城人。北宋宰相，王安石变法的主要人物之一，变法派与保守派党争的重要人物。苏子瞻：即苏轼，世称苏东坡，北宋著名文学家，"唐宋八大家"之一。

②坦腹：坦露胸腹，坦露肚皮。

【译文】

章子厚与苏轼年轻时就是志同道合的亲密好友。有一天章子厚坦露着肚皮躺在床上，此时恰好苏轼从外面走进来，章子厚摸着自己的肚皮对苏轼说："你说我肚皮里面都有什么？"苏轼说："都是些谋反的家底儿。"章子厚听完哈哈大笑。

【原文】

75. 元丰六年十一月二十七日，天欲明，东坡梦数吏①，人持纸一幅，其上通云："请祭春牛文。"东坡取笔疾书其上云："三阳既至，庶草将兴，爰出土牛②，以戒农事。衣被丹青之好，本出泥涂；成毁须臾之间③，谁为喜愠？"吏微笑曰："此两句当有怒者。"傍一吏云："不妨，此是唤醒他。"

【注释】

①东坡：即苏轼。

②爰（yuán）：指舒缓的样子。

③须臾（yú）：表示很短的时间，片刻之间。

【译文】

宋神宗元丰六年十一月二十七日，天刚要放亮的时候，苏轼梦见了几个小吏，每人手里拿着一张纸，纸上面通通都写着："请祭春牛文。"苏轼看后拿起笔迅速在纸上写道："春天到，草木即将茂盛，缓缓推出土牛驱走寒气，准备春耕。土牛虽然穿着华美的衣服，但本是泥土塑成；塑成与毁灭只在片刻之间，谁会为你欢喜与愤怒呢？"其中一个小吏微笑着说："这两句话一出应当会有被激怒的人了。"旁边的一个小吏说："应该没事，这只是在唤醒他。"

【原文】

76. 陈眉公曰："闭门即是深山，读书随处净土①。"

【注释】

①净土：佛教认为佛、菩萨等居住的地方，是没有尘世垢染的世界，故称净土。与众生居住的尘世相对。

【译文】

陈眉公说："关上房门，就可以享受居于深山般的幽静，静下心来读书，到处都是庄严的人间净土。"

【原文】

77. 明道①、伊川兄弟同赴一宴②，颐见坐中妓，即拂衣去，独明道与饮尽欢。明日明道过伊川斋，伊川犹有怒色，明道笑曰："昨日本有，心上却无；今日本无，心上却有。"

【注释】

①明道：程颢，字伯淳，号明道，世称"明道先生"。北宋理学家、教育家，理学的奠基者，"洛学"代表人物。

②伊川：程颐，字正叔，世称"伊川先生"，北宋理学家、教育家。他是程颢的胞弟。

【译文】

程颢、程颐兄弟二人一起去参加一个宴会，程颐发现席间坐着妓女，立即转身拂袖而去，唯独程颢留下来与他人尽情饮酒欢笑。第二天，程颢来到程颐的书房看望他，见程颐依然怒气未消，程颢笑着说："昨天席间本来有妓女，可我心里却没有；今天本来没有妓女，可你的心里却依然还有。"

【原文】

78. 冯具区同潘景升游白岳①，潘指壁上恶书，攒眉曰②："山受苦如此。"冯曰："既作此山，不应辞苦。"中一同行者曰："山苦耶？公苦耶？"公曰："吾苦耳。"

【注释】

①白岳：山名，在安徽省境内。

②攒（cuán）眉：皱眉，表示不高兴。

【译文】

冯具区和潘景升一同到白岳山去游玩，潘景升指着石壁上拙劣的书法，皱着眉头说："山也要受这样的涂抹之苦。"冯具区说："既然成为这样一座高山，就不应逃避这种痛苦。"其中一个同行的人说："是大山苦呢？还是潘公你苦呢？"

潘景升说："当然是我苦了。"

【原文】

79. 陈孝廉琮①，构别墅于邑北之累累地②。或造陈，颦蹙曰③："目中日日见此定不乐。"陈曰："日日见此，不敢不乐。"

【注释】

①陈孝廉琮：即陈琮，曾被举为孝廉。

②构：建造。

③颦蹙（pín cù）：意思是皱眉皱额，比喻忧愁不乐。

【译文】

孝廉陈琮，在城北连绵起伏的荒僻之地建造了一栋别墅。有人来到陈琮别墅拜访，看到眼前荒凉的情景便皱着眉头说："你天天看到这些荒草坟茔，定然不快乐。"陈琮回答说："正是因为眼中天天看到这些，所以才不敢不快乐起来。"

【原文】

80. 我太祖祀历代帝王庙①，才举爵，见元世祖像泪出。太祖笑曰："我得中原之所固有，尔失漠北之所本无，复何憾？"像泪寻止。

【注释】

①太祖：此指明太祖朱元璋。

【译文】

我大明朝太祖朱元璋到历代帝王庙去祭祀，他刚刚举起酒爵，忽然发现元世祖的画像竟然流出了眼泪。太祖笑着说："我得到了中原本应该属于我所有的东西，你失去了漠北本不属于你的东西，又有什么可遗憾的呢？"话音刚落，元世祖的画像竟然不再流泪了。

【原文】

81. 一士从王阳明学，初闻"良知"不解，卒然起问曰①："'良知'何物，黑耶？白耶？"群弟子哑然失笑②，士惭而赧③。先生徐曰："'良知'非白非黑，其色正赤。"

【注释】

①卒：同"猝"，突然的意思。

②哑然失笑：见到或听到好笑的事，不由自主地笑出声来。

③赧（nǎn）：因羞愧而脸红。

【译文】

有一个士子跟随王阳明学习，起初听到"良知"这个词感到疑惑不解，就突然站起来问道："'良知'是什么东西，是黑色的？还是白色的呢？"众位弟子听到后都不由自主地笑出声来，这个士子顿时因羞愧而涨红了脸。只见王阳明不慌不忙地说："'良知'不是白色也不是黑色的，它的颜色是纯正的红色。"

【原文】

82. 潘景升家富巨万，皆为客尽。其弟辈皆风之曰[①]："吾兄如此，除是银山，裁得相副。"其第四弟稚恭笑曰："银山何能济，除是银水耳。"

【注释】

①风（fěng）：古同"讽"，讽刺，讥讽。

【译文】

明代潘景升家很富裕，拥有数万资产，但都因宴请宾朋而耗尽。他的弟弟们都讽刺他说："我的兄长这样花销下去，除非是拥有一座银山，才能供应得上。"他的四弟潘稚恭笑着说："银山怎能济事，除非是源源不断的银水才行呢。"

【原文】

83. 郭进治第方成，聚族人宾客落之，下至土木之工皆与宴，设诸工之座于东庑[①]。人咸曰[②]："诸子安得与诸工齿？"进指诸工曰："此造宅者。"又指诸子曰："此卖宅者，固宜坐造宅者下。"

【注释】

①东庑（wǔ）：指正房东边的廊屋。古代以东为上首，地位尊贵。

②咸：都。

【译文】

郭进请人建造的府第刚刚落成，就将族人与宾朋们聚集在一起设宴庆祝，连同下边建房的土木工匠也参加了宴会，并将诸位工匠的座位安排在了东边的廊房里。人们都说："您的儿子们怎么能和工匠们列坐在一起？"郭进指着那些工匠说："他们是房屋的建造者。"又指着他的儿子们说："他们是卖房者，固然应当坐在建造者之下。"

【原文】

84. 吴给事女敏慧，后归陈子期[①]。陈惑一妾[②]，遂染风疾。一日，亲戚来问，吴指妾曰："此风之始也。"

【注释】

①归：归附，此为嫁给陈子期的意思。

②惑：迷恋，宠爱。

【译文】

吴给事的女儿天资聪慧，后来嫁给了陈子期。婚后不久，陈子期特别迷恋一个小妾，因而很快就染上了风病。有一天，亲戚过来看望他，吴给事的女儿指着那个小妾说："她就是风病的始发祸源。"

【原文】

85. 叶丞相衡[1]，罢归金华，日与布衣友还往。公忽染疾不怿[2]，谓客曰："某且死，不知死后佳不？"客答曰："佳甚。"公问何以知，客曰："使死而不佳，死者当逃归耳。"

【注释】

①叶丞相衡：叶衡，字梦锡，婺州金华（今属浙江省金华市）人。南宋丞相。

②怿（yì）：欢喜，高兴。

【译文】

丞相叶衡，被罢官后回到了金华，每天都与那些平民朋友来往。有一天叶衡忽然得了急病，心情很不舒畅，就对客人说："我即将死去，不知死后阴间的境地好不好？"客人回答说："一定非常好。"叶衡问他怎么知道的，客人回答说："假如死后的境地不好，那么死了的人早就应当逃回来了。"

【原文】

86. 徐月英，唐江淮间名娼也。有徐公子者，宠一营妓[1]，死而焚之。月英送葬，谓徐曰："此娘平生风流，殁犹带焰[2]。"

【注释】

①营妓：服务于军队军官和士兵的妓女。

②殁（mò）：死。焰：谐音为"艳"，此为双关语。

【译文】

徐月英，是唐朝江淮一带有名的歌妓。有一位姓徐的公子，十分宠爱军营中的一个官妓，这个妓女死后徐公子为她火葬。徐月英陪他一起送葬，于是对徐公子说："这位姑娘生前浓艳风流，死后还带着浓焰而去（此处"浓焰"与"浓艳"同音）。"

名语篇第二

【原文】

吴苑曰：名者，铭也①。所谓不磨之语，以垂则后世，非含仁啖义之口不能道②。然垂世之法，宜经不宜权，此可以励常姿，不可以笼上智。是世间一种攻补至药，第于慧小差。次名语第二。

【注释】

①铭：铭记。

②啖（dàn）：吃，咀嚼。

【译文】

吴苑说：所谓的名，就是铭记在心、广为颂扬的意思。那些被称为永不磨灭的语言，可以一直在后世流传，不是那些能将口中仁义咀嚼后吃下去之人是无法说出口的。然而，流传后世的法则，应该是立足根本而不应该作为权宜之计去应用，这种仅靠权宜之计应对只能鼓励普通人，却不能笼络具有上等智慧的人。这些令人永久铭记的至理名言，是人间最具有滋补治疗功效的良药，只比慧语稍微逊色一些。因此，便将《名语》位列第二了。

【原文】

1. 苏琼谒东荆州刺史曹芝①，芝戏曰："卿欲官不？"答曰："设官求人，非人求官。"芝异其对，署为参军②。

【注释】

①苏琼：字珍之，南北朝时，在北魏、北齐、北周为官，死于隋文帝开皇年间。谒（yè）：拜访，拜见。

②署：布置；安排。参军：古代官名。汉末至唐时设立，是王、相或将军的军事幕僚。

【译文】

苏琼拜访东荆州刺史曹芝，曹芝开玩笑地对他说："你想不想做官？"苏琼回答说："应该是先设立官位再物色人才，而不是由人去寻求官位。"曹芝听后对他的回答感到非常惊异，于是就聘用他为军事参军。

【原文】

2. 邢子才云[①]："岂有松柏后身化为樗栎[②]？"

【注释】

①邢子才：即邢邵（一作"劭"），字子才，北朝魏、齐时无神论者、文学家。

②樗栎（chū lì）：分别是两种乔木的名称，被古人认为是无用之才。常用来比喻才能低下。

【译文】

北齐的邢子才说："哪里有松树和柏树的后代，却变成樗树和栎树这样无用之才的呢？"

【原文】

3. 韦敻子瓘行随州刺史[①]，因疾物故[②]。凶问至，家人相对悲恸[③]，而敻神色自若，谓之曰："死生命也，去来常事，亦何足悲？"

【注释】

①韦敻（xiòng）：字敬远，京兆杜陵（今陕西省西安市）人。北魏到北周时期处士。瓘：是韦敻的儿子，代理随州刺史，患病而死。

②故：死去。

③悲恸（tòng）：非常悲哀；悲伤痛哭。

【译文】

韦敻的儿子出任随州刺史，因患病而去世。噩耗传来后，家人们都悲伤得痛哭起来，可是韦敻却依然神态自若，毫不悲伤的样子，并且对家人们说："生与死是天注定的，去与来都是寻常之事，这一切符合自然规律，又有什么值得悲伤的呢？"

【原文】

4. 庞公隐居岘山之南[①]，未尝入城市。荆州刺史刘表往候之，问曰："先生苦居畎田[②]，而不肯官禄，后世何以遗子孙？"公曰："世人皆遗之以危，今独遗之以安。"刘不能屈。

【注释】

①庞公：即庞德公，荆州襄阳人，东汉末年名士、隐士。

②畎田：有小沟渠的田地。

【译文】

东汉末年的庞公一直隐居在岘山的南面，从没到过京城都市。荆州刺史刘表慕名前去拜访，对他说："先生隐居在这清苦的山林田野之间，却不肯进城做官接受俸禄，百年之后拿什么留给子孙后代呢？”庞公回答说：“世人都把危险留给了后人，唯独我留给后人的是平安。”刘表最终没能说服他出仕为官。

【原文】

5. 王敬弘未尝教子孙学问①，各随所欲。人问之，答曰：“丹朱不应乏教②，宁越不闻被棰③。”

【注释】

①王敬弘：王裕之，字敬弘，号东山，南朝宋国大臣。

②丹朱：传说是尧帝的儿子，因为他傲慢荒淫无度，所以尧帝禅位给舜。

③宁越：战国时周臣，相传他自觉发愤读书，十五年后被周成公聘为老师。棰（chuí）：用棍子打。

【译文】

南朝宋国的王敬弘不曾教授子孙学问，只是让他们随自己心愿做自己想做的事。有人问他为什么要这样，他回答说：“丹朱不应该缺少接受教育，也从没听说宁越读书时被人用棍子捶打。”

【原文】

6. 吴鹿长与诸友闲谈天下名士，及某某等，吴曰：“云间陈眉公①，以艺藏道，吾敬其道。毗陵刘少白②，以道藏艺，吾敬其艺。天下名士，不难于知显，而难于知隐。”或笑曰：“如沙宛在以慧藏痴③，人爱其慧，君爱其痴，是亦一道也。”吴亦肯服。

【注释】

①云间：古华亭，松江府的别称。

②毗陵（pí líng）：古地名，在今江苏省境内。

③沙宛在：明代妓女，字嫩儿。善弦管，工诗。与吴鹿长交好。

【译文】

吴鹿长与各位好友一起闲聊天下名士，讨论到某某一些人时，吴鹿长说：“居于云间的陈眉公，用艺术才华掩饰他的处世之道，我敬重他的道。住在毗陵的刘少白，用道掩饰他的艺术才华，我敬重他的才艺。对于天下名流，知晓他们显露在外的特长并不难，而难就难在知道他们藏而不露的特长。”有人笑着说：“如同沙宛在用智慧掩藏痴情，人们欣赏她的智慧，而你喜欢她的痴情，这也是一种道啊。”吴鹿长对此也深表赞成。

【原文】

7. 西山先生问傅景仁以作文之法①，傅云："长袖善舞，多财善贾②。"西山由此务读。

【注释】

①西山先生：即李郁，字光祖，归隐西山。著有《论孟遗书》《古杭梦游录》《李西山文集》等。

②长袖善舞，多财善贾：意思是衣袖长便于跳舞，钱财多便于做生意。比喻有所凭借，事情就顺利。

【译文】

西山先生向傅景仁讨教写文章的方法，傅景仁说："衣袖长便于跳舞，钱财多的人便于做生意。"西山先生从这两句话中有所感悟，从此开始发奋苦读。

【原文】

8. 张湛舍室修整①，虽遇妻子如严君，人谓湛诈善耳②。湛曰："人皆诈恶，我独诈善，何伤乎？"

【注释】

①张湛：字处度，东晋学者、玄学家、养生学家。

②诈：假装。

【译文】

张湛在家也注重言行仪表，即使遇到妻子也像对待父母那样彬彬有礼，因此有人说张湛是在假装好人罢了。张湛回复说："他人都在伪装邪恶，唯独我假装和善，这又有什么妨害呢？"

【原文】

9. 陈婴者①，东阳人，少修德行，著称乡党。秦末大乱，东阳人欲奉婴为主，母曰："不可。自我为汝家妇，少见贫贱，一旦富贵，不祥。不如以兵属人②，事成少受其利，不成祸有所归。"

【注释】

①陈婴：秦末东海郡东阳县人，初任县令史，为人诚实而谨慎。

②属：古同"嘱"，嘱托，托付。

【译文】

以前有一个叫陈婴的，是东阳人，他从小就很有德行修为，在家乡远近闻名。秦末年间天下大乱，东阳人都想推选陈婴为首领，他的母亲却说："不可以。自从我嫁到你们陈家为妇，从年轻时起就看见陈家贫贱，如果哪一天突然变得富贵，恐怕不吉祥。你不如把兵权交给别人，倘若起义成功了，可以从中得到一些

好处，如果不成功，也不会惹祸上身。”

【原文】

10. 王黄门兄弟三人俱诣谢公①，子猷、子重多说俗事，子敬寒温而已。既出，坐客问谢公②：“向三贤孰愈？”谢公曰：“小者最胜。”客曰：“何以知之？”谢公曰：“吉人之辞寡。”

【注释】

①王黄门兄弟三人：指王徽之（子猷）、王操之（子重）、王献之（子敬）。他们都是东晋时期著名书法家王羲之的儿子。诣：到。

②谢公：即谢安。东晋政治家、名士。

【译文】

晋代的王氏黄门侍郎王徽之、王操之、王献之兄弟三人一起到谢安家拜访，王徽之、王操之说了很多世俗之事，王献之只是很礼貌地一番嘘寒问暖而已。他们出去之后，在座的客人问谢安：“这三个贤士谁更优秀？”谢安说：“最小的那个更胜一筹。”客人说：“您是怎么知道的呢？”谢安说：“真正优秀的人闲碎话语较少。”

【原文】

11. 庾公为护军①，属桓廷尉觅一佳吏。乃经年，桓公遇见徐宁而知之，遂致于庾公，曰：“人所应有，其不必有；人所应无，己不必无，真海岱清士②。”

【注释】

①庾公：指东晋时期的庾亮。

②海岱（dài）清士：是一个成语，指四海之内清正廉洁的人。

【译文】

东晋时期的庾亮担任护军时，嘱托桓廷尉去寻觅一个优秀的官吏当自己的下属。就这样过了一年后，桓廷尉遇见了徐宁并且对他有所了解后，很快就将其推荐给庾亮，并告诉庾亮说：“常人所应该拥有的品质，他不一定没有；常人所应该没有的东西，他不一定没有，他真是个四海之内不可多得的人才。”

【原文】

12. 司马公与子瞻论茶墨俱香①，云茶与墨二者正相反。茶欲白②，墨欲黑；茶欲重，墨欲轻；茶欲新，墨欲陈。

【注释】

①司马公：司马光，字君实。北宋政治家，文学家。子瞻：苏轼，字子瞻，号东坡居士。“唐宋八大家”之一。

②欲：需要。

【译文】

北宋时期的司马光与苏轼谈论茶与墨都有香味时，说茶与墨虽然都有香气，但是这二者却截然相反。茶需要清亮，墨需要黑；茶需要沉下去，墨需要轻；茶需要保持新鲜，墨需要陈旧。

【原文】

13. 吴苑曰："清雅之士非不佳，嫌其太矫[①]；粗狂之士非不恶，喜其露真。若使清而不矫，真而不粗，非惟越俗名流，实是世间能士。"

【注释】

①矫：矫情，指强词夺理，蛮横。

【译文】

吴苑说："那些清雅之士不是不好，只是嫌他们太矫情；粗狂之士不是不令人厌恶，但他们坦率真诚令人喜欢敬佩。倘若能做到清雅而不矫情，率真而不粗狂，就不只是超越世俗之中的名流了，实在是世间罕见的贤能之士。"

【原文】

14. 范忠宣公亲族间子弟[①]，有请教于公者，公曰："惟俭可以助廉，惟恕可以成德。"

【注释】

①范忠宣公：即范纯仁，谥号"忠宣"。北宋文学家范仲淹的儿子。

【译文】

北宋的范纯仁与家族中的子弟都非常亲善友好，有人向他请教，他回答说："只有俭朴才可以帮助人变得廉洁，只有对他人宽宏大量才能成就美好德行。"

【原文】

15. 鲁宗道为谕德[①]，往往易服微行，饮于酒肆[②]。一日，真宗急召公，将有所问。使者反复于肆间得之，与公谋曰："上若怪公来迟，当托何事？"公曰："但以实告。"使者曰："然则恐得罪。"公曰："饮酒人之常情，欺君臣之大罪。"使者叹服。

【注释】

①鲁宗道：字贯之，亳州人。北宋名臣，谥号"简肃"。谕德：官名，唐朝开始设置，秩正四品下，掌对皇太子教谕道德。

②酒肆：又称酒坊、酒店、酒家、旗亭等。

【译文】

北宋名臣鲁宗道担任宫中谕德官时，常常换下官服打扮成平民百姓的样子到酒肆去饮酒。有一天，宋真宗急于召见他，有事情想要问他。派出去的使者反反复复寻找，终于在一个酒肆中找到了他，使者与他商量说："皇上如果怪您来迟了，您应当以何事作为托词？"鲁宗道说："只以实话告知皇上。"使者说："这样恐怕会得罪皇上。"鲁宗道说："饮酒不过是人之常情的小事，欺君却是为臣者的大罪。"使者听后为之叹服。

【原文】

16. 李文靖公沆为相[①]，沉正厚重，无所革易[②]。尝曰："吾为相无他能，惟不改朝廷法度，用此以报国耳。"

【注释】

①李文靖公沆（hàng）：即李沆，字太初，北宋时期名相、诗人。

②革易：革除改变。

【译文】

北宋时期的文靖公李沆担任当朝的宰相，他为人淳朴廉政、做事稳重，对国家的各项制度都没有什么革除改动。他曾说："我作为宰相，没有其他才能贡献，也只有不轻易去改动朝廷法度而去严格恪守，并用这样的方式来精忠报国了。"

【原文】

17. 马援落魄陇汉间[①]，常谓宾客曰："大丈夫为志，穷当益坚，老当益壮[②]。"

【注释】

①马援：字文渊，东汉开国功臣之一，因功高而累官伏波将军，后封侯。

②老当益壮：意思是虽然正当老年，但斗志更坚，干劲更足。

【译文】

东汉时期的马援潦倒落魄期间居住在陇汉一带，但他并不因此颓废，而是常对宾客说："大丈夫树立志向，越穷困的时候就越要坚定不移，越是正当衰老的年纪就更要干劲儿十足。"

【原文】

18. 陈仲微云[①]："禄饵可以钓天下之中才，而不可啖尝天下之豪杰；名船可以载天下之猥士[②]，而不可陆沉天下之英雄。"

【注释】

①陈仲微：字致广，瑞州高安（今属江西）人。南宋嘉熙年间进士。曾任秘书监等职。

②猥士（wěi shì）：意思是鄙贱之士。

【译文】

南宋时期的陈仲微说："以官禄作为饵料只能钓取天下中等才华的人，而不能使天下最为突出的豪杰觅食上钩；名利之船只能承载天下庸俗鄙贱之士，却不能使天下的英雄沉沦堕落。"

【原文】

19. 项羽入关后①，谓人曰："富贵不归故乡，如着锦衣夜行耳。"

【注释】

①项羽：秦朝末年起义军领袖、杰出军事家，建立西楚政权，号称"西楚霸王"。

【译文】

项羽入关后，对别人说："得富贵后不回故乡，就如同穿着华丽的锦绣衣服在黑夜中行走一样了。"

【原文】

20. 唐李邕为左拾遗①，俄而御史中丞宋璟奏张昌宗兄弟有不顺之言②，请付发断。则天初不应，邕在陛下，应曰："璟言事关社稷③，望陛下可其奏。"则天色解。既出，或谓曰："子名位尚卑，若不称旨，祸将不测。"邕曰："不颠不狂，其名不张。"

【注释】

①李邕（yōng）：字泰和，唐朝大臣、书法家，博学多才，少年成名。曾任校书郎，迁左拾遗，北海太守等职，史称"李北海"。

②俄而：表示时间短暂，为不久、忽然等意思。

③社稷：泛指国家。

【译文】

唐代的李邕担任左拾遗时，忽然有一天御史中丞宋璟奏报说张昌宗兄弟有不恭顺朝廷的言论，请求对他们进行处罚。武则天一开始没有回应，这时李邕正站在宫殿台阶下，便应声说："宋璟所说的事关系国家的利益，希望陛下批准他的奏章。"只见武则天的脸色逐渐舒展开来。走出大殿后，有人对李邕说："你的名声地位还很卑微，倘若言语不合圣上的旨意，说不定就会灾祸临头。"李邕说："没有癫狂大胆的言行，那就无法张扬名声。"

【原文】

21. 盖宽饶曰①："富贵如传舍②，惟谨慎可得久居。"

【注释】

①盖宽饶：字次公，山东滕州盖村人，为汉宣帝时期的太中大夫，后擢为司

隶校尉。

②传舍：古时供行人休息住宿的处所，相当于旅馆、旅舍。

【译文】

盖宽饶说："富贵如同入住旅舍，若想长久居住就必须小心谨慎行事。"

【原文】

22. 刘忠宣教子读书[①]，兼力农，尝督耕雨中，告人曰："习勤忘劳[②]，习逸成惰。困之息之，息之困之。"

【注释】

①刘忠宣：即刘大夏，字时雍，号东山，湖广华容（今属湖南）人，明朝中期名臣、诗人，与王恕、马文升合称"弘治三君子"。谥号"忠宣"。

②习：习惯，习惯于。

【译文】

明代名臣刘大夏教导儿子读书，同时还让他干农活儿，他曾在雨中督促儿子耕田，并告诫说："习惯了勤奋，就会忘记劳累；沉溺于安逸，就会变得懒惰。疲劳困乏了便去休息，休息好了再去劳作直到疲劳困乏，务必要做到如此循环反复。"

【原文】

23. 万士亨、士和举进士，将之官，其父戒之曰："愿尔辈为好人，不愿尔辈为好官。"

【译文】

明代万士亨、万士和兄弟二人参加科举考试中了进士，即将到官府任职，临行前，他们的父亲告诫说："希望你们都能做个好人，不希望你们成为好官。"

【原文】

24. 虞谦为大理卿[①]，谳狱每加详慎[②]，必得其平。尝谓人曰："彼无憾，我无憾矣。"

【注释】

①虞谦：字伯益，明代洪武年间知杭州。曾任大理寺卿。

②谳（yàn）：审判案件。

【译文】

明代的虞谦任大理寺卿时，每一次审判案件都格外细心慎重，务必做到公平公正。他曾对别人说："那些打官司的人没有遗憾，我也就没有什么遗憾了。"

【原文】

25. 杨震为涿州太守[①]，性公廉，不受私谒[②]，子孙常蔬食步行。故旧长者，或欲令为开产，震不肯，曰："使后世称为清白吏子孙，以此遗之，不亦厚乎？"

【注释】

①杨震：字伯起，东汉时期名臣，曾任荆州、涿州太守等职。

②私谒（yè）：因私事而干谒请托。相当于走后门。

【译文】

东汉时期的名臣杨震曾担任涿州太守，他天性廉洁奉公，从不接受因私事拜会请托送来的财物，子孙们也跟他一样常常粗茶淡饭，以步行代替乘坐车轿。旧交长辈中，有人劝他置办些产业留给子孙，杨震不肯，并说："让后世的子孙被别人称作是清官的后代，把这样的美誉留给他们，不也是很丰厚的财产吗？"

【原文】

26. 王谌荐种暠于河南尹田歆①，谓歆曰："为尹得孝廉矣②，近洛阳门下吏也。"歆笑曰："当得山泽隐滞，乃洛阳吏耶？"谌曰："山泽未必有异士，异士未必在山泽。"

【注释】

①王谌（chén）：东汉人，是河南尹田歆的外甥。种暠（hào）：东汉时期名臣，种暠最初任县门下史，后经河南尹田歆的外甥王谌举荐，被任命为主簿。历任南郡太守、尚书等职。位列三公。田歆（xīn）：东汉时期名臣，曾任河南尹。

②孝廉：汉武帝时设立的通过察举考试任用的官员。此指品学兼优之人。

【译文】

王谌将才子种暠推荐给河南尹田歆，王谌对舅舅田歆说："我为您物色到一位品学兼优的人了，与洛阳门下省官吏的水平相近。"田歆笑着说："你物色的人应当像山泽隐士，怎么能与洛阳门下吏相提并论呢？"王谌说："山泽之间不一定能找到奇异的贤士，奇异的贤士也不一定都来自山泽之间。"

【原文】

27. 汉明帝谓东平王苍曰①："天下何事为乐？"对曰："为善最乐。"

【注释】

①东平王苍：刘苍，汉光武帝第八个儿子，时封东平王，明帝时任骠骑将军。

【译文】

汉明帝对东平王刘苍说："在天下人间做什么事情能使人感到快乐？"刘苍回答说："积德做善事最快乐。"

【原文】

28. 顾司马益卿云①："与其结新知，不若敦旧好②；与其施新恩，不若还

旧债。”

【注释】

①顾司马益卿：即顾养斋，字益卿。明代大臣，官为司马。

②不若：不如。

【译文】

明代司马顾益卿说：“与其结识新朋友，不如真诚地与老朋友加深感情；与其对人施与新的恩德，不如先去还清旧债。”

【原文】

29. 马援初处田牧间，至有牛马羊数千头，谷数万斛[①]。既而叹曰：“凡殖货财产，贵其能施赈也[②]，不则守钱虏耳。”

【注释】

①斛（hú）：古量器名，方形，口小，底大。

②赈（zhèn）：赈济，救济。

【译文】

东汉的开国功臣马援当初曾住在田野牧场中，依靠种田放牧维持生活，渐渐地，他饲养的牛马羊能有好几千头，收获数万斛的粮食屯满粮仓。然后他感叹说：“凡是从农牧商业中所获得的财产，贵在能够赈济穷人，不然的话，就成了守财奴了。”

【原文】

30. 陈眉公曰：“士人当使王公闻名多而识面少；宁使王公讶其不来，勿使王公厌其不去。”

【译文】

陈眉公说：“有识之士应当让达官贵人多听到他的名声，而应该尽量少抛头露面；宁肯让达官贵人为他不来赴约而感到奇怪，也不要让达官贵人厌恶他赖着不肯走。”

【原文】

31. 薛道衡聘陈[①]，作《人日》诗云：“入春才七日，离家已二年。”南人嗤曰[②]：“是底言？谁谓此虏解作诗？”及云“人归落雁后，思发在花前”，乃喜曰：“名下固无虚士。”

【注释】

①陈：古国名。建都宛丘（今河南淮阳）。

②嗤：嗤笑，嘲讽。

【译文】

隋代的诗人薛道衡在陈国游览时，曾作一首《人日》诗说："入春才七日，离家已二年。"南方人嗤笑他说："这到底是什么话呀？谁能说他这是懂得作诗？"等念到后面二句"人归落雁后，思发在花前"，才高兴地说："盛名之下的贤士，果然名不虚传。"

【原文】

32. 闵文休狂放嗜酒①，素不喜与道学场。人有强之者，则曰："吟诗劣于讲学，骂座恶于足恭②。两而揆之③，宁为薄行狂夫，不作厚颜君子。"

【注释】

①狂放：任性豪放，不受约束。形容性格豪爽，蔑视世俗礼法。

②骂座：谩骂同座的人。

③揆（kuí）：估量，衡量。

【译文】

闵文休生性狂放不羁，特别喜欢饮酒，平时不喜欢参加道学场景。如果有人强迫他去参加，他就会回答说："吟诗比讲学低劣，谩骂他人比低三下四更令人厌恶。但是将这两者放在一起去衡量，我宁可做行为轻薄的狂夫，也不做厚颜无耻的所谓君子。"

【原文】

33. 卫玠为性通恕①，常自戒曰："人之不逮②，可以情恕；非意相干，可以理遣。"

【注释】

①卫玠：字叔宝，河东安邑人。西晋玄学家，中国古代四大美男子之一。

②不逮：不足之处；过错。

【译文】

西晋玄学家卫玠性格通达宽容，常常自我告诫说："人有做得不足的地方，可以动之以情去宽恕；他人若不是主观故意冒犯，就要理性对待并加以谅解。"

【原文】

34. 欧阳文忠公尝言曰①："观人题壁，便识文章。"

【注释】

①欧阳文忠公：即欧阳修，字永叔，号醉翁，晚号六一居士，谥号文忠。北宋政治家、文学家，且在政治上负有盛名，著有《欧阳修文集》。

【译文】

北宋文学家欧阳修曾说："通过观看他人的题壁之作，就能知道他写文章的

风格了。”

【原文】

35. 齐王晞为孝昭待遇深厚①，而晞每自疏退，谓人曰：“非不爱热官，但思其烂熟耳。”

【注释】

①王晞（xī）：字叔朗，北齐孝昭帝时任太子太傅。

【译文】

北齐时期的王晞很受孝昭帝的器重，而且待遇优厚，但他却总是自动疏远回避，他常对别人说：“不是我不喜欢当有权势的宠官，只是我完全参透了其中的滋味。”

【原文】

36. 谢玄晖好奖人才①，会稽孔闿粗有文章②，未为时人所知。孔稚珪常令草让表以示玄晖。玄晖嗟叹良久，自折简写之，语稚珪曰：“是子声名未立，应共奖成，无惜齿牙余论。”

【注释】

①谢玄晖：即谢朓（tiǎo），字玄晖，陈郡阳夏（今河南太康县）人，曾担任宣城太守等职。南朝齐杰出的山水诗人，著有《谢玄晖诗集》。

②孔闿（kǎi）：南朝齐士子，会稽人。

【译文】

南朝齐的谢朓是个喜欢奖励提拔人才之人，当时会稽人孔闿小有才华，只是还没有被人所知晓。孔稚珪常让他起草一些怨责的表文给谢朓看。谢朓看了之后，叹惜许久，然后亲自给他写信表达自己的看法，信中告诉孔稚珪说：“这个士子现在还没有立下声名，我们应当共同提携奖励他，使之成名，不要吝啬赞美他的言辞。”

【原文】

37. 陆慧晓为晋熙王长史，寮佐造见①，必起送之。或语云：“长史贵重，不宜妄自谦屈②。”陆曰：“我性恶人无礼，不容不以礼处人。”

【注释】

①寮佐（liáo zuǒ）：属官，僚属。造见：拜访会见。

②谦屈：谦恭屈己。

【译文】

陆慧晓担任晋熙王的长史时，就算是僚属前来拜访会见，他也一定要起身相送。有人不解地对他说："长史地位高贵，没有必要过分地谦恭委屈自己。"陆慧晓回答说："我生性讨厌不懂礼数之人，所以不容许自己不以礼待人。"

【原文】

38. 魏佛助盛誉卢思道①，以卢询祖为不及②。询祖曰："见未能高飞者，借其羽毛；知逸势冲天者，剪其翅翮③。"

【注释】

①卢思道：字子行，北齐到隋朝大臣、著名诗人，因才学渊博而重于当时，著有《卢武阳集》一卷。

②卢询祖：北齐范阳（今河北涿州）人。善文章，著有《赵郡王配郑氏挽词》《中妇织流黄》。

③翅翮（hé）：翅膀。

【译文】

魏佛助大力赞扬隋朝诗人卢思道，认为卢询祖不如卢思道有才华。卢询祖则回应说："他这是见到无力高飞的，便假意借给它羽毛；知道对方有冲天之势能够展翅翱翔的，就剪掉其翅膀。"

【原文】

39. 齐太祖奇爱张思光①，时与款接②，笑曰："此人不可无一，不可有二。"

【注释】

①奇爱：特别喜爱。

②款接：指结交，交往。

【译文】

南朝齐太祖认为张思光是奇才，特别喜爱他，时常与他交往，曾笑着说："你这种人啊，不可以没有一个，也不能有两个，简直就是独一无二啊。"

【原文】

40. 向子平读《易》①，至《损》《益》卦，喟然叹曰②："吾已知富不如贫，贵不如贱，但不知死生何如耳。"

【注释】

①向子平：即向长，字子平，东西两汉交替之际隐士。通晓《老子》《易经》。

②喟（kuì）然：形容叹气的样子。

【译文】

两汉交替之际的隐士向子平阅读《周易》，读到《损》卦、《益》卦时，不禁感慨叹息道："我已知道富裕不如贫穷，卑贱胜过高贵，但是不知道生和死之间有什么关系。"

【原文】

41. 陈眉公曰："朝廷大奸不可不攻①，朋友小过不可不容。容大奸必乱天下，攻小过则无全人。"

【注释】

①大奸：指特别奸诈险恶的人。

【译文】

陈继儒（眉公）说："对于朝廷中特别奸诈险恶的大臣不能不攻击，对于朋友的小过错不能不去宽容。宽容大奸臣必然会天下大乱，抨击小过错，世上就没有完美之人了。"

【原文】

42. 陈眉公曰："小儿辈不当以世事分读书，当令以读书通世事。"

【译文】

陈眉公说："作为晚辈，不应当因为世间俗事而分散读书的精力，应当教育他们通过读书来通达世间万事。"

【原文】

43. 陈眉公曰："做秀才如处子①，要怕人；既入仕如媳妇②，要养人；归林下如阿婆，要教人。"

【注释】

①处子：处女，旧时指未出嫁的少女。

②入仕：进入仕途，指入朝为官。

【译文】

陈眉公说："做秀才时就像未出嫁的少女，要惧怕见到别人；进入官场后宛如已出嫁的媳妇，要去奉养他人；辞官回故乡就像做了婆婆，要会教育后人。"

【原文】

44. 陈眉公曰："有一言而伤天地之和，一事而折终身之福者，切须检点①。"

【注释】

①检点：注意约束（自己的言语行为）。

【译文】

陈眉公说："有人只说了一句话就伤害了天地间的和气，因为一件事而折损了自己终身的福气，所以人在说话做事时一定要时刻注意约束自己，要谨慎细致。”

【原文】

45. 胡居仁家贫甚，鹑衣箪食[1]，尚不继。或为之虑，胡曰：“身已闰义，屋已闰书。大处足矣，不必琐求。”

【注释】

①鹑衣：经过补缀的破旧衣衫。箪（dān）食：是指装在箪笥里的饭食。

【译文】

胡居仁家里非常贫穷，穿着带补丁的破旧衣衫，吃着简单的饭食，但还是不能每天都能接续下来。有人为他的生活而担忧，胡居仁却说：“自身已经懂了道义，屋子里也装满了书籍。如此在重大方面已经得到满足了，就没有必要去强求那些琐碎之事。”

【原文】

46. 邵文庄云[1]：“宁为真士夫，不为假道学。”

【注释】

①邵文庄：邵宝，字文庄，明代人，著名藏书家、学者。

【译文】

明代学者邵文庄说：“宁愿做真正的读书人，也不做虚伪的道学家。”

【原文】

47. 都维明博学多艺，务为韬晦[1]。乘兴画一梅，寻悔曰：“有一能即蔽一能。”

【注释】

①韬晦：即韬光养晦，讲究的是低调成大事之道。借指才能行迹隐藏不露等。

【译文】

都维明学识渊博，多才多艺，他尽力保持低调、深居简出，隐藏自己的真实才能。有一次，他趁一时兴起画了一幅梅花图，过了一会儿似有悔悟地说：“有一种才能就要遮掩另一种才能。”

【原文】

48. 梁王[1]、赵王[2]，国之近属，贵重当时。裴令公岁请二国租钱数百万[3]，以恤中表之贫者。或讥之曰：“何以乞物行惠？”裴曰：“损有余补不足，天之道也。”

【注释】

①梁王：司马肜（róng），字子微，西晋宗室大臣，晋宣帝司马懿第八子。

②赵王：司马伦，字子彝，晋宣帝司马懿第九子，八王之乱的参与者之一。

③裴令公：裴楷，字叔则。三国曹魏及西晋时期大臣、名士，东汉尚书令裴茂之孙。

【译文】

梁王司马肜、赵王司马伦都是皇帝的直近亲属，他们享尽富贵荣华，在当时极其风光。中书令裴楷每年都请求司马肜、司马伦二位王爷捐出数百万的钱财，用来救济自己亲戚中的贫困人家。有人讥笑他说："怎么能用讨来的东西去对别人施加恩惠呢？"裴楷说："折损有钱人的富余钱财去补充没钱人的亏空，这是合乎天理的。"

【原文】

49. 陈眉公曰："后生辈胸中落'意气'两字，则交游定不得力；落'骚雅'二字[1]，则读书定不深心。"

【注释】

①骚雅：此指贪恋色情，附庸风雅。

【译文】

陈眉公说："年轻后生们如果胸中怀有'意气'二字，那么与别人交往时一定会感到心有不平而无所得；如果胸中怀有'骚雅'二字，那么读书时就不能专心致志，无法深入钻研。"

【原文】

50. 陈眉公曰："看中人，看其大处不走作；看豪杰，看其小处不渗漏。"

【译文】

陈眉公说："看中等人物，要看他在宏观之处是否遵守原则；看英雄豪杰，要看他在细微之处是否做到不出纰漏。"

【原文】

51. 罗远游曰："大豪杰用心，恩处难知，怨处易指；琐琐君子[1]，行藏反是。"

【注释】

①琐琐君子：指卑鄙小人。琐琐：形容人品卑微、平庸、渺小。

【译文】

罗远游说："大豪杰处事用真心，他施恩的地方很难让人知道，令人埋怨责备的地方却很容易被人指出来；而那些卑鄙小人，故意暴露施恩行迹而且善于藏匿缺点，恰恰与豪杰相反。"

【原文】

52. 陈继儒曰："势在则群蚁聚膻[①]，势去则饱鹰飏汉[②]。悠悠浊世，今古皆然。有识之士，不必露徐偃之刚肠，但请拭叔度之冷眼。"

【注释】

①群蚁聚膻（shān）：犹群蚁趋膻，指许多蚂蚁趋附羊肉。比喻许多臭味相投的人聚集在一起。

②饱鹰飏（yáng）汉：欲望得到满足就扬长而去的意思。

【译文】

陈继儒说："权势在手时，人们就像群蚁聚集在羊肉上一样趋炎附势，权势丧失了以后，他们就像吃饱了的鹰欲望得到满足扬长而去一样。悠悠的污浊世界，从古到今都是这样。有长远见识的人，没有必要露出像徐偃王那样刚直的心肠，但请你一定要像黄宪（字叔度）那样保持高尚品格，擦亮冷峻的目光。"

【原文】

53. 费文宪公云[①]："观书当如酷吏断狱，用意深刻，而后能日知其所无；记书当如勇将决胜，焚舟沉甑[②]，而后能月无忘其所能。"

【注释】

①费文宪公：费宏，字子允，号健斋，晚年自号湖东野老。明朝状元、名臣，内阁首辅，深受君主倚重。谥号"文宪"。

②甑（zèng）：中国古代的蒸食用具。

【译文】

文宪公费宏说："看书应当像酷吏审理判断案件那样，用心思考，深入探究，而后才能每天懂得一些以前所不知道的新东西；记忆书中知识应当像勇猛将士决一死战那样，破釜沉舟，而后才能经年累月也没有所能被遗忘的东西。"

【原文】

54. 南杨在内阁[①]，其子来京师，所过州县，无不馈遗，惟江陵令范理不为礼[②]。公异之，荐为德安守。或劝当致书谢，范曰："宰相为朝廷用人，太守为朝廷捧命，一杨一范，私面何关？"

【注释】

①南杨：杨溥，字弘济，号澹庵，明朝初年政治家、诗人、内阁首辅，与杨士奇、杨荣并称"三杨"，因居地所处方位而被称为"南杨"。

②范理：字道济，号操斋，明朝官员。著有《诗经集解》《读史备忘》《天台要览》等。

【译文】

南方的杨溥在朝廷内阁任职时，他的儿子到京城来看望他，沿途路过了很多州县，当地长官没有不来送礼的，唯有江陵县令范理不来送礼。杨溥对此反而特别赞赏，于是将他举荐为德安太守。有人劝范理应当写信感谢杨溥，范理说：“宰相是为朝廷选用人才，太守是为了朝廷而奉命就职，一个姓杨，一个姓范，这与私人情面有什么关系呢？”

【原文】

55. 陈继儒曰：“待富人不难有礼，而难有体；待贫人不难有恩，而又难有礼。”

【译文】

陈继儒说：“对待富人做到彬彬有礼并不难，而难就难在做到得体；对待穷人做到有恩并不难，而难就难在能做到彬彬有礼。”

【原文】

56. 吴燕孺曰：“须眉之士在世[①]，宁使乡里小儿怒骂，不当使乡里小儿见怜。”

【注释】

①须眉：古时为男子的代称。

【译文】

吴燕孺说：“男子汉大丈夫活在世上，宁可被乡间的小儿怒骂，也不能让乡间小儿看到后觉得你可怜。”

【原文】

57. 潘切叔虽轻诺少恒，于友道实笃。或有受潘大恩不能报，反谤之者。人风潘曰[①]：“君非圣人，安得以平报怨？”潘曰：“不然，吾安肯以怜人既错之目，复睨此自愧欲死之人[②]？”闻者叹服。

【注释】

①风：同“讽”，讽刺，嘲讽。

②睨：看，斜视，轻视。

【译文】

潘切叔虽然有时轻言许诺很难做到长久坚守，但对于朋友的情谊却非常诚实笃厚。可有的人受了潘切叔的大恩不但没有去报答他，反而恩将仇报诽谤他。因此人们嘲讽潘切叔说：“你不是圣人，又怎能平复那些以德报怨之人呢？”潘切叔则回答说：“不是这样的，我怎能用怜悯别人犯错的目光，再去轻视这种自愧得要死之人呢？”听到这话的人都深为叹服。

豪语篇第三

【原文】

吴苑曰：圣人尽而豪士出。圣人具德，豪士具才，此大略言也。盖世间才士，未有不豪者。五官六府，皆奇英之所灌溉，每喘一息，吐一语，几塞天地①。虽过之者不无七八，而副之者亦有二三。故圣人既隐之后，不如此辈之强且干也，况志一不成，即视身如芥②，慷慨之语，何其壮哉！嗟乎！波流宇宙，岂能少此辈乎？乃次豪语第三。

【注释】

①几塞天地：几乎能够充塞天地。

②芥：小草，草芥。

【译文】

吴苑说：圣人的时代已经过去，豪杰便开始出现。总体而言，圣人具有高尚的道德，豪士具有卓尔不群的才华，这只是大概的说法。但凡世间有才能的人，无一不是豪气冲天的。这样的人五官六腑，都是由奇异英武的豪情灌溉而成的，每一次吐纳，每说出一句话语，几乎都能够充塞天地。虽然有十之七八会虚势过度，但有十之二三是名副其实存在的。所以圣人隐去之后，都不如这些人强悍而且精干了，况且一旦立志所干的事业没有成功，他们就将自己视为草芥，慷慨悲歌与举动，是多么壮烈啊！呜呼！烟波浩渺的宇宙，又怎能缺少这些豪杰之士的存在呢？因此便将豪语篇列为第三了。

【原文】

1. 荀中郎在京口①，登北固望海，云：“虽未睹三山，便自使人有凌云意。若秦汉之君，必当褰裳濡足②。”

【注释】

①荀中郎：荀羡，东晋大臣，曾任北中郎将，与其兄荀蕤并称“二玉”。死后追赠骠骑将军。

②褰（qiān）裳濡足：褰：提起。裳：下身衣服。濡：沾湿。提着衣角趟水打湿了脚。

【译文】

东晋的中郎将荀羡在京口登上北固山眺望大海时，说："虽然没有看到三座仙山，但也使人不由自主地有一种腾云驾雾的感觉。就算是秦始皇、汉武帝站在这里，也必定会不顾一切撩起衣裳、抬起脚蹚水前往了。"

【原文】

2. 桓温读《高士传》[①]，至於陵仲子[②]，便掷去曰："谁能作此溪刻自处[③]！"

【注释】

①桓温：字元子，东晋政治家、军事家、权臣，谯国桓氏代表人物。

②於陵仲子：指春秋战国齐陈仲子。他曾因避世迁居於陵，自称於陵仲子。后世诗文中常以此借为咏隐士。

③溪刻：刻薄、苛刻。

【译文】

有一天桓温捧读《高士传》，当读到"於陵陈仲子传"时，便将书抛到一边说："谁能够像他这样苛刻地严于律己呢！"

【原文】

3. 石崇每与王敦入学嬉[①]，见颜、原像而叹曰[②]："若与同升孔堂，何必去人有间。"王曰："不知余人云何，子贡去卿差近。"石正色曰："士当令身名俱泰，何至以瓮牖语人[③]！"

【注释】

①石崇：字季伦，西晋时期文学家、官员、富豪，"金谷二十四友"之一，大司马石苞第六子。王敦：字处仲，是东晋丞相王导的堂兄。

②颜、原：指颜回、原宪二人。

③瓮牖（wèng yǒu）：意思是以破瓮为窗，形容贫寒之家。

【译文】

石崇每次与王敦到学堂里去玩耍，见到颜回和原宪的画像就叹息说："如果与他们同入孔子学堂，或许就不会与他们有那么大的差距了。"王敦说："不知其他的人怎么样，不过子贡与你相差很近。"石崇厉言正色地说："士人应当使自己有好的品格与名誉，为什么要对人说出'以破瓮为窗'这样穷困潦倒的话呢！"

【原文】

4. 胡总制宗宪读《汉书》，至终军请缨事[①]，起叫曰："男儿双足，当从此处插入，其他皆狼藉耳[②]！"

【注释】

①请缨（yīng）：指请求给他一根长缨，比喻主动请求担当重任。

②狼藉：乱七八糟的样子。此为凌乱而不值得一提的意思。

【译文】

有一天，总督胡宗宪阅读《汉书》，当他读到“终军请缨”这件事时，拍案而起大声说道：“男子汉的两只脚，应当从这里开始起步，其他的都是大丈夫所不屑去做的事了！”

【原文】

5. 赵温子柔①，京兆人，为郡丞②，叹曰：“大丈夫当为雄飞，焉能雌伏③！”遂弃官去。

【注释】

①赵温子柔：赵温，字子柔，蜀郡成都（今成都）人。东汉时期大臣，位居三公之位十五年。

②郡丞：官名，是郡守的副手。

③雌伏：比喻屈居下位，无所作为。

【译文】

赵温，字子柔，京兆人，在他担任郡丞一职时，曾经感叹说：“大丈夫应当奋发图强，像雄鹰一样展翅高飞，怎么能像雌鸟一样懦弱蜷伏在巢中！”于是舍弃官职转身离去。

【原文】

6. 仪真王维宁，善诗赋，草书尤精绝。家资巨万，性豪侈，嗜酒。每日宴客，续至者常增数席。人或劝其后计，王曰：“丈夫在世当用财，岂为财用！”及业尽，不能自存，犹好酒不已。人又劝其耕砚可以自给①，曰：“吾学书岂为口耶？”一日，无酒不能耐，出步江上，见落日射水粼粼，大喜曰：“此中有佳处，龙宫贝阙②，或可乐吾也。”遂跃入，死焉。

【注释】

①耕砚：借指从事脑力劳动，以读写为业。

②龙宫贝阙：以紫贝为饰的宫阙。本指河伯所居的龙宫水府，后用以形容壮丽的宫殿。

【译文】

仪真王维宁，擅长吟诗作赋，尤其他的草书作品堪称精妙绝伦。他拥有万贯家产，性情豪气奢侈，特别喜好饮酒而且极其贪杯。他每天都设宴招待客人，陆续而来的人络绎不绝，常常是一天都要增设好几席。有人劝他节制一些为以后生活做打算，王维宁说："大丈夫在世就应当享用钱财及时行乐，怎么能被财富所驱使！"等到他家业耗尽，无法维持自己生活时，还是好酒不止。人们又开始劝他可以依靠写诗作赋卖字画来养活自己，可他却说："我学书法难道是为了赚钱糊口吗？"一天，他没钱买酒喝感到难以忍耐，便出家门走到江边，看见落日照耀下的湖面波光粼粼，他大为欣喜地说："这水中一定有好去处，那龙王的宫阙富丽堂皇，或许这里可以带给我快乐。"于是就跃身跳入水中，结果淹死了。

【原文】

7. 艺祖将北征①，京师喧言欲立检点为天子②。太祖告其家曰："外间讻讻③，将若之何？"时太祖姊在厨下，举面杖击之，曰："丈夫临事可不当自决，乃来家恐怖妇女耶！"

【注释】

①艺祖：宋朝人平日里称呼赵匡胤为"艺祖"。《尚书》把有文德才艺之古帝王称为"艺祖"，这是对开国皇帝的一种美称。

②检点：借指赵匡胤。他在五代后周时期，是周世宗柴荣的殿前司都检点，相当于京城卫戍司令。

③讻讻（xiōng xiōng）：喧争、议论纷纭的样子。

【译文】

赵匡胤准备北征，京城到处传说有人想拥立赵匡胤当皇帝。赵匡胤将这件事告诉他的家里人说："外面言论喧嚣热烈，我该怎么办呢？"当时赵匡胤的姐姐正在厨房做饭，听到他说这些话就举起擀面杖追打他，非常严厉地说："大丈夫面对任何事情，都应当无须他人就能独当一面自己解决，难道非要回家吓唬我们这些妇道人家吗？"

【原文】

8. 杨纂每云①："丈夫富贵，何必故乡？以妻子经怀，岂不沮人雄志②？"

【注释】

①杨纂（zuǎn）：北魏到北周时期大臣，精于骑射，勇猛过人。

②沮人：使人沮丧，丧失斗志。

【译文】

杨纂常常说："大丈夫获得富贵，何必总是依恋故乡？如果总是将妻子儿女放入心怀，处处被儿女情长牵绊，难道不使人雄心壮志变得沮丧消沉吗？"

【原文】

9. 宗少文问侄悫曰①："若志何若？"悫对曰："愿乘长风②，破万里巨浪。"

【注释】

①悫（què）：宗悫，字元干，南阳人，南北朝时期南朝宋将领。他从小就有远大的志向，刻苦练武。

②长风：吹向远方的大风；大风。

【译文】

宗少文问侄儿宗悫说："你的志向是什么？"宗悫回答说："我的志愿是乘坐吹向远方的大风，冲破万里巨浪。"

【原文】

10. 石崇每要客宴集，常令美人行酒。客饮酒不尽者，使黄门交斩美人①。王丞相导与大将军敦尝共诣崇②。丞相素不善饮，辄自勉强，至于沉醉。每至大将军，固不饮以观其变，已斩三人，第四姬奉酒，形色战恐，尚不饮如故。丞相让之，大将军曰："彼自杀伊家人，何预卿事！"

【注释】

①黄门：官名，黄门侍郎、给事黄门侍郎的简称。汉有黄门令、小黄门、中黄门等，侍奉皇帝及其家族，皆以宦官充任，因此后世常称宦官为黄门。

②王丞相导：指王导，东晋时期政治家、书法家，历仕晋元帝、明帝和成帝三朝，是东晋政权的奠基人之一。大将军敦：即大将军王敦。诣：到。

【译文】

石崇每次邀请宾客集会赴宴，常常让美女巡行于席间进行斟酒劝饮。如果客人不能一饮而尽，石崇便交由黄门官斩杀敬酒美女。丞相王导与大将军王敦曾经一起前去拜访石崇。丞相王导平时就不擅长饮酒，但此时迫于无奈总是勉强自己喝下去，以至于喝得酩酊大醉。每当轮到美女劝大将军王敦饮酒时，他坚决不喝，以此来观察石崇的反应，结果转眼间已经斩杀了三人，当第四位美女奉命来敬酒时，只见她神色惶恐、战战兢兢，然而王敦还是像之前一样坚持不饮。丞相王导劝让并责怪他，大将军王敦说："他杀的是他自家人，与你何干！"

【原文】

11. 胡总制驻军海上，观海波汹涌，旷然自得。忽云尽山出，颦蹙呼曰①："宇宙已自局人，又何用彼山挠此万里长浪！"

【注释】

①颦蹙（pín cù）：形容皱眉蹙额，不快乐。

【译文】

总督胡宗宪率军驻守海上的时候，有一天，他正观看汹涌澎湃的波涛，心旷神怡。忽然，远处云雾散尽，露出了山峰，只听他皱着眉头大声呼喊道："宇宙本来就已经局限了人类的自由，又何必再用那些山来阻挠这万里浪涛的奔腾啊！”

【原文】

12. 李太白登华山落雁峰[①]，曰：“此山最高，呼吸之间，可通帝座。恨不携谢朓惊人语来[②]，搔首问青天耳。”

【注释】

①李太白：李白，字太白，唐代著名诗人，被后人誉为“诗仙”，代表作有《望庐山瀑布》《行路难》《蜀道难》等。

②谢朓：字玄晖。南朝齐时著名的山水诗人，出身世家大族。与谢灵运同族，世称“小谢”。

【译文】

李白登览华山落雁峰时，曾感叹说：“这座山最高，呼吸之间，就可以抵达天庭帝王之座。恨只恨我写不出谢朓那些惊天动地的语句，只能搔着脑袋问苍天了。”

【原文】

13. 澹台子羽赍千金文璧渡河[①]，阳侯波起，两蛟夹舟[②]。子羽曰：“吾可以义求，不可以威劫[③]。”操剑斩蛟，蛟死，波休，乃投璧于河。

【注释】

①澹台子羽：即澹台灭明，字子羽。孔子的弟子，“七十二贤人”之一。赍（jī）：本意是指拿东西给人，此指携带。

②阳侯：古指波涛之神。两蛟：两条蛟龙。

③威劫：用武力来威逼抢劫。

【译文】

澹台灭明携带价值连城的玉璧过河，遇到波涛之神兴风作浪，这时有两条蛟龙将船夹住想要抢夺这千金之璧。澹台灭明说：“如果通过正当的途径来向我求取这块玉璧，我可以送给你，但你们不能使用武力来威逼抢劫，因为那是不义。”说完挥剑斩杀蛟龙，很快将蛟龙杀死，瞬间波涛平息，随后他将这块价值连城的玉璧投入河中。

【原文】

14. 梁竦生长京师，不乐本土[①]，自负其才，郁郁不得意。尝登高望远，叹息言曰：“大丈夫居世，生当封侯，死当庙食[②]；不然，闲居可以养志，诗书足以自娱。州郡之职，徒劳人耳。”

【注释】

①不乐：不喜欢。

②庙食：死后立庙，受人奉祀，享受祭飨。

【译文】

梁竦自幼在京城长大，但他并不喜欢生养他的地方，他认为自己才华过人，却怀才不遇。他曾登高望远，不无感慨地叹息道："大丈夫活在世上，活着的时候应当能够加官封侯，死后应当被人立庙祭祀；如果不能这样，还不如闲居可以用来怡情养性，潜心读诗书足以用来自我消遣。至于州郡之类的官职，只会让人劳心费神罢了。"

【原文】

15. 祖车骑过江时[①]，公私俭薄，无好服玩。王、庾诸公共就祖，忽见裘袍重叠[②]，珍饰盈列。诸公怪问之，祖曰："昨夜复南塘一出。"

【注释】

①祖车骑：祖逖，字士稚，东晋名将，曾为车骑将军。著名的"闻鸡起舞"就是他和刘琨的故事。

②裘袍：裘皮衣袍。

【译文】

车骑将军祖逖横渡长江时，无论公私用度都很俭朴微薄，没有什么贵重的服饰和把玩物品。有一次，王导、庾亮等人一同到祖逖家里去拜访，忽然看见室内陈列着层层叠叠的皮袍，还有很多贵重的珍宝饰品充满房间。大家都很奇怪地问他怎么回事，祖逖从容地回答说："这不过是昨天夜里，我的士兵们又外出到南塘那边走了一遭（指军士抢劫而得）。"

【原文】

16. 荀济负气，每谓人曰："会楯上磨墨作檄文[①]。"

【注释】

①楯（dùn）：同"盾"，盾牌。檄文：用于晓谕、征召、声讨的公文，此处特指声讨的文告。

【译文】

荀济自负但勇气可嘉，常常对别人说："我一定会在盾牌上研磨墨汁，书写讨伐敌人的檄文。"

【原文】

17. 王融行过朱雀航[①]，闻人争路，乃推车壁曰："车中岂可无七尺，车前岂可无八驺[②]！"

【注释】

①王融：字元长，南齐人，文学家，"竟陵八友"之一，琅琊临沂（今山东

临沂）人。朱雀航：秦淮河上的桥名。

②驺（zōu）：传说中的一种仁兽，不食生物；古代养马的人（兼管驾车）。

【译文】

王融路过朱雀航桥时，听到有人在与他争抢道路前行，于是便敲打着车壁说："车里面怎么可以没有堂堂七尺男子汉，车前面怎么可以没有八人八马开路！"

【原文】

18. 来护儿幼卓荦[①]，读书至"击鼓其堂，踊跃用兵"，"羔裘豹饰，孔武有力"，舍书叹曰："大丈夫在世当如是，会为国灭贼，以取功名，安能区区事砚乎[②]！"

【注释】

①来护儿：字崇善，江都（今江苏）人，隋朝名将。卓荦（zhuó luò）：卓越超群。

②区区：微小，微不足道。

【译文】

隋朝将领来护儿自幼才华卓越超群，当他读《诗经》读到"击鼓其堂，踊跃用兵""羔裘豹饰，孔武有力"这些句子时，放下书本叹息道："大丈夫在世就应当这样，要为国杀敌，以此获取功绩扬名于世，怎么能依靠这微不足道的舞文弄墨成就事业呢！"

【原文】

19. 秦始皇游会稽[①]，渡钱塘，项梁与籍俱观[②]，籍曰："彼可取而代也。"梁掩其口曰："毋妄言，族矣！"

【注释】

①会稽（kuài jī）：地名。在今浙江绍兴境内。

②项梁：秦末著名起义军首领之一，楚国贵族项燕之子，西楚霸王项羽的叔父。籍：指项籍，即项羽，秦朝末年起义军领袖、杰出军事家，勇猛好武，跟随叔父项梁发动吴中起义，反抗秦朝，世称"西楚霸王"。

【译文】

秦始皇游览会稽，渡过钱塘江，项梁与项羽一起去观看，项羽说："那秦始皇何妨，我可以取而代之。"他的叔父项梁立即捂住他的嘴巴说："不要胡乱讲话，小心要被诛灭九族啊！"

【原文】

20. 燕王垂议伐西燕[①]，曰："吾比老，叩囊智足以取之。"

【注释】

①燕王垂：即慕容垂，字道业，后燕开国君主、军事家。

【译文】

后燕王慕容垂与众人商议讨伐西燕之事时，他说："相比之下，我虽然一天天老了，但是这么多年积累过来，随便叩击我的智囊就足以取胜于它。"

【原文】

21. 魏武帝曰①："宁使我负天下人，无使天下人负我。"

【注释】

①魏武帝：指曹操。东汉末年杰出的政治家、军事家、文学家、书法家，曹魏政权的奠基人。

【译文】

魏武帝曹操说："宁可让我背弃天下人，也不可让天下人背弃我。"

【原文】

22. 我太祖高皇帝亲祀历代帝王庙①，各献爵毕，独于汉高祖增一爵②，曰："我与公，不阶尺土而有天下，比他人不同，特增一爵。"

【注释】

①太祖高皇帝：即朱元璋，政治家，战略家，军事统帅，明朝开国皇帝，谥号为"高"。

②汉高祖：即刘邦，中国历史上杰出的政治家、战略家和军事指挥家，汉朝开国皇帝，汉民族和汉文化的伟大开拓者之一，对汉族的发展及中国的统一有突出贡献。爵：古代饮酒的器皿。

【译文】

我大明朝太祖高皇帝朱元璋亲自到历代帝王庙祭祀，给每个皇帝分别敬上一爵酒以后，又单独给汉高祖刘邦多敬了一爵酒，说："我与刘公，都是无须凭借尺寸之地而获得天下，与别人取得天下的情况大不相同，所以特别多敬你一杯。"

【原文】

23. 杜伏威为陈棱偏裨射中额①，伏威怒曰："不杀射我者，终不拔此箭！"由是奋击而入，获所射者。

【注释】

①杜伏威：齐州章丘人。隋朝末期农民起义军领导者之一。偏裨（pí）：指偏将，裨将，亦称副将，是古代佐助大将的将领。

【译文】

杜伏威被陈棱的偏将射中额头，因此杜伏威怒不可遏地说："不杀死那个暗箭射伤我的人，绝不拔出这支箭！”于是冲进敌营，奋力拼杀，终于擒获了射伤他的那个人。

【原文】

24. 祖逖渡江，中流①，望而叹曰：“不澄清中原，不复渡此！”

【注释】

①祖逖（tì）：字士稚，范阳遒县（今保定市）人，东晋军事家。

【译文】

祖逖率领军队过江，到了中流，望着滔滔江水叹息道：“不收复中原清除敌患，就不再渡过此江而归！”

【原文】

25. 吕蒙随姊夫邓当击贼①，年十六，呵叱而前，当不能禁止。归，言于母曰：“不探虎穴，焉得虎子②！”

【注释】

①吕蒙：字子明，三国汝南人，东汉末年名将。

②焉：哪能，怎能。

【译文】

吕蒙十六岁那年就跟随姐夫邓当到前线抗击贼寇，他每一次都是嘶喊着向前奋勇杀敌，就连他的姐夫邓当也无法制止他。得胜回来后，吕蒙对他的母亲说：“不探入虎穴，怎能擒得虎子！”

【原文】

26. 唐庄宗临斩刘守光，守光悲泣，哀祈不已。其二妻李氏、祝氏谯之曰①：“事已如此，生复何益？妾请先死！”即伸颈就戮②。

【注释】

①谯（qiào）：同“诮”，责备。

②戮：杀戮，杀死。

【译文】

南北朝时期后唐庄宗亲临法场监斩刘守光，只见刘守光悲伤得痛哭流涕，不断地哀声求饶。他的两个妻子李氏与祝氏都责备他说：“事情已经到了如此地步，活着还有什么意义？就请让我们先受死吧！”随即伸出脖颈受死。

【原文】

27. 段文昌富贵后，打金莲花杯盛水濯足①。或规之，答曰：“人生几何，要当酬平生不足也。”

【注释】

①濯（zhuó）足：洗脚。

【译文】

段文昌过上富裕的生活后，打造雕刻着金莲花的盆盛水洗脚。有人规劝他不要这样奢侈，他回答说：“人生在世能有多长时间？重要的是满足平生没有得到过的快乐。”

【原文】

28. 汉高祖尝游咸阳，纵观秦始皇，喟然叹曰[①]：“大丈夫当如此也！”

【注释】

①喟（kuì）然：形容叹气的样子。

【译文】

汉高祖刘邦曾到咸阳游玩，放眼观看秦始皇建造的雄伟壮观的建筑，慨然长叹道：“大丈夫就应该如此啊！”

【原文】

29. 张敬儿拜车骑将军[①]，王敬则戏之为褚彦回[②]。彦回文士，故反戏之。敬儿曰：“我马上得之，不解作华林阁勋。”

【注释】

①张敬儿：南朝齐名臣，曾任车骑将军。

②王敬则：南朝齐开国将领。褚彦回：南朝齐人褚渊，字彦回，中国南北朝时期刘宋皇朝宋明帝所倚赖的重臣，小时候就有纯洁美好的声誉。

【译文】

张敬儿被任命为车骑将军后，王敬则戏称他是宠臣褚彦回。其实褚彦回是个文人，所以王敬则反借褚彦回来戏弄张敬儿。只听张敬儿回复说：“我的职位是纵马扬鞭、在战场上奋勇杀敌得来的，不懂得怎样去做华林阁内的功勋之臣。”

【原文】

30. 陈蕃尝处一室[①]，庭宇荒秽[②]。父友薛勤来候之，谓蕃曰：“孺子何不洒扫以待宾客？”蕃曰：“大丈夫当扫除天下，何事一室乎？”

【注释】

①陈蕃：东汉人，字仲举，汝南平舆（今河南平舆北）人。东汉时期名臣，与窦武、刘淑合称“三君”。

②荒秽（huì）：意为荒芜、污秽。

【译文】

陈蕃曾经独居一室，因为每天用功学习，没有时间打扫卫生，导致庭院和室内都显得荒芜污秽不堪。他父亲的朋友薛勤前来他家拜访，对陈蕃说："你为何不把屋子内外打扫一下以便接待客人呢？"陈蕃回答说："大丈夫应当以扫除天下为己任，何必在打扫房间这样的小事上浪费时间呢？"

【原文】

31. 宋海翁才高嗜酒①，侧睨当世②。忽乘醉泛舟海上，仰笑曰："吾七尺躯，岂世间凡土所能贮，合当以大海葬之耳！"遂按波而入。

【注释】

①宋海翁：即宋澄春，字应允，号海翁，能诗善画，后游钱塘，跃入江中而死。

②侧睨（nì）：傲视，轻视，不屑一顾的样子。

【译文】

宋海翁才高八斗，嗜酒成性，而且傲视一切，对当世的许多人和事都嗤之以鼻。有一天，他借酒兴划着小船来到海上，忽然仰天大笑道："我堂堂七尺男儿，怎能是这世上平凡的泥土所能掩埋的，应当用大海来埋葬我啊！"说完就纵身扑向汹涌的波涛之中。

【原文】

32. 班超家贫①，常为官佣书以供养其母。久劳苦，尝辍业投笔叹曰："丈夫无他志略，犹当效傅介子、张骞立功异域，以取封侯②，安能久事笔砚间乎！"左右皆笑之，超曰："小子安知壮士哉！"

【注释】

①班超：字仲升，东汉时期著名军事家、外交家，史学家班彪的幼子，博览群书，曾出使收复了西域。

②张骞（qiān）：字子文，中国汉代杰出的外交家、旅行家、探险家，丝绸之路的开拓者。

【译文】

班超从小家中贫困，常常替官府抄写文书获得一些微薄的佣金，以此来奉养他的母亲。时间久了，他逐渐厌烦了这种长期劳苦的工作，曾停止抄写，把笔扔到一边感叹道："大丈夫可以没有其他志向，但还应当像傅介子、张骞那样在国外建立功勋，以便获得封侯的荣耀，怎么能长期侍奉在笔墨纸砚之间呢！"他身边的人知道后都嘲笑他，班超回应说："小人怎能懂得壮士的志向呢！"

【原文】

33. 马援将军还[①]，将至，故人多迎劳之。平陵人孟冀名有计谋，于坐贺援[②]。援谓之曰："吾望子有善言，反同众人耶？方今匈奴、乌桓，尚扰北边，欲自请击之。男儿要当死于边野，以马革裹尸还葬耳[③]，何能卧床上，在儿女子手中耶？"

【注释】

①马援：字文渊，扶风郡茂陵县人。西汉末年至东汉初年著名军事家，东汉开国功臣之一。

②于坐贺援：在席位上祝贺马援。坐：同"座"，座位，席位。

③马革裹尸：用马的皮革把尸体包起来。形容为国作战，决心为国捐躯。

【译文】

马援将军平定战乱后率领军队班师回朝，快到家的时候，亲朋故友都来迎接和慰劳他。其中平陵人孟冀，是一个因足智多谋而著名的人，也在座位上寒暄祝贺马援。马援对他说："我本来盼望你能说出对国家有益的话，怎么反而与众人一样呢？现在匈奴、乌桓，还在侵犯我国北方边境，我正想自愿请缨去攻打他们。男子汉应当誓死献身边疆战场，不惜用战马的皮革裹着尸体回到家乡安葬，怎么能躺卧在床上虚度光阴，纠缠在儿女情长的琐事中呢？"

【原文】

34. 终军从济南当诣博士[①]，步入关，关吏与军繻[②]。军问："以此何为？"吏曰："为复传还，当以合符。"军曰："大丈夫西游，终不复传还。"弃繻而去。

【注释】

①终军：字子云，西汉少年外交家、爱国英雄。他从小勤奋好学，十八岁选为博士弟子。

②繻（xū）：古代一种用帛制的通行证，上写字，分为两半，出入时验合，称为合符。

【译文】

终军入选为博士弟子后，便从济南出发，到长安拜师学习，当他走到出入关隘时，守关的官吏给他发了一张通行证。终军问他："这东西用来做什么呢？"官吏说："等你回来的时候，应当用此证合符才能通关。"终军说："大丈夫西行求学，永远不会再回来。"说完就扔掉通行证，扬长而去。

【原文】

35. 扬子云曰[①]："雕虫刻篆，壮夫不为也！"

【注释】

①扬子云：即扬雄，汉朝时期辞赋家、思想家。少年好学，长于辞赋，是汉

赋四大家之一。

【译文】

西汉的扬雄说："那些雕虫小技，有作为的大丈夫对此是不屑一顾的！"

【原文】

36. 毛澄七岁善属对，姻戚长老喜之者，赠以金钱，受归即掷之，曰："吾犹薄苏秦斗大[①]，安事此邓通靡縻[②]。"时人奇之。

【注释】

①苏秦：字季子，战国时政治家、纵横家、外交家和谋略家。

②邓通：汉代巨富，后人往往以"邓通"代指金钱。靡縻（mí）：束缚，牵绊。

【译文】

毛澄七岁的时候就善于对对子，亲戚、长辈中有很多喜欢他的人，就赠送给他金钱作为奖励，他接过来回家后就把钱随手一扔，说："苏秦的六国相印我都看不上眼，又怎么会被这一点点钱所牵绊呢？"当时的人都惊讶于他的豪言壮语。

【原文】

37. 项羽少时学书[①]，不成，去；学剑又不成，去。季父梁怒之[②]，羽曰："书足记姓名而已，剑一人敌，不足学，学万人敌耳！"于是梁奇其意，教以兵法。

【注释】

①学书：学习认字。书：指文字。

②季父：泛指叔父。梁：指项梁，项羽的叔父。

【译文】

项羽年少时学习认字，学无所成，离开了；学习剑术，还是学无所成，转身离去。他的叔父项梁为此很生气地训斥了他，可项羽却说："学识字，认得不多不要紧，会写自己的名字就可以了，而学习剑术，只不过是与一人厮杀的功夫而已，不值得去学习，我要学就学能够战胜千军万马的本领！"项梁十分惊异项羽的宏伟志向，于是就开始教他兵法。

【原文】

38. 项王飨沛公[①]，亚父谋欲杀沛公[②]。樊哙居营外[③]，闻事急，乃持盾入。初入营，营卫止哙，哙直撞入，立帐下。项王目之，问为谁。张良曰："沛公参乘樊哙也。"项羽曰："壮士！"赐之卮酒彘肩[④]。哙既饮酒，拔剑切肉食之。项王曰："能复饮乎？"哙曰："死且不辞，岂特卮酒乎！"

【注释】

①飨（xiǎng）：用酒食款待客人。沛公：指刘邦，中国历史上杰出的政治家、

战略家和军事指挥家，汉朝开国皇帝。

②亚父：项羽对范增的尊称。

③樊哙（kuài）：沛县人。西汉开国元勋，大将军，左丞相，著名军事统帅，深得汉高祖刘邦和吕后信任。

④卮（zhī）：古代盛酒的大型器皿。彘（zhì）肩：猪肘子，就是猪腿的最上部分。

【译文】

西楚霸王项羽宴请汉高祖刘邦，其实这一次鸿门宴正是范增设计想要趁机杀死刘邦。当时樊哙守在营帐外面，得知情况危急，于是就提着盾直接闯入营帐。刚一进入营帐，樊哙就被士兵喝止，可是樊哙头也没回就直接闯了进去，站立在帐下。项羽看到他，就问旁边的人他是谁。张良说："他是沛公的骖（cān）乘樊哙。"项羽说："是个壮士！"说完就赐给樊哙一卮酒和一只猪腿。樊哙一边喝酒，一边拔剑割肉吃。项羽说："还能再喝一卮酒吗？"樊哙说："死都不怕，更何况只是这区区几卮酒呢！"

【原文】

39. 项籍与汉高相拒，项使人谓汉王曰："天下匈匈[①]，徒以吾两人耳。愿与王一战决雌雄，毋徒罢天下父子为也[②]。"

【注释】

①匈匈：讻讻，纷扰混乱的样子。

②毋：不要。罢（pí）：古同"疲"，疲惫，累。

【译文】

西楚霸王项羽与汉高祖刘邦两军对峙，相持不下，于是项羽派人对刘邦说："天下纷扰混乱动荡不安，都只是因为我们两个人的争斗而已。我愿意与你一战决出胜负，不要让天下百姓徒然疲于奔命了。"

狂语篇第四

【原文】

吴苑曰：古人有言曰：狂夫之言，圣人择焉。圣人尚取之，而况其下者乎？夫狂者，视己虚若满，视人高若下，除一身之外，无足以当双眸者。其用志不过欲与霄汉比高①，瀛海比大②，但未省一假已有愈不足之义，此亦豪之亚者。次狂语第四。

【注释】

①霄汉：云霄和天河，这里指天空。

②瀛（yíng）海：浩瀚的大海。

【译文】

吴苑说：古人曾有这样的说法：轻狂之人说过的话，即便是品德高尚的人，也会对之有选择性听取，更何况是低于他们的平庸之辈呢？那所谓的轻狂无知之人，通常是把自己的虚空看作像是圆满，认为别人的优点好像很低下，普天之下除了自己之外，眼睛里再也容不下别人。这一类人的志向不过是想跟天空比高，跟浩瀚的大海比辽阔，但他们不知道的是，人一旦变得虚假无知，就已经具有极其不足的缺陷了，这应该仅次于豪语。因此将狂语列为第四位。

【原文】

1. 袁嘏诗平平耳，多自谓能，尝曰："我诗有生气①，须人捉着，不尔便飞去②。"

【注释】

①生气：灵气，这里指作的诗有生命力。

②不尔：不然，否则。

【译文】

南朝齐诗人袁嘏（gǔ）的诗写得平淡无奇罢了，多数都没有什么特色，但他总是自以为很有才能，他曾说："我写的诗很有灵气，你们可得好好捉住它，要不然，就飞到别处去了。"

【原文】

2. 齐黄门郎吴兴沈昭略，侍中文叔之子[①]。性狂俊，使酒任气，朝士常惮而容之。尝醉负杖至芜湖苑，遇瑯玡王约[②]，张目视之曰："汝王约耶？何肥而痴？"约曰："汝是沈昭略耶？何瘦而狂？"昭略抚掌大笑，曰："瘦又胜肥，狂又胜痴矣！"

【注释】

①侍中：古代职官名。秦始置，南朝时相当于宰相。

②瑯玡（láng yá）：古为琅邪，亦作琅玡，是山东省东南沿海地区的古老地名。

【译文】

南朝齐的黄门侍郎沈昭略是吴兴人，他是当朝宰相沈文叔的儿子。沈昭略生性狂妄，经常喝完酒后耍酒疯，朝中的大臣们常常因为畏惧他父亲的权威而选择容忍他。曾有一天，沈昭略喝醉酒后，拄着手杖来到了芜湖苑，遇见了瑯玡人王约，他睁大眼睛看着王约说："你是王约吗？为什么长得肥胖又呆痴？"王约说："你是沈昭略吗？你长得这么瘦，为什么还这么狂妄？"沈昭略拍手大笑，说："瘦也比肥强，狂也比呆痴好啊！"

【原文】

3. 曾子固为中书舍人[①]，尝白事都堂。时章子厚为门下侍郎[②]，谓之曰："向见舍人《贺明堂礼成表》，天下奇作。"子固一无所辞，但复问曰："比班固《典引》何如？"

【注释】

①曾子固：即曾巩，字子固，北宋文学家、史学家、政治家。位列唐宋八大家。

②章子厚：即章惇，字子厚，为北宋宰相，是王安石变法的主要人物之一。

【译文】

曾巩以前担任中书舍人的时候，经常去尚书省汇报公事。当时任门下侍郎的是章子厚，他对曾巩说："以前我曾读过你作的《贺明堂礼成表》，在当今天下真乃一篇上乘佳作。"曾巩并没有推辞，而是又反问说："那么与班固创作的《典引》相比，谁更优秀呢？"

【原文】

4. 王俭与王敬则同拜三公[①]，徐孝嗣于崇礼门候俭[②]，因誉之曰："今日可谓连璧。"俭曰："不意老子与韩非同传。"

【注释】

①王俭：字仲宝，南朝齐名臣、文学家。王敬则：王恒，字敬则，南朝齐开国将领。

②徐孝嗣（sì）：字始昌，小字遗奴，南朝齐时期宰相。

【译文】

南北朝时期，王俭与王敬则同时位列三公，徐孝嗣在崇礼门等候王俭，一见面就称赞他说："今天可以称得上是珠联璧合了。"王俭说："没想到老子竟然与韩非子同时写入列传了。"

【原文】

5. 桑民怿好为大言[①]，时铨次古人[②]，以孟轲自况[③]。何传问翰林文今为谁，曰："虚无人，举天桑民怿，其次祝允明，又其次罗玘。"

【注释】

①桑民怿（yì）：桑悦，字民怿，明代学者。

②铨（quán）次：编排次序。

③孟轲：即孟子，名轲，字子舆，战国时期哲学家、思想家、政治家、教育家，儒家学派的代表人物之一，与孔子并称"孔孟"。

【译文】

桑民怿爱说大话，喜欢自吹自擂，他经常将古人随意编排次序评论高低，将自己比作孟子。何传问他如今翰林院中谁的名气排第一，他说："没有水平高的人，全天下排在第一位的是我，其次是祝允明，再其次就是罗玘（qǐ）了。"

【原文】

6. 桑悦调柳州倅[①]，不欲赴，人问之，辄曰："宗元小生[②]，擅此州名。吾一旦往掩其上，不安耳。"

【注释】

①倅（cuì）：副职，这里指通判。

②宗元：即柳宗元。小生：对后辈的称呼，表示轻蔑。

【译文】

桑悦被调往柳州任通判，他不愿前去赴任，有人问他为什么不愿意去，他说："柳宗元这个年轻后生，名望在柳州独占鳌头。我一旦到了那里，名望就会超过他，到那时我会为此感到愧疚不安啊！"

【原文】

7. 上饶娄谅过姑苏，泊舟枫桥，因和唐人诗，有"独起占星夜不眠"之句，问客曰："我一起行，天象应动，君能见不？"

【译文】

江西上饶人娄谅路过姑苏的时候，把船停在了枫桥旁边，因此写诗与唐人的诗相和，其中有一句"独起占星夜不眠"，于是娄谅问旁边的游客说："我一起身行动，天象就应当跟着我移动，你能看见吗？"

【原文】

8. 袁中郎同陶石篑游鉴湖①，袁谓陶曰："尔狂不如季真，饮酒不如季真，独两眼差同耳。"陶问故，袁曰："季真识谪仙②，尔识袁中郎。"

【注释】

①袁中郎：袁宏道，字中郎，明代文学家，官员。陶石篑（kuì）：陶望龄，字周望，号石篑，明代文学家，官员。

②谪仙：贺知章曾赞誉李白为谪仙。

【译文】

袁宏道和陶石篑一同到鉴湖去游玩，袁宏道对陶石篑说："你不如贺知章那般狂放，酒量也不如他，唯独你们俩的眼光相差不多啊。"陶石篑问他是什么缘故，袁宏道说："贺知章能结识李白，你能结识我袁宏道。"

【原文】

9. 王仲祖与刘真长别后相见，王谓刘曰："卿更长进。"刘曰："卿仰看耶？"王问其故，刘曰："不尔，何由测天之高也？"

【译文】

王濛和刘惔二人久别重逢，王濛对刘惔说："你比以前更有长进了。"刘惔说道："你是仰着头看我吗？"王濛问刘惔为什么要这样说，刘惔回答道："如果不是这样，你怎么能测量到天的高度呢？"

【原文】

10. 王中郎坦之年少①，江彪为仆射领选②，欲拟之为尚书郎。有语王者，王曰："自过江来，尚书郎正用第二人，何得拟我也！（坦之自负为第一流人）"

【注释】

①王中郎：王坦之，字文度，晋代名臣。

②江虨（bīn）：字思玄，晋简文帝时为相，博学知名，兼善弈。仆射：古代官名。

【译文】

中郎王坦之年少时，江虨任朝廷仆射，主管选拔官员，因为赏识王坦之的才

华，所以想提拔他为尚书郎。有人告诉王坦之这个消息后，王坦之说："自渡江以来，尚书郎就一直在任用第二等人才，怎么可能拟定任用我呢！（王坦之自认为是一等人才）"

【原文】

11. 桓公少与殷侯齐名，常有竞心①。桓问殷："卿何如我？"殷云："我与我周旋久，宁作我。"

【注释】

①竞心：争强好胜之心。

【译文】

晋代桓温年轻时和殷浩有同样的好才名，但恒温常常怀有争强好胜之心。桓温问殷浩说："你什么地方能比得上我呢？"殷浩说："我和我自己周旋较量，我宁愿只做我自己。"

【原文】

12. 桓大司马下都，问真长曰："闻会稽王语奇进①，尔耶？"刘曰："极进，然故是第二流中人耳！"桓曰："第一流复是谁？"刘曰："正是我辈耳！"

【注释】

①闻：听说。会稽王：指晋简文帝司马昱。

【译文】

大司马桓温来到陪都建康，问刘真长："听说会稽王在谈论政事方面有很大进步，真是这样吗？"刘真长说："进步很快，然而还只算是排列在第二流之中的人罢了！"桓温说："那第一流之人又是谁呢？"刘惔说："正是我们这些人啊！"

【原文】

13. 郝公琰好吟，每得一妙句，辄跃起大叫，谓人曰："书言文武五百岁而有孔子，孔子五百岁而有孟轲。诗道亦然，曹刘五百岁而有李杜，李杜五百岁而有者非郝耶？"袁中郎笑而问曰："我非李老君①，能自退藏，以让尼父擅名也②！"

【注释】

①李老君：老子，春秋末期人，姓李名耳，字聃，有《道德经》存世。

②尼父：对孔子的尊称。孔子，字仲尼，鲁国陬邑（今山东曲阜）人，是中国古代著名的思想家、教育家，儒家学派创始人。擅名：享有好名声。

【译文】

郝公琰喜爱吟诗，每当写出一个好句子，就会跳起来大声欢呼，有一次他对别人说："书上说周文王、周武王之后五百年才出现了孔子，孔子五百年后才出

现了孟子。诗的发展规律也是这样，曹植、刘桢之后五百年才出现了李白、杜甫，而李白、杜甫之后五百年所出现的诗人，不正是我郝公琰吗？”袁宏道笑着问道：“我不是老子，但能自行退居归隐，坚守不与人争的修持，以此来让你这位孔子享有盛名吧！”

【原文】

14. 张伯玉过姑熟[①]，见李太白十韵，叹美久之。周流泉石间，后见一水清澈，询地人，曰：“此水名明月泉。”公曰：“太白不留此题，将留以待我也。”

【注释】

①张伯玉：字公达，北宋人，曾登进士第，不但娴熟吏治，而且擅长文学。

【译文】

张伯玉路过姑熟的时候，见到李白所题写的十首诗，连连称赞了许久。后来在周边的流泉和山石之间游览，见到了一片清澈的山泉水缓缓流淌，于是就问当地人这泉的名字，当地人回答说：“这泉水名叫明月泉。”张伯玉说：“李太白没在这里题诗，看来是将这里留下来等我题诗呢。”

【原文】

15. 王冕既归越[①]，常言天下将乱。时海内无事，或斥冕为妄。冕曰：“妄人非我，谁当为妄哉？”

【注释】

①王冕：字元章，号煮石山农，元代画家，诗人。

【译文】

王冕回到越地以后，经常说天下会大乱，必将战火纷飞。当时海内一片祥和，相安无事，因此有人就斥责王冕是在胡言乱语。王冕说：“胡说的人不是我，那么谁是胡言乱语之人呢？”

【原文】

16. 王凤州与李于鳞燕论，常以己与古人相况。李谓王曰：“天生神物，必当有对，有孔仲尼，自有左丘明[①]。”王瞪目不色受。李复曰：“有李老君也。”

【注释】

①左丘明：姓丘，名明，因其父任左史官，故称左丘明。春秋末期史学家、思想家、军事家。

【译文】

王世贞与李攀龙在酒宴上开怀畅饮、高谈阔论，他们常将自己与古人相提并论。李攀龙对王世贞说：“天生神奇事物，必定是有相对应的，比如世上有孔子，自然就有左丘明。”王世贞两眼一瞪露出不赞同的神色。李攀龙又说：“有老子嘛。”

【原文】

17. 文帝问颜延之以其诸子材能，曰：“竣得臣笔，测得臣文，㚟得臣义，跃得臣酒。”何尚之嘲之曰：“谁得卿狂？”答曰：“其狂不可及。”

【译文】

南朝宋文帝询问颜延之家中几个儿子的才能如何，颜延之说：“颜竣学到了微臣的笔法，颜测学到了微臣的文法，颜㚟（chuò）学到了臣的道义，颜跃超过了臣的酒量。”何尚之听后嘲笑他说：“谁学到了你的狂放？”颜延之说：“没有人能够赶得上我的狂放。”

【原文】

18. 袁淑见谢庄《赤鹦鹉赋》，叹曰：“江东无我，卿当独秀。”

【译文】

袁淑读了谢庄写的《赤鹦鹉赋》，感叹说：“如果江东一带没有我，你应当是独一无二的人才了。”

【原文】

19. 庾元规语周伯仁①：“诸人皆以君方乐。”周曰：“何乐？谓乐毅邪②？”庾曰：“不尔，乐令耳。”周曰：“何乃刻画无盐③，以唐突西子也④。”

【注释】

①周伯仁：周顗，字伯仁，晋朝名士、大臣，谥号“康”。

②乐毅：战国时燕国上将，受封昌国君，辅佐燕昭王振兴燕国。

③无盐：钟无艳，又名钟离春、钟无盐，齐宣王之妻，中国古代四大丑女之一，但很有才华。

④唐突：侵犯、冒犯、亵渎等。西子：西施，春秋时期越国人，古代四大美女之一。

【译文】

庚亮对周伯仁说：“大家都将你看作是乐某。”周伯仁说：“哪个乐某？是乐毅吗？”庚亮说：“不是他，当然是乐令了。”周伯仁说：“何必只是为了刻画出钟无盐的丑陋，就去亵渎美女西施呢？”

【原文】

20. 习凿齿尝造道安谈论①，自赞曰：“四海习凿齿。”安应声曰：“弥天释道安②。”

【注释】

①习凿齿：字彦威，东晋著名史学家、文学家。

②道安：释道安，晋代高僧。

【译文】

习凿齿曾经去拜访释道安，并在一起高谈阔论，习凿齿自我夸赞说："四海习凿齿。"释道安应声说道："弥天释道安。"

【原文】

21. 宗子相才高，雄视一时，尝谓同社曰："朝廷若无我辈文章之士，则灵鸟不必鸣岐山①，而仁兽化为梼杌②。"

【注释】

①岐（qí）山：山名，在陕西省境内。

②仁兽：仁德之兽，是麒麟的别名。梼杌（táo wù）：中国神话中上古时期的四凶之一。

【译文】

明代文学家宗子相才学过人，但非常傲慢，曾对一同共事的人说："朝廷中如果没有我们这些满腹经纶的饱学之士，那么凤凰就不会在岐山鸣叫，而仁兽麒麟也将化为恶兽梼杌了。"

【原文】

22. 齐高帝尝与王僧虔赌书，毕，帝曰："谁为第一？"僧虔对曰："臣书，人臣中第一；陛下书，帝中第一。"帝笑曰："卿可谓善自谋也。"

【译文】

南北朝时期，齐高帝曾经与王僧虔比试书法，比赛结束后，齐高帝问王僧虔："咱俩的书法谁是第一？"王僧虔回答说："臣的书法，在群臣中排第一；陛下的书法，在皇帝中排第一。"齐高帝笑着说："爱卿可真称得上是善于为自己谋划之人啊。"

【原文】

23. 琅琊王僧虔，博通经史，兼善草隶。太祖谓虔曰："我书何如卿？"曰："臣正书第一，草书第三；陛下草书第二，正书第三。臣无第二，陛下无第一。"上大笑曰："卿善为辞也。然'天下有道，丘不与易也①'。"

【注释】

①天下有道，丘不与易也：语出《论语·微子》。

【译文】

琅琊人王僧虔博学多才，通晓经史，同时在书法方面也有很高造诣，擅长草书和隶书。太祖对王僧虔说："我的书法与爱卿相比，谁的更好呢？"王僧虔回答说："臣的正楷书法第一，草书第三；陛下草书第二，正楷书法第三。臣没有第二，陛下没有第一。"太祖大笑道："爱卿你很善于言辞啊。然而'天下有道路，山丘却不给你平坦啊'。"

【原文】

24. 郝公琰才高语放，尝谓人曰："吾一懑时①，则读曹荩之诗②，可以消之，次则袁小修③，再次则读吾诗耳。下此反增其懑。"

【注释】

①懑（mèn）：烦闷，愤慨。

②曹荩（jìn）之：曹臣，字荩之，明代徽州府歙县人。著作《舌华录》。

③袁小修：袁中道，字小修，明代文学家、官员。与其兄并称"公安三袁"。

【译文】

郝公琰才高八斗，言语狂放，曾对别人说："我一愤懑就读曹荩之的诗，然后愤懑的情绪就会随之消失，其次就是读袁中道的诗，再其次就是读我自己的诗了。水平在此之下的诗，读了反而增加心中的愤懑。"

【原文】

25. 慕容俨少见潘乐，长揖而已。或劝屈节，俨扬袂曰①："吾状貌如此，望人拜，岂能拜人！"

【注释】

①袂（mèi）：袖子。

【译文】

慕容俨少年时见到潘乐，只作一个长揖就算行礼。有人劝他卑躬一些、放弃气节，慕容俨一甩袖子说："我的相貌这样出众，只能是别人来仰拜我，怎能让我降低身价去叩拜他人！"

【原文】

26. 温彦博为吏部侍郎，有选人裴略被放①，乃自赞于彦博，称解白嘲。彦博即令嘲厅前丛竹，略曰："竹，冬月不肯凋，夏月不肯热，肚里不能容国士，皮外何劳生枝节。"又令嘲屏墙，略曰："高下八九尺，东西六七步，突兀当厅坐，几许遮贤路。"彦博曰："此语似伤博。"略曰："即扳公肋，何止伤膊？"博惭而与官。

【注释】

①选人：唐朝以后对候补官员的称呼。

【译文】

唐代温彦博任吏部侍郎期间，有个叫裴略的候补官员一直被闲置不用，于是就向温彦博毛遂自荐，声称自己会说解嘲的话。温彦博听完当即就让他嘲讽厅前的竹子，只听裴略说："竹啊竹，你冬天不肯凋谢，夏天不肯炎热，肚皮不能容纳国内优秀的人士，肚皮外又何必费尽心思横生枝节？"温彦博又让他嘲讽院内的屏墙，裴略说："高下八九尺，东西六七步，高高大大挡住厅前的座位，遮挡了多少贤人晋升的路。"温彦博说："你说这些话似乎伤害了我彦博。"裴略说："这就是扳动了您的肋骨，何止是伤害了您的胳膊？"（因博、膊谐音）温彦博听完感到很惭愧，随后就给他安排了官职。

【原文】

27. 李于鳞少厌薄训诂[①]，学古文词，众不晓何语，咸指于鳞狂生。李曰："吾而不狂，谁当狂者？"

【注释】

①训诂（gǔ）：指"训诂学"。即中国传统"语文学"的一个种类，是主要从"语义"角度研究古代文献的一门学科。

【译文】

李攀龙年轻时讨厌"训诂学"，他喜欢学习写作古代文辞，但大家看不明白文辞所说的是什么意思，就都指责李攀龙是一个狂妄书生。李攀龙说："我不狂妄，谁能当狂妄的人呢？"

【原文】

28. 薛西原应试，行至长湾，叱曰："薛公至此，河伯敢尔不献[①]？"须臾大鱼跃入舟[②]，公剖击，拉邻船食之，曰："薛先生不辞天禄，且为散诸邻里。"

【注释】

①河伯：传说是水神名。

②须臾：一会儿。

【译文】

薛西原乘船去参加科举考试，船行到长湾的时候，他忽然呵斥道："薛公到此，河伯胆敢不出来进献？"不一会儿，一条大鱼跳进了船内，薛西原剖开鱼腹击打切割，将鱼烹煮完毕，然后邀请邻船的人都过来吃鱼，说："薛先生不拒绝上天的福禄恩惠，并且散发给各位邻里乡亲一起享用。"

【原文】

29. 王冕尝大雪中赤脚独上潜岳峰，四顾大叫曰："白玉峰前渡仙客，合无陪人。"

【译文】

王冕曾经在纷飞的大雪中光着脚独自登上了潜岳峰，环顾四周，大声喊道："白玉峰前有仙客到来，理当没有陪伴的人。"

【原文】

30. 桑民怿曰："圣人之道，自文武而传之孔子，孔子而传之我。"

【译文】

桑民怿说："圣人之道，是从周文王、周武王开始传给孔子，而孔子又将圣人之道传给了我。"

【原文】

31. 郑翰卿游海上，见一老翁观海自语曰："世间能有物填此乎？曰不能也。"郑从旁抚老人背曰："惟吾异日名可填此耳。"

【译文】

郑翰卿在海边观赏海上风景，他看到一个老翁也在观看大海，正对着大海自言自语说："世间有什么东西能把大海填平呢？回答说，当然不能啊。"郑翰卿从旁边走过来，拍着老人的背说："只有我今后的声名威望才可以将它填平啊。"

【原文】

32. 沈嘉则游金陵，日醉胡姬肆中①，片语一出，人争诵不已。沈向人语曰："我天上岁星也②。"

【注释】

①胡姬：西域胡人所开酒店中的侍女。肆：酒肆，酒馆。

②岁星：木星，十二年运转一周天，故称岁星。

【译文】

沈嘉则游览金陵期间，每天都在胡姬的酒肆里喝得烂醉如泥，但他只要随便说两句，大家就会争相传诵不止。沈嘉则对别人说："我是天上的岁星转世啊。"

【原文】

33. 吴正子曰："郝公琰之枯，曹荩之之粗，此天之东南，地之西北。吾与二君交，实是女娲石、精卫鸟。"

【译文】

吴正子说："郝公琰诗歌的枯淡乏味，曹臣诗歌的粗疏浅薄，这就像天的东

南，地的西北一样。我与两位君子结交，简直就是女娲石、精卫鸟（意为女娲石、精卫鸟的使命都是去填补缺陷的）。”

【原文】

34. 灵璧刘人龙性豪迈①，不耐家居，每挟资而游，游则必尽资，不能归而后已。妻子常备资觅之于江淮间，谓曰：“君困游非一也，何自苦如是？”刘曰：“卿看此刘郎，岂灵璧常有耶？”

【注释】

①灵璧：古县名，今属安徽省宿州市。

【译文】

家住灵璧县的刘人龙生性豪迈，在家里耐不住寂寞，常常带着钱财到外地游览风光，每次旅游必定花光钱财，直到无钱回家为止。他的妻子常常带着钱粮到江淮一带去找他，苦口婆心地对他说：“你出去游玩因为花光钱财而被困在外面已经不止一次了，何必这样自寻苦恼呢？”刘人龙说：“你看我这个刘郎，哪里是灵璧能够容得下的呢？”

【原文】

35. 王丞相枕周伯仁膝，指其腹曰：“卿此中何所有？”答曰：“此中空洞无物，然容卿辈数百人。”

【译文】

丞相王导将头枕在周伯仁的腿上，指着他的肚皮说：“你这里面装的是什么？”周伯仁回答说：“这腹中空洞无物，却能装得下几百个像你这样的人。”

【原文】

36. 郝公琰谓吴正子曰：“近世不惟怜才者无有，即忌才者亦不再生。使世有曹老瞒、杨阿麽在，郝瘦头颅，已久作草际尘耳。”吴笑曰：“若使我与君同遇，当庇君算一筹。”

【译文】

郝公琰对吴正子说：“近世已经没有爱才惜才的人了，就算是忌恨人才的人也不再出生了。即使这世上还有曹操、杨广这样的人，我郝某的瘦小脑袋，也早就化为草灰烟尘了。”吴正子笑着说：“如果让我和你同时遇到他们，定当设法庇佑你，帮你谋算筹划一番。”

【原文】

37. 孙兴公作《天台赋》成①，以示范荣期，云：“卿试掷地，要作金石声。”范曰：“恐子之金石，非宫商中声②。”然每至佳句，辄云：“应是我辈语。”

【注释】

①孙兴公：孙绰，字兴公，东晋文学家、书法家，玄言诗派代表人物。

②宫商：古代五音阶的第一、二音。

【译文】

孙兴公写成《天台赋》后，拿来给范荣期看，对他说："你试着扔到地上，肯定会发出美妙的金石之声来。"范荣期说："恐怕你的金石，发不出美妙的乐声。"然而每当读到赋中的好句子时，他就会感叹说："这应该是代表我们这一代的妙语。"

【原文】

38. 苗振第四人及第，召试馆职。或曰："宜稍温习。"振曰："岂有三十年为老娘，而倒绷孩儿者乎？"

【译文】

北宋的苗振以第四名的成绩登科为进士，应招参加馆阁职务的考试。有人说："你应该稍稍温习一下功课。"苗振说："哪有当了三十年的老娘，却把孩子倒着裹进襁褓中的人呢？"

【原文】

39. 张思光为中书郎①，尝叹曰："不恨我不见古人，恨古人不见我。"思光善草隶，太祖尝谓曰："卿殊有骨力，但恨无二王法。"答曰："非恨臣无二王法，亦恨二王无臣法。"

【注释】

①张思光：张融，字思光。南朝齐文学家、书法家。

【译文】

南朝齐的张思光任中书郎时，曾经感叹说："见不到古人我不遗憾，遗憾的是古人见不到我。"张思光擅长草、隶书法，齐太祖曾经对他说："你的书法精湛、苍劲有力，只可惜没有王羲之、王献之的法度。"张思光回答说："不要遗憾臣没有王羲之、王献之的法度，同时也应该遗憾二王的书法没有我的法度。"

【原文】

40. 米元章初见徽宗，命书《周官篇》于御屏。书毕，掷笔于地，大言曰："一洗二王恶札①，照耀皇宋万古。"徽宗潜立于屏风后，闻之，不觉步出纵观。

【注释】

①札：古代写字用的小木片。

【译文】

大书法家米芾，字元章，他第一次觐见宋徽宗时，徽宗没等见面就让他将《周官篇》书写在御屏风上。写完之后，米芾把笔扔在地上，大声说道："一洗二王恶札，照耀皇宋万古。"宋徽宗当时就藏在屏风后，听到米芾说这句话，情不自禁地走出来观看。

【原文】

41. 会稽徐渭，嘉靖间为胡梅林公幕客，甚被亲遇。胡谓徐曰："君文士，君无我不显。"徐曰："公英雄，公无我不传。"又语公曰："公惠我以一时，我答公以万世。"徐渭真长者哉！

【译文】

会稽的徐渭，在嘉靖年间是胡宗宪府中的幕僚门客，很受亲近器重。胡宗宪对徐渭说："你是文士，但你没有我就不能荣耀显达。"徐渭说："您是英雄，您没有我就不能扬名立传。"又对胡宗宪说："您给予我的恩惠是一时的，而我报答您的却是永世不断的。"徐渭真是个品德高尚的长者啊！

【原文】

42. 桑民怿会试既毕，自喜必中，乃于卷后画一站船，因击桌曰："此回定坐官船矣。"竟以违式贴出。

【译文】

桑民怿到京城参加会试，答完卷以后，他自信地认为必定会考中，便在考卷后面画了一只船，然后敲击桌子说："这回肯定要坐上官船了。"谁料，最后竟然因为违反考试规章制度而名落孙山。

傲语篇第五

【原文】

吴苑曰：《易》云：不事王侯，高尚其志。此傲也。傲则不臣天子，不友诸侯，虽九有之大，不能屈一介之夫，下此可无论矣。然傲非全德，圣人不取。苟不能完，酌而取之，宁傲不宁媚，则傲之为偏德也审矣。次傲语第五。

【译文】

吴苑说：《周易》中说：不侍奉王侯，却志向远大。这就是高傲了。而一旦高傲则不臣服于天子，也不与各路诸侯为伍，即使权力大过九州，也不能让一个平民屈服，至于其他人就更不必说了。然而高傲并非完美的品德，完美的圣人不取用它。如果不能做到尽善尽美，就可以对它酌情取舍，宁肯高傲，也不能屈膝谄媚，那么高傲应该偏重哪些德行就能审视清楚了。在此将傲语排列为第五位。

【原文】

1. 宗测代居江陵①，不应招辟。骠骑将军豫章王嶷请为参军，答曰："何得谬伤海凫，横斤山木？"

【注释】

①宗测：字敬微，南朝齐国名士，工书，善画人物。

【译文】

南齐的宗测世代居住在江陵，始终不肯应招出仕做官。骠骑将军豫章王萧嶷想请他出任参军，可他却回答说："何必去胡乱伤害自由自在的海鸟，蛮横地肆意砍伐深山林木呢？"

【原文】

2. 孔拯侍郎为遗补时，尝朝回，值雨而无雨备，乃于人家庑下避之。过食时，雨益甚，拯向其家叟求雨具，叟答曰："某闲居不预人事，寒暑风雨未尝冒也，置此又安施乎？"

【译文】

侍郎孔拯担任拾遗补阙期间，曾有一次在退朝回家的半路上，正赶上忽然下起了大雨，但他忘记了带雨具，于是就躲在别人家的屋檐下避雨。已经过了吃饭的时间，可是雨却越下越大，孔掻便向这家的老汉借雨具，老汉回答说："我赋闲在家，双耳不被人间事事干扰，不曾冒着寒暑风雨行走，置备雨具又有什么用处呢？"

【原文】

3. 九山散樵，浪迹俗间，徜徉自肆。遇山水佳处，盘礴箕踞①。四顾无人，则划然长啸，声振林木。有客造榻与语，对曰："余方游华胥接羲皇②，未暇理君语。"客去留，萧然不以为意。

【注释】

①箕踞（jī jù）：随意张开两腿坐着，形似簸箕。是一种轻慢、不拘礼节的坐姿。

②华胥：借指梦境。典出《列子·黄帝》。

【译文】

九山散樵，喜欢云游四海，陶醉于山水之间，逍遥闲适。遇到山清水秀的好去处，他就很随意地张开双腿坐下。看四周没人，就高声啸叫，声音震撼山林峡谷。午睡时有客人拜访他也不起来迎接，依旧躺在床榻之上跟客人说话，并对客人说："我正游览在华胥国和伏羲交谈，没时间跟你说话。"客人无论去留，他都毫不在意。

【原文】

4. 司徒霸与严光素旧①，欲屈到霸所语言，遣使西曹侯子道奉书。光不起，于床上箕踞抱膝，发书读讫，问子道曰："君房素痴，今为三公，小差不？"子道曰："位已鼎足，不痴也。"光曰："遣卿来何言？"子道传霸言。光曰："卿言不痴，是非痴耶？天子征我三，尚不见，况人臣乎？"

【注释】

①司徒霸：侯霸，字君房，河南密县人，曾任大司徒。严光：字子陵，东汉著名隐士。素旧：旧交。

【译文】

东汉时期大司徒侯霸和严光有旧交，侯霸想请严光到家中叙旧，就派遣西曹官员侯子道带着书信去邀请。严光没有起来迎接，就在床上盘着腿，抱膝而坐，他打开书信读完以后，对侯子道说："你家大人一向呆痴，如今位列三公高位，痴病好点了吗？"侯子道说："侯公官职已经到了最高位，没发现呆痴呀。"严光说："派你来跟我说什么？"侯子道传达了侯霸的话语。严光说："你说他不呆痴，你看这是不呆痴吗？天子派人请我三四次，我都没去进见，更何况是天子的小臣呢？"

【原文】

5. 南阳宗世林，魏武同时而甚薄其为人，不与之交。及魏武作司空，总朝政，从容问宗曰：“可以交未？”答曰：“松柏之志犹存。”

【译文】

南阳宗世林，与魏武帝曹操同处一个时代，但是他特别瞧不起曹操的人品，不愿意与他交往。等到曹操担任司空，独揽朝政大权的时候，曾经很从容地问宗世林：“现在咱俩可以结交了吗？”宗世林回答说：“我犹有松柏之志，不会改变最初的想法。”

【原文】

6. 孙子荆为石苞骠骑参军，孙负其才气，初至不拜，但长揖曰：“天子命我参卿军事。”

【译文】

西晋孙子荆担任骠骑将军石苞手下的参军，孙子荆自认为很有才华，刚到任时不对石苞行跪拜礼，只是作一个长揖说：“皇上命我来参与您的军中事务。”

【原文】

7. 王廷陈从翰林出知裕州，傲甚。台省监司过州，不出迎，亦无所托疾。人或劝之不宜如此，王怒曰：“我揖，我辱死；彼受，彼愧死。一言而伤二命，此人不良！”终身绝之。

【译文】

王廷陈从翰林院被贬谪到裕州任知州，依旧很傲慢。朝廷的监司官员经过裕州时，他既不出去迎接，也不假装借病推托。有人劝他不应该这样做，王廷陈勃然大怒说：“我给他作揖，我会受凌辱而死；他接受我的揖礼，他会羞愧而死。你一句话而害了两个人的命，你这个人不是好人！”从此永远断绝与他来往。

【原文】

8. 僧贯休，婺州兰溪人。钱镠自称吴越国王，休以诗投献，内有“满堂花醉三千客，一剑霜寒十四州”之句。镠谕改为“四十州”，乃可相见，曰：“州亦难添，诗亦难改。闲云孤鹤，何天而不可飞？”遂去而入蜀。

【译文】

五代十国时期，著名的画僧贯休和尚，是婺州兰溪人。那时候，钱镠（liú）自称吴越国王，贯休拿着自己的诗呈献给钱镠，其中有“满堂花醉三千客，一剑霜寒十四州”这样的好诗句。钱镠传口谕让他将“十四州”改为“四十州”，然后才能相见，贯休说：“州也难加，诗也难改。既是闲云野鹤，哪一片天空不可以飞翔呢？”于是就离开吴越而去了蜀国。

【原文】

9. 王子猷作车骑参军，桓谓王曰：“卿在府久，比当相料理。”初不答，直高视，以手板拄颊，云：“西山朝来，致有爽气。”

【译文】

王子猷担任桓冲府中的车骑参军，桓冲对他说：“你在府里有一段时间了，近日理当做些事情了。”王子猷起初没有回答，只是把头抬起来看着天空，用手掌托住脸颊说：“今天早晨，西山朝霞满天，带来了清爽之气。”

【原文】

10. 陈林道在西岸，都下诸人共要至牛渚会。陈理既佳，人欲共言折，陈以如意拄颊，望鸡笼山叹曰：“孙伯符志业不遂。”于是竟坐不得谈。

【译文】

陈林道驻守在江北的时候，京都的一些名人共同邀请他到牛渚山聚会。陈林道很擅长谈论玄理，人们都想和他辩论，想用言论使他折服，然而陈林道用玉如意托住自己的脸颊，望着鸡笼山叹息说：“孙策的宏伟大志没有实现啊。”于是始终坐在那里不说话，结果谁都没有机会与他谈论玄理。

【原文】

11. 钟毓兄弟初欲交夏侯玄，玄以钟志趣不同，不与之交。及玄被桎梏①，时毓为廷尉，会因便狎之。玄曰：“虽复刑余之人，未敢闻命。”

【注释】

①桎梏（zhì gù）：脚镣和手铐。指被囚禁。

【译文】

钟毓（yù）兄弟起初想与夏侯玄结交，但夏侯玄因为与钟毓、钟会两兄弟的志趣不同，就没与他兄弟二人结交。后来夏侯玄因密谋政变之事受牵连而被囚禁，当时钟毓任廷尉，钟会因此就趁机接近并奚落轻薄他。夏侯玄说：“我虽然是治罪受刑之人，但还是不愿意听命于你。”

【原文】

12. 戴安道少有高名，武陵王闻其善鼓琴①，使人召之。安道就使者前打破琴，曰：“戴安道安能为王侯伶人！”

【注释】

①武陵王：司马晞，晋元帝司马睿第四子。

【译文】

戴安道年轻时声望就很高，武陵王司马晞听说他善于弹琴，而且琴技很高，就派人去请他来弹琴。戴安道当着使者的面把琴砸碎，说：“我戴安道怎能成为王侯的伶人去演奏呢！”

【原文】

13. 卞士蔚弱冠时为上虞令①，甚有刚气，会稽太守孟颉以令长裁之，士蔚积不能容，脱帻投地曰②：“我所以屈卿者，正为此帻耳，今已投之！”遂拂衣去。

【注释】

①弱冠：指二十岁。

②帻（zé）：头巾。

【译文】

卞士蔚二十岁时就当上了上虞县令，性格非常刚直，会稽太守孟颉（yǐ）常常用权力压制他，卞士蔚因此郁积的怨恨越来越大，最终忍无可忍，于是将官巾脱下来扔到地上说：“我之所以屈服于你，是因为这块头巾而已，如今我弃之不要了！”于是拂袖而去。

【原文】

14. 郭元瑜少为拔俗之韵。张天锡遣使备礼致之，元瑜指翔鸿示使人曰：“此鸟安可笼哉？”

【译文】

郭元瑜年少时就有超凡脱俗的气质。张天锡曾派使者带上礼物邀请他来任职，郭元瑜指着天上飞翔的鸿雁对使者说：“这种鸟怎能成为笼中之鸟呢？”

【原文】

15. 王孟端夜泛舟，闻箫声清亮，移舟就之，乘兴写竹石一幅相赠。明日吹箫人来访，具币以乞配幅，王曰：“吾画箫声耳，君不得过求。”

【译文】

有一天夜里，王孟端划船赏月，听到一曲清亮动听的箫声传来，就慢慢划船靠近那箫声，当时即兴画了一幅竹石图赠给那位吹箫人。第二天，吹箫人前来家中拜访，拿出钱币想请王孟端再画一幅相配，王孟端说：“我只是画出了箫声营造的意境而已，你就不要过于奢求得到太多了。”

【原文】

16. 孙太初寓居武林，费文宪罢相归，访之。值其昼寝，孙故卧不起，久之乃出，又了不谢。送及门，第矫首东望曰：“海上碧云起，直接赤城，大奇，大奇！”文宪出谓御者曰：“吾一生未尝见此人。”

【译文】

孙太初寄居在杭州的时候，费文宪被罢免宰相之职回到家乡，于是就去拜访了孙太初。当时正好赶上孙太初白天睡午觉，孙太初故意不起床，过了很久才出来，但也没有丝毫道歉之意。等把费文宪送到门口时，他抬头望着东方说：“海上升起了碧云，一直连到赤城，太神奇了，太神奇了！”费文宪离开后，对驾车的人说：“我这一生从来没见过这样的怪人。”

【原文】

17. 卢山人柟初囚浚狱，滑令张肖甫时时问劳。及出犴狴①，锒铛桎梏②，犹然拘挛也。山人诣滑厅事稽首谢，张亟引副署中，从者以卢坐置侧。卢谓张曰：“以囚当仆阶前，以客当居上座。”遂据上坐之。

【注释】

①犴狴（àn bì）：监狱。

②锒铛（láng dāng）：铁锁链。拘禁犯人的用具。

【译文】

山人卢柟（nán）当初被囚禁在浚县监狱时，滑县县令张肖甫时常过去探望他。等他刑满释放出监狱的时候，由于被铁锁链长期束缚，手脚仍然像被拘禁一样不灵便。卢柟到滑县厅堂磕头谢恩时，张肖甫连忙把他带到署衙后面的房间，随从为卢柟放置了一个侧座。卢柟对张肖甫说：“因为是囚犯，所以应当在阶下；因为是客人，所以应当坐在上座。”说完他就坦然地占据了上座坐下来。

【原文】

18. 李谷平谪驿丞，上司过者只一揖。代巡以同年招之，使侧坐，李曰：“驿丞安敢望坐，同年不敢居旁。”遂拂衣去。

【译文】

李谷平被贬谪为管理驿站的驿丞，上司来巡察时他只作了一揖。当这位代巡以同科进士的身份招呼他一同坐下来时，让他坐在了侧面位置，李谷平说：“作为小小的驿丞怎能奢望与您同座，作为同科进士我不敢坐在旁边侧座。”于是拂袖而去。

【原文】

19. 陶渊明为彭泽令，郡遣督邮至县。吏白应束带见之。渊明曰：“吾不能为五斗米折腰事乡里小儿也。”遂解印逃去。

【译文】

陶渊明担任彭泽县令时，郡里派遣一位督邮到县里巡察。县吏告诉陶渊明说："你应该整理好自己的衣衫束带再去郑重迎接拜见。"陶渊明说："我不能为了五斗米的俸禄，就去向一个乡间小子鞠躬讨好。"于是解除官印愤然离去。

【原文】

20. 申屠蟠性高傲，善谈论，莫有及者，唯江南一生与相酬对。既别，执蟠手曰："君非聘则征，如是相见于上京矣。"蟠勃然作色曰："始吾以子为可与言也，何意乃相拘教乐贵之徒耶？"

【译文】

申屠蟠生性高傲，善于辩论，身边没有能超过他的人，只有江南一个书生可以与他相提并论。二人临近分别之时，江南书生握着申屠蟠的手说："你将来不是被朝堂聘用，就是征战在沙场为朝廷效力，如此看来，将来我们一定会在京城见面了。"申屠蟠听完勃然大怒："我一直以为你是一个可以说知心话的人，没想到你竟然也是一个教我贪图享乐之人吗？"

【原文】

21. 吴子正穷居一室，门环流水，跨木而度，度毕即抽之。人问其故，笑曰："土舟浅小，恐不胜富贵之人来踏耳。"

【译文】

吴子正在偏僻的地方独居一室，门前有流水环绕，他出门时必须先架起一根木头才能走过去，走过去之后就立即将木头抽掉。有人问他为什么这样做，他笑着说："土船太浅小，恐怕经受不住富贵之人前来践踏而已。"

冷语篇第六

【原文】

吴苑曰：冷者暖之反。春风至为暖，暖则散色为花，散香为气。有目有鼻者，莫不睹不嗅焉。冷则为蕊为苞，色香虽具，即鼻通目明者，了不能得。是冷者非含藏之义乎？故水冷则结，云冷则痴，一结一痴，皆含藏之义。次冷语第六。

【译文】

吴苑说：所谓冷，就是与暖相反的。春风来了天气就变暖，天气暖了就会散发色彩成为花，花儿散发芬芳就会形成香气。这时候，有眼睛有鼻子的人，没有不能看到和闻到的。冷的一面是指花朵收敛成花蕊花苞之时，虽然花儿的色彩、芳香都具备，但即使是鼻子嗅觉通畅、眼睛明亮的人，也是完全感受不到的。这样看来，所谓的冷不就是自身含有隐藏意义吗？所以水一冷就结冰，云一冷就凝滞，一个结冰，一个凝滞，都是蕴含隐藏的意义。在此，我便将冷语排列为第六位。

【原文】

1. 王介甫与苏东坡论扬子云投阁为史臣之妄①，《剧秦美新》之作，亦后人所诬。苏曰：“轼亦疑一事。”荆公曰：“疑何事？”苏曰：“不知西汉果有子云不？”闻者莫不掩口而笑。

【注释】

①王介甫：王安石，字介甫，世称“王荆公”。北宋杰出的政治家、文学家、改革家，名列“唐宋八大家”。扬子云：扬雄，字子云，西汉官吏、学者、哲学家、文学家。

【译文】

王安石与苏东坡一起讨论扬雄投阁自杀之事是史官胡编乱造而成，至于《剧秦美新》这篇文章，也完全是后人对他的诬蔑诋毁。苏东坡说：“我也在怀疑一件事。”王安石问：“你怀疑什么事？”苏东坡说：“不知道西汉是不是果真有扬子云这个人呢？”大家听后没有不捂嘴而笑的。

【原文】

2. 武林张卿子有《野花》诗十首，佳极，盛传一时，人目之曰“张野花”。卿子善病，常数年不出户，面孔黄瘦，人复有见之者，曰：“是野花张也。”

【译文】

杭州张卿子曾写有《野花》诗十首，诗句精妙绝伦，一时间广泛流传，人们看见他都称赞他为“张野花”。张卿子身体虚弱，容易生病，常常是多年足不出户，逐渐面黄肌瘦，后来再有人见到他后都说：“现在是‘野花张’了。”

【原文】

3. 唐中书令王铎文懦，出镇渚宫为都统以御黄巢。携姬妾赴镇，而妻妒忌。忽报夫人离京在道，铎谓从事曰：“黄巢渐以南来，夫人又自北至，旦夕情味，何以安处？”幕僚请曰：“不如降黄巢。”

【译文】

唐朝的中书令王铎性格斯文软弱，奉命出任镇守江陵的都统，负责抵御黄巢叛军进犯。他此行只悄悄带着姬妾一起到江陵赴任，因而他妻子知道后心生妒忌。突然有一天有人报告说夫人已经离开京城正在前往江陵的路上，王铎焦急地对手下随从说：“黄巢率兵渐渐从南面杀过来，夫人此刻又从北面怒气冲冲而来，旦夕之间就可到达，情况如此紧急，我该如何是好？”幕僚逗趣建议说：“不如投降黄巢吧。”

【原文】

4. 宰相王屿好与人作碑志。有送润毫者，误扣右丞相王维门，维曰：“大作家在那边。”

【译文】

宰相王屿喜欢给别人写碑文墓志铭。有个登门送润笔费作为酬谢的人，匆忙中误敲了右丞相王维家的门，王维对那人说：“大作家住在那边。”

【原文】

5. 桓灵宝征殷仲堪，道出庐山，因诣远公，语次及征讨之意，远不答。又问以见愿，远答曰：“愿檀越安稳，使彼亦复无他。”桓出山语左右曰：“实乃生所未见此人。”

【译文】

桓灵宝出兵征伐殷仲堪，途中路过庐山，因此前去拜访远公，交谈中谈到了这次出兵征伐的意图，远公没有回答。桓灵宝又问远公有什么愿望和嘱托，远公回答说：“希望施主您能够安然无恙，也希望对方平安无事。”桓玄出山后，对身边随从说："我此生实在是没见过这样的人。"

【原文】

6. 孔君鱼为姑臧长，清俭逼下。有讥之者，答曰："奋自处脂膏，不能自润。"

【译文】

孔奋，字君鱼，东汉初年担任姑臧县长官，他一向清正廉洁，因此给手下造成一定的压力。有人讽刺他，他回答说："孔奋我身在脂膏之中，但不能肆意滋润自己。"

【原文】

7. 王右军少重患①，一二年辄发动。后答许掾诗，忽复恶中得二十字云："取欢仁智乐，寄畅山水阴。清泠涧下濑②，历落松竹林。"既醒，左右诵之。诵竟，右军叹曰："癫何预盛德事耶？"

【注释】

①王右军：王羲之，字逸少，东晋时期官员、著名书法家。

②濑（lài）：激流。

【译文】

王羲之年少时就得了严重的癫痫病，一两年就发作一次。后来他准备写答谢诗夸赞许询的时候，却忽然再次犯病，于是带病只坚持写下二十字："取欢仁智乐，寄畅山水阴。清泠涧下濑，历落松竹林。"等他昏倒醒来之后，身边的人把诗句念给他听。等念完后，王羲之感叹说："癫怎么能干预写诗这样的盛德之事呢？"

【原文】

8. 子瞻在惠州，天下传其已死。后七年北归，时丞相方贬雷州。子瞻见南昌太守叶祖洽，叶问曰："传端明已归道山，今尚尔游戏人间耶？"坡曰："途中遇章子厚，乃回返耳。"

【译文】

苏轼在惠州时，天下人都传说他已经死了。七年后，他又回到了北方，当时丞相刚刚被贬谪到雷州。苏轼见到南昌太守叶祖洽时，叶祖洽问他说："世上明明传闻你已经得道升仙了，如今怎么还在人间游玩走动呢？"苏轼说："我去阴曹地府的路上遇到了章子厚，于是就原路返回了。"

【原文】

9. 韩康公绛谢事后，自颍入京，以上元至十六日，私第会从官九人，皆门生

故吏，一时名德，如傅钦之、胡完夫、钱穆父、苏东坡、刘贡父、顾子敦皆在坐。出家妓十余人，中宴，有新宠鲁生者，舞罢，为游蜂所螫，公意不喜。久之，呼出，以白团扇从东坡乞诗。坡书一绝："窗摇细浪鱼吹日，手弄黄花蝶透衣。不觉春风吹酒醒，空教明月照人归。"上句记其姓，下句记其事。康公大笑，坡云："但恐他姬厮赖耳。"

【译文】

康公韩绛退休以后，从颍州来到京城，在正月十五和十六这两天，请来了以前的属从官吏八九人来到他的私人府邸举行家宴，这些人都是自己的门生和旧部下，也有名噪一时的社会名流，如傅钦之、胡完夫、钱穆父、苏轼、刘贡父、顾子敦都在其中。他安排家中十多个歌妓舞姬表演助兴，酒宴进行到一半的时候，其中有一个韩绛最近非常宠爱的舞姬，跳完一曲舞后，不小心被游蜂蜇了一下，韩绛心疼鲁生很不开心。过了一会儿，他又把鲁生叫出来，拿着一把白团扇请苏轼题诗。苏轼随即作了一首绝句："窗摇细浪鱼吹日，手弄黄花蝶透衣。不觉春风吹酒醒，空教明月照人归。"这首诗的上句记录了她的姓，下句记述了她的事。韩绛看完非常高兴，苏轼说："只恐怕你其他姬妾知道可就要耍赖了。"

【原文】

10. 苏公一日与温公论事，坡偶不合，曰："相公此论故为鳖厮踢。"温公不解，曰："鳖安能厮踢？"坡曰："是之谓鳖厮踢。"

【译文】

有一天，苏东坡与司马光（谥号温公）一起讨论事情，东坡偶尔与司马光的论点不合，于是就说："相公这种言论，可以叫作老鳖乱踢了。"司马光不理解这句话的意思，就说："老鳖怎么可能乱踢呢？"苏轼说："正因为不可能，所以才叫老鳖乱踢啊。"

【原文】

11. 苏子瞻与章子厚同游南山诸寺。寺有山魈为祟[①]，客不敢宿，子厚独宿，山魈不敢出。抵游仙潭，下临绝壁，岸甚狭，横木如桥。子厚推子瞻过潭书壁，子瞻不敢过。子厚平步过之，用索系树，蹑之上下，神色不动。以漆墨濡笔大书石壁曰："章惇、苏轼来游。"子瞻拊其背曰[②]："子厚必能杀人。"子厚曰："何也？"子瞻曰："能自拼命者，能杀人也。"

【注释】

①山魈（xiāo）：猕猴的一种。在神话传说中是山里的独脚鬼怪。

②拊（fǔ）：拍。

【译文】

苏轼与章惇（字子厚）一同到南山的一些寺院游玩。因为寺院常有山魈出来作怪，所以游客都不敢在这里住宿，而章子厚独自留在寺院里过夜，山魈没敢出来。到达游仙潭的时候，下边临近绝壁，岸边特别狭窄，只横着一根木头像是一座独木桥。章子厚推拉着苏轼走过水潭去石壁上题字，苏轼胆子小不敢过去。只见章子厚像走平地一样平稳地过去了，并用一根藤索系在树上，踩着藤索上下自如，神情泰然，不动声色。他研好墨水饱蘸笔墨在石壁上大字书写："章惇、苏轼来游。"回来后，苏轼拍着他的肩背说："子厚必能杀人。"章子厚说："何以见得？"苏轼说："能自己敢于拼命向前不怕死的人，也是能杀别人的。"

【原文】

12. 宰相杨再思晨入朝，值一重车将牵出西门。道滑牛不前，驭者骂曰："一群痴宰相，不能和得阴阳，而令我泥行，如此辛苦。"再思徐谓之曰："尔牛亦自弱，不得嗔他宰相。"

【译文】

宰相杨再思早晨上朝，正好遇到一辆大车想要驶出西门。由于道路湿滑，拉车的牛不向前走，这时驾车的人破口大骂道："你们这一群愚蠢的宰相，不能使天地阴阳之气和谐，又无法掌控天气状况，如今却让我陷入泥泞之中不能前行，受尽这般辛苦。"杨再思听完慢悠悠地对他说："你的牛自身也很羸弱，你不能责怪他们宰相。"

【原文】

13. 范忠宣谪永州①，夫人不如意，辄骂章惇。舟过橘州，大风雨，船破，仅得及岸。正平持盖，公自负夫人以登，燎衣民舍②。公顾曰："岂亦章惇所为耶？"

【注释】

①范忠宣：范纯仁，谥忠宣，范仲淹次子，著有《范忠宣公集》。

②燎：烘烤。

【译文】

范纯仁被贬谪到永州，上任途中，他的夫人一遇到不开心的事情，就大骂章惇。他们乘船到橘州的时候，正赶上大风雨，船被风雨损坏了，勉强靠岸。这时他的儿子范正平举着伞盖，范纯仁自己把妻子背上了岸，来到一户农家烘烤衣服。范纯仁看着夫人说："难道这也是章惇所做的事吗？"

【原文】

14. 谢康乐小时，便文藻艳逸。祖车骑甚奇之，谓亲知曰："我乃生瑍（生而

不慧），瑍那得生灵运？”

【译文】

康乐公谢灵运小时候，就已经文采斐然、惊艳飘逸了。他的祖父车骑将军谢玄对此感到特别惊奇，曾对他的亲朋好友说：“我生养了谢瑍（谢瑍一生不是特别聪慧），瑍儿怎么能生出灵运这么聪明绝顶的孩子呢？”

【原文】

15. 真宗既封，访天下隐者，得杞人杨朴。上问：“有人作诗送卿不？”朴言：“臣妻有一首云：更休落魄耽杯酒，再莫猖狂爱作诗。今日捉将官里去，这回断送老头皮。”上大笑，即放回。苏轼在湖州作诗，追赴诏狱，妻子见轼出门，皆哭。轼无以语之，但顾曰：“子独不能如杨朴之妻作一诗送我乎？”轼妻不觉失笑。

【译文】

宋真宗“东封泰山”大典结束之后，继续访求天下隐士，遇到了杞人杨朴。皇上问：“有人给你写过诗吗？”杨朴说：“我的妻子曾给我写过一首诗说：更休落魄耽杯酒，再莫猖狂爱作诗。今日捉将官里去，这回断送老头皮。”皇上听后哈哈大笑，就放他回去了。苏轼在湖州作诗，被人举报其有不忠之心而被皇帝下诏追捕入狱，妻子和孩子见苏轼被官差带出家门，都大哭起来。苏轼不知道对妻子该说些什么，只好回头说：“你就不能像杨朴的妻子那样也作一首诗送给我吗？”苏轼的妻子听后忍不住哑然失笑。

【原文】

16. 东坡自海南还，过惠州，州牧故人出郊迎之。因问海南风土人情如何，东坡云：“风土极善，人情不恶。某初离昌化时，有十数父老，皆携酒馔，直至水次，送某登舟，执手涕泣而去，且曰：‘此回与内翰相别后，不知甚时相见？’”

【译文】

苏轼从海南归来，路过惠州，惠州的知州是苏轼的好朋友，连忙率众到郊外迎接他。因此在交谈中，问起了海南的风土人情怎么样，苏轼说：“那里民风淳朴，人文友善，人心不险恶。我刚离开昌化的时候，有十几位乡亲父老，都带着好酒好菜前来为我饯行，一直送到岸边，又把我送到船上，他们拉着我的手含泪离去，并且说：‘这次与内翰相互告别后，不知什么时候才能再相聚？’”

【原文】

17. 欧阳季默常问东坡：“鲁直诗何处见好[①]？”东坡不答，但极口称诵。季默云：“如‘卧听疏疏还密密，晓看整整复斜斜’，岂是佳耶？”坡云：“正是佳处。”

【注释】

①鲁直：黄庭坚，字鲁直，北宋著名文学家、书法家、江西诗派开山之祖。

【译文】

欧阳季默经常问苏轼："你看黄鲁直的诗好在什么地方呢？"苏轼总是笑而不回答，只是大加称赞。季默说："比如'卧听疏疏还密密，晓看整整复斜斜'，难道这就是精妙之处吗？"苏轼说："是的，这正是精妙之处。"

【原文】

18. 黄庭坚作艳语，人争传之。秀铁面呵之曰："翰墨之妙，甘施于此乎？"庭坚笑曰："又当置我于马腹中耶？"

【译文】

黄庭坚写了一些反映男女情爱的艳诗，人们争相传诵这些诗。法秀和尚板着脸斥责黄庭坚说："如此美妙的文笔，难道就甘心浪费在这些事上吗？"黄庭坚笑着说："你这是也要像批评李公麟画马那样把我放进马肚子中吗？"

【原文】

19. 张宁晚年无子，祷于家庙曰："宁何阴祸，至辱先人？"傍一妾云："误我辈即伤阴骘耳①。"

【注释】

①阴骘（zhì）：阴德。

【译文】

张宁直到晚年还没有儿子，于是就到家族祖庙中去祭祀祈祷，说："难道我暗地里做了什么坏事，以至于这样辱没祖先？"身边的一个小妾说："耽误了我们生儿育女，就是损伤了上辈子的阴德了。"

【原文】

20. 我明旧例，科道俱乘马，不得乘轿。王化按浙，一举人入谒，化问曰："若冠起自何时？"举人徐曰："即起于大人乘轿之年。"

【译文】

按照我大明王朝的旧制律例，六科给事中与各道监察御史出行都要骑马或乘坐马车，一律不能乘坐轿子。有一次王化到浙江巡视，有一个举人进来拜见，王化问道："你是从什么时候开始做官的？"举人慢悠悠地说："从大人坐轿那一年就开始了。"

【原文】

21. 陆树声请告，诸大老送之，时李巳、赵锦皆在坐。赵曰："陆公此行，使天下知朝廷有不爱爵禄之臣。”李谓陆曰：“公病愈乎？”

【译文】

陆树声厌倦了仕途，自请告老还乡，许多大臣都来为他送行，当时李巳、赵锦都在场。赵锦说：“陆公这一走，可使天下人知道朝廷中确实有不爱爵禄的大臣了。”李巳对陆树声说：“这回陆公的病可痊愈了吧？”

【原文】

22. 一进士戏坐夏原吉公轿①，或告公，公曰：“有志。”言者惭退。

【注释】

①夏原吉：明代内阁大学士，湖广长沙府湘阴人，明朝初年重臣。

【译文】

有一个进士很顽皮，开着玩笑就坐进了夏原吉的轿子里，有人偷偷告诉了夏原吉，夏原吉说：“这个人有志气。”举报的人羞愧地离开了。

【原文】

23. 洪武京城既完，上谓刘伯温曰：“城高如此，谁能逾之？”对曰：“人实不能，除是燕子耳。”

【译文】

洪武年间，京城修筑城墙的工程即将完工，皇上对刘伯温说：“城墙这么高，谁能翻越过去呢？”刘伯温回答说：“人确实无法翻过去，除非是变成燕子了。”

【原文】

24. 王导末年略不复省事①，正封箓诺之。自叹曰：“人言我愦愦②，后人当思此愦愦。”

【注释】

①王导：字茂弘，东晋时期政治家、书法家，历仕晋元帝、明帝和成帝三朝，是东晋政权的奠基人之一。

②愦愦（kuì）：昏庸，糊涂。

【译文】

王导晚年生活简单，不再管理朝中政务，只是负责签字画押之类的小事情。他自己感叹道：“人家都说我糊涂，但后人应当怀念我的这种糊涂。”

【原文】

25. 松江张进士美姿容，过吴门访范学宪。范奇丑，二人同步阊门市中，小儿无不随观。张谓范曰：“为我看也。”范笑曰：“还是看我。”

【译文】

松江有位姓张的进士相貌俊美，英姿飒爽，曾在路过吴门时前去拜访范学宪。范学宪面貌极其丑陋，两人一起走在苏州阊门的街道上，小孩儿们没有不追着观看的。张进士对范学宪说："是来看我的。"范学宪笑着说："也是来看我的。"

【原文】

26. 会稽张状元诸孙四五辈，皆不饮酒，善肴物。每至席所，箸下如林，必一尽乃止。沈曼长曰："张氏兄弟，赋性奇哉！遇肴不论美恶只是吃，遇酒不论美恶只是不吃。"

【译文】

家住会稽的张状元有四五个孙子，他们都不喜欢饮酒，只喜欢吃菜肴食物。每次参加酒席这样的场所，筷子伸出去如同小树林，一定会一扫而光才停止夹菜。沈曼长说："张氏兄弟的禀赋真的很奇特啊！只要看到菜肴，无论好吃不好吃只顾一直吃；看到酒，无论好喝不好喝，就是不喝。"

【原文】

27. 谢公问王子敬①："君书何如君家尊？"答曰："固当不同。"公曰："外人论殊不尔。"王曰："外人那得知②。"

【注释】

①谢公：谢安，字安石，东晋政治家、名士。

②那：同"哪"。

【译文】

谢安问王献之："你的书法与你令尊大人相比，谁的更略胜一筹？"王献之回答说："我们父子的书法在风格上本来就有所不同。"谢安说："外人可不是这样评论你们父子差异的。"王献之说："外人哪能知道其中的内涵。"

【原文】

28. 殷觊病困，看人政见半面。殷荆州兴晋阳之甲，往与觊别，涕零，属以消息所患。觊答曰："我病自当瘥①。"

【注释】

①瘥（chài）：病愈。

【译文】

殷觊的病情很严重，看人只能看到半边脸。荆州刺史殷仲堪率领晋阳人马起兵造反，临行前与殷觊道别，看到殷觊患病顿时痛哭流涕，嘱咐他安心养病，不必担忧。殷颉回答说："我的病自己慢慢就会痊愈，我倒是很担心你呀！"

【原文】

29. 王子猷作桓车骑骑兵参军。桓问曰："卿何署？"答曰："不知何署。时见牵马来，似是马曹①。"

【注释】

①马曹：管马的部门。

【译文】

东晋的王徽之在车骑将军桓冲手下担任骑曹参军。有一次桓冲故意问他："你管理哪个官署？"王徽之回答说："不知道是什么官署。只知道时常看见有人牵着马进进出出，好像是一个管马的马曹吧。"

【原文】

30. 胡九韶家贫力耕，仅给衣食。每日向天揖曰："蒙赐清福。"其妻笑曰："三餐苦菜和羹，此清福耶？"胡摇手止曰："清福正在个中，上天甚所秘惜，无得轻示与人。"复顾其子曰："汝不得不传。"

【译文】

胡九韶家境贫寒，努力耕作也只是勉强能供上吃穿。他每天都向天作揖祈祷说："感谢老天赏赐的清福。"他的妻子嘲笑他说："一日三餐都是这些清苦寡淡的青菜和羹汤，这也叫清福吗？"胡九韶摇头摆手制止妻子说："清福就在这其中，上天非常珍惜这个秘密，不会轻易展示给他人。"随后又回头看着他的孩子说："你不能不坚守这个秘密并且将此传承下去。"

【原文】

31. 王寅少喜子房策①，故字曰仲房。后人有荐其赞画者，寅曰："时晚矣。有赤松子不妨为予一觅②。"

【注释】

①子房：张良，字子房，秦末汉初杰出的谋士、大臣，与韩信、萧何并称为"汉初三杰"。

②赤松子：传说中的仙人。予：我。

【译文】

王寅少年时就非常喜欢张良的策略，因此将自己的字用为"仲房"。后来有人推荐他到军中做谋士，王寅说："现在为时已晚了。如果还有赤松子，不妨为我也寻找一个（据说赤松子是张良曾经遇到的仙人）。"

【原文】

32. 张灵嗜酒傲物。或造之者，张方坐豆棚下，举杯自酬，目不少顾。其人含怒去，复过唐伯虎，道张所为，且怪之。伯虎笑曰："汝讥我。"

【译文】

张灵是明代的画家，特别喜欢喝酒，是个恃才傲物的狂士。有个人去拜访他，当时张灵正坐在豆棚下，举杯自斟自饮，目不斜视，甚至都没看那人一眼。那个人愤怒离去，然后又到唐伯虎家中拜访，得到了热情招待，于是诉说了张灵的所作所为，并且责怪张灵傲慢无礼。伯虎听后笑着说："你这是在讥笑我啊。"

【原文】

33. 司马德操徽括囊谨毖①。人有以人物质之者，初不辨其高下，每辄言佳。其妇谏曰："人质所疑，君宜辩论，而一言佳，岂人所以咨君之意乎？"徽曰："如卿所言，亦复佳。"

【注释】

①司马德操徽：司马徽，字德操，东汉末年名士，精通道学、奇门、兵法、经学。人称"水镜先生"。括囊：结扎袋口。亦喻缄口不言。毖（bì）：小心谨慎。

【译文】

三国时期的名士司马徽为人处事小心谨慎，对于敏感问题总是缄口不言。如果有人让他对某些人物、事件加以评价，他一见面就不分才华本领高低，总是说"好"。他的妻子劝谏他说："人们问你疑难问题，你应该作出分析辩论，而不应该总是一直说好，你这样敷衍了事难道就符合别人询问你的初衷吗？"司马徽说："正如你所说的这些，也很好啊。"

【原文】

34. 方逊志卧病绝粮，家人屡以告，方笑而言曰："古人有三旬九食，甑无储粟者①，此时吾愁汝。"曰："主翁亦所不免，岂我耶？"曰："愁汝多告劳也。"

【注释】

①甑（zèng）：甑子，古代的蒸食、煮饭用具。

【译文】

方逊志生病在床，家里粮食断绝，家人多次向他告知这件事，方逊志却笑着说："古人有一个月吃九顿饭的先例，甑子中没有储备的粮食，此时我倒要替你担忧了。"仆人说："连你都难免要忍饥挨饿，岂只是担心我一人呢？"方逊志说："我担心你一次次告诉我，未免太辛苦了。"

【原文】

35. 谢公夫人帏诸婢，使在前作伎，使太傅暂见，便下帏。太傅索更开，夫人云："恐伤盛德。"

【译文】

谢安的夫人设计了一个帷幕，让丫鬟们在帷幕里面载歌载舞，只允许谢安观赏一小会儿，就放下帷幕了。谢安让人把帷幕重新拉开，夫人说："过于贪图享乐恐怕有损您的美好品德。"

【原文】

36. 李元忠虽居要任，惟饮酒自娱，不以物务干怀。时欲用为仆射，或言其常醉，不可。其子操闻之，请节饮。元忠曰："我言作仆射，不胜饮酒；尔爱仆射，劝勿饮。"

【译文】

李元忠虽然身居要职，但是特别喜欢饮酒自娱自乐，从不把处理事务放在心中首要位置。当时朝廷想任用他为仆射，但有人说他经常喝醉，不能担此重任。他的儿子李操听说这件事后，就让他节制饮酒。李元忠说："依我说当仆射，不如喝酒快乐；是你喜欢仆射这职位，所以才劝我不要饮酒的。"

【原文】

37. 宋相郊居政府，上元夜在书院内读《周易》，闻其弟学士祁点花灯，拥歌妓，醉饮达旦。翌日，谕所亲令诮让云："相公寄语学士：闻昨夜烧灯夜宴，穷极奢侈，不知记得某年上元，同在某州学内吃齑煮饭时不[①]？"学士笑曰："却须寄语相公：不知某年同某处吃齑煮饭是为甚的？"

【注释】

①齑（jī）：指捣碎的姜、蒜、韭菜等。

【译文】

北宋宰相宋郊身居朝廷要职，上元夜时正在书院内读《周易》，听说他的弟弟大学士宋祁正在奢侈享乐，点花灯，与歌妓相拥戏耍，开怀畅饮通宵达旦。第二天，宋郊捎口信让属下见到宋祁后代为责备他说："相公让我给学士您传话：听说你昨夜张灯结彩摆酒设宴，场面极度奢侈，不知你是否还记得某一年的上元节，我们同在某州学府内吃咸菜喝稀饭的日子？"宋祁笑着说："你回去一定要带话给你们相公说：不知道某年在某处一同吃咸菜喝稀饭的最终目的是为了什么呢？"

【原文】

38. 司马温公屡言王广渊，章八九上，留身乞诛，以谢天下，声震朝廷。是时，滕元发为起居注，侍立殿陛。既归，广渊来问元发："早来司马君实上殿，闻乞斩某以谢天下，不知圣语何如？"发曰："我只听得圣语云：'依卿所奏。'"

【译文】

司马光多次语言抨击王广渊，一连呈上八九道奏章，退朝后留下来继续请求皇上杀掉王广渊，以此来向天下谢罪，声势之大震动朝廷内外。当时，滕元发担任起居注的职位，侍立在宫殿的台阶下耳闻目睹了一切。退朝回去后，王广渊急匆匆过来问滕元发："早上司马光上朝奏事，听说他呈上奏章请求皇上杀掉我，以此来向天下谢罪，不知道皇上都说了些什么？"滕元发说："我只听到皇上说：'依照你所禀奏的去办。'"

【原文】

39. 杨大年与梁同翰、朱昂同在禁掖，大年未三十，而二公皆高年矣。大年呼朱翁、梁翁，每戏侮之。一日，梁谓大年曰："这老亦待留以与君也。"朱于后亟摇手曰："不要与。"

【译文】

杨大年与梁同翰、朱昂同在禁宫中为翰林院学士，杨大年不到三十岁，而另外两个人都已经是高龄官员了。杨大年称呼他们为朱翁、梁翁，经常戏弄他们。有一天，梁同翰对杨大年说："总有一天你也会有老迈的时候。"朱昂听到后立即连连摇头摆手说："不要让他活到咱们这个岁数。"

【原文】

40. 严子陵隐迹富春山，司徒霸遣使奉书，使者求报。严曰："我手不能书。"乃口授之。使者嫌少，可更足。严曰："买菜乎？"

【译文】

东汉高士严子陵隐居在富春山，司徒霸派使者捧着聘书请他出仕为官，使者就站在那里请他回信也好回去交差。严子陵说："我的手受伤了不能写字。"于是就口述让使者记下来。使者嫌内容太少，告诉他可以说得更充足一些。严子陵说："你这是在买菜吗？"

【原文】

41. 米芾知无为军，见州廨立石甚奇①，命取袍笏拜之，呼曰"石丈"。言事者闻而论之，朝廷传以为笑。或问曰："诚有不？"徐曰："吾何尝拜，乃揖之耳。"

【注释】

①州廨（xiè）：州府，州衙。

【译文】

米芾任无为军知州，上任时发现州府衙门里立了一块很奇特的碑石，就让人取来官服笏板对着奇石参拜，称它为“石丈”。很多论事的人听说后就上书讥笑他，很快在朝廷里被传成笑料。有人问他：“真有这件事吗？”米芾慢悠悠地说：“我何曾拜过，不过是作了几个揖罢了。”

【原文】

42. 上虞江有一处名三石头，王弘之常垂纶于此①。经过者不识之，或问：“渔师得鱼卖不？”弘之曰：“亦自不得，得亦不卖。”

【注释】

①垂纶：钓鱼。

【译文】

上虞江有一个叫三石头的地方，这里是王弘之常常去休闲垂钓之地。路过这里的人不认识他，就有人对他说：“渔师你钓上来的鱼卖吗？”王弘之说：“我自己还没钓到鱼呢，就算钓到了也不卖。”

【原文】

43. 谢凤子名超宗，谢庄子名朏。宋明帝召二人由凤庄门入。超宗曰：“君命也。”乃趋而入。朏曰：“君处臣以礼。”遂不入。

【译文】

谢凤的儿子名叫谢超宗，谢庄的儿子名叫谢朏（fěi）。有一天，宋明帝召见他二人从凤庄门进去。谢超宗说：“这是圣旨，不得违抗。”于是就快步走了进去。谢朏说：“君王对待臣子也要施之以礼。”于是就没有进去觐见皇上。

【原文】

44. 唐太宗之征辽，作飞梯临其城。有应募为梯首，城中矢石如雨，而竟无为先登。英公指谓中书舍人许敬宗曰：“此人岂不大健？”敬宗曰：“非健，要是不解思量。”太宗闻而欲罪之。

【译文】

唐太宗讨伐辽东的时候，制造了飞梯来到城下发起进攻。有人前来应聘充当第一个登梯的人，这时敌军城墙上的石头和弓箭如同雨点般飞过来，而他竟然没做任何防御就率先登上了城头。英国公李勣指着这个人对中书舍人许敬宗说：“这个人岂不是太骁勇善战了吗？”许敬宗说：“这不是骁勇善战，而是他做事情不假思索太冲动了。”唐太宗听到后想治他的罪。

【原文】

45. 冯公具区髯晚出而早白，人问曰："公髯几年变白？"公捋髯良久[①]，曰："未记与黑周旋。"

【注释】

①髯：胡须。良久：好久。

【译文】

冯具区的胡须很大年纪时才长出来，但是白得却很早，有人问他："您的胡须过几年变白的？"冯具区捋着胡须想了好久才说："不记得它与黑色打过几年交道。"

【原文】

46. 冯道、和凝同在中书。一日，和问冯曰："公靴新，价其值几何？"冯举左足示和曰："九百。"和性褊急[①]，遽回顾小吏云："吾靴何得用一千八百？"因诟责。久之，冯徐举其右足曰："此亦九百。"

【注释】

①褊（biǎn）急：形容气量狭小，性情急躁。

【译文】

冯道、和凝同在中书省任职。一天，和凝问冯道说："您的靴子看起来很新，价值多少钱？"冯道抬起左脚对和凝说："九百。"和凝的性情急躁，突然暴跳如雷，立即回头对身边小吏说："为什么我的靴子用了一千八百？"因此开始大声责骂他。过了一会儿，只见冯道又抬起右脚对他说："这只也是九百。"

【原文】

47. 崔膺性狂率，张建封爱其文，以为客。随建封行营，夜中大叫惊军，军士皆怒，欲食其肉，建封藏之。明日置宴，监军曰："某有与尚书约，彼此不得相违。"建封曰："唯。"监军曰："某有请，请崔膺。"建封曰："如约。"逡巡，建封又曰："某有请，请崔膺。"座中大笑，得免。

【译文】

崔膺性格狂妄草率，但张建封非常喜欢他的文才，于是就把他招为自己的门客。一天，崔膺跟随张建封到军营巡视，谁知他睡到半夜时忽然大喊大叫惊动了军营，将士们都怒火冲天，恨不得要吃他的肉，张建封只好把他藏了起来。第二天设宴共饮的时候，监军说："我有一事要与尚书立个约定，双方都不要违背。"张建封说："好。"监军说："我有个请求，请让我处置崔膺。"张建封说："好的，一切照办。"过了一会儿，张建封又对监军说："我有个请求，请让我处置崔膺。"在座的人无不哈哈大笑，崔膺这才免于一死。

【原文】

48. 王仲舒为郎官，与马逢友善，每责逢曰："贫不可堪，何不求碑志相救？"逢曰："适见谁家走马呼医，吾可待也。"

【译文】

王仲舒在朝中任郎官，与马逢的关系很好，他常常责备马逢说："你那么贫穷，为什么不寻求写墓志铭收取润笔费来补济生活？"马逢说："正好刚看见那谁家有人骑马去叫医生，看来我可以等着给他写碑文了。"

【原文】

49. 朱异遍治五经，涉猎文史，博弈书算，皆其所长。年二十，诣都，沈约戏语曰："卿年少，何乃不廉？"

【译文】

朱异学识渊博，涉猎广泛，不仅熟读研究五经，而且还涉及文史、博弈、书法、算术，这些科目都有一定的专长。他二十岁那年，到京城去，沈约开玩笑地说："你年纪轻轻，为什么这样不廉洁（指贪多学科）？"

【原文】

50. 赵宗儒为太常卿，赞郊庙之礼。罢相三十余年，年七十六，众论其精健。有常侍李益傍谓曰："赵乃仆为东府时所送进士也。"

【译文】

赵宗儒任太常卿时，主管皇帝郊庙祭祀的礼仪。虽然他被罢免宰相三十余年，年龄已七十六岁，但大家依然夸赞他精明强干。有位叫李益的常侍在一旁说："赵宗儒是我在扬州做刺史时选送的进士啊。"

【原文】

51. 崔铣作南祭酒，罢归，囊无江南一物。谓人曰："人言祭酒是金，我道祭酒如玉耳。"

【译文】

崔铣担任南京国子监祭酒，被罢免回家时，行囊里没带江南一件物品。他对别人说："人们都说祭酒是个油水很大的'金'差，依我说，祭酒就是如同'玉'一样的差事而已。"

【原文】

52. 徐献忠每见诗文之佳者，曰："此人肚内有丹。"

【译文】

徐献忠每当见到诗文出众的人，就会感叹说："这个人肚子里有灵丹。"

【原文】

53. 罗汝鹏多髯，少年即白。一日，赴吊丧家，司丧者谓曰："公年尚未，何早白乃尔？"罗对曰："今日之来，不得不如此。"

【译文】

罗汝鹏胡须很浓密，但年纪轻轻就白了。有一天，他到一户人家去吊丧，主持丧事的人问他："你看起来很年轻，为什么你的胡须这么早就全白了？"罗汝鹏回答说："今天在这个场合里，不能不这样啊。"

【原文】

54. 唐姚南仲廉察陕郊，有客投刺云李过庭者①，南仲曰："过庭之名甚新，未知谁家子弟？"姚岘作熟思曰："恐是李趋儿。"

【注释】

①投刺：古代礼节，通报姓名以求相见。刺：指名刺或名帖，相当于现代的名片。

【译文】

唐朝的姚南仲考察陕县郊区，有个客人递上名贴自我推荐说名叫李过庭，姚南仲说："过庭这个名字很清新，不知是谁家的子弟？"姚岘做出深思的样子，说："恐怕是李趋的儿子。"

【原文】

55. 窦怀贞为京兆尹，神龙之际，政令多门，京尉由墨敕入台者，不可胜数。或谓怀贞曰："县官相次入台，县事多办不？"怀贞对曰："倍办于往时。"问其故，怀贞曰："好者总在。"

【译文】

唐中宗神龙年间，窦怀贞官拜京兆尹，接触的政令种类繁多，无法统一起来，由皇帝直接根据文笔提拔进内阁的京尉，数不胜数。有人对窦怀贞说："县官陆续都已经进入台阁上任，那么县里诸多事务又如何处理呢？"窦怀贞回答说："与以前相比，事情办得加倍好。"问他这是什么缘故，窦怀贞说："留在县里的都是精明能干的好官。"

【原文】

56. 张华见褚陶，语陆平原曰："君兄弟龙跃云津，顾彦先凤鸣朝阳，谓东南之宝已尽，不意复见褚生。"陆曰："公未睹不鸣不跃者耳！"

【译文】

张华见到褚陶以后，对平原内史陆机说："你们兄弟二人如同飞龙腾跃于云海之间，顾彦先就像凤凰朝向太阳高鸣，我以为拥有了东南的全部珍宝，没想到现在又见到了褚生。”陆机说：“那是因为张公您没看见那些默默无闻的人物罢了！”

【原文】

57. 苏东坡在维扬，一日设客，米元章在座。酒半，元章忽起自赞曰：“世人皆以芾为颠，愿质之子瞻。”坡笑曰：“吾从众。”

【译文】

苏轼在扬州为官时，有一次设宴请客，米元章也在其中入座。酒宴进行到一半时，米元章忽然站起来自我评价说：“世人都说我米芾癫狂，我想听听子瞻你对我的评价。”苏轼笑着说：“我听从大家的。”

【原文】

58. 陆楚生远，进士陆大成从堂叔。大成发解南畿①，颇有声望。远每对人呼“大成舍侄”，人多厌之，咸以为言。时王弇州在座曰②：“实是远阿叔。”

【注释】

①南畿（jī）：明代是指南京。

②王弇（yǎn）州：王世贞，字元美，又号弇州山人，明代文学家、史学家。

【译文】

陆远，字楚生，是进士陆大成的远房堂叔。陆大成在南京举行的乡试中考上举人，在当地的名声威望很高。陆远常常当众称呼大成为“大成侄子”，许多人都很讨厌他攀龙附凤的行为，就把这件事儿当成笑谈。当时王世贞也在座，他说：“确实是‘远阿叔’（意指陆远，又暗示远房）。”

【原文】

59. 潘长官尝要苏东坡，以坡不能饮，以醴设之①。坡笑曰：“此必错煮水也。”

【注释】

①醴（lǐ）：甜酒。

【译文】

曾有一次，潘长官曾邀请苏轼喝酒，因为苏轼不擅长饮酒，所以潘长官就摆上甜酒招待他。苏轼笑着说：“这酒一定是错煮了清水而成的。”

谐语篇第七

【原文】

吴苑曰：语之次序，自慧、名、豪、狂、傲五种之下，不能细有标辨，以定安排。如冷之一义，有何关说而居众语上耶？直以语之有致无致，顺手拈录之耳。若此之谐与谑，与后之讽与讥，此二种乃大同而小异，不得不有先后，故次谐语第七。

【译文】

吴苑说：各种语言的顺序，从慧、名、豪、狂、傲五种以下，不能细致地加以标准的辨别，或者以此来安排它们的顺序。就像“冷语”这一章内容，有什么相关的说辞非要将它排在众多语种之上呢？只是根据语句的有趣无趣之分，顺手抄录下来罢了。就像这里的谐语与虐语，以及后面的讽语和讥语，这两种语言本来就没有太大的区别，只是不得不为它们分出个先后顺序而已，故而在此就将谐语排在第七位。

【原文】

1. 龙图刘烨，尝与内相刘筠聚会饮茗，问左右曰：“汤滚也未？”左右皆应曰：“已滚。”筠曰：“佥曰鲧哉①。”烨应声曰：“吾与点也②！”

【注释】

①佥（qiān）曰鲧（gǔn）哉：大家都说让鲧去吧。典出自《尚书·尧典》。鲧、禹父子二人治水是中国古代最著名的治理洪水神话。此处取用“鲧”与“滚”同音。

②吾与点也：我同意曾点的说法。这句话出自《论语·先进》。意思是孔子说：我与曾点（孔子的学生）的观点一样啊。

【译文】

龙图阁直学士刘烨，曾经与翰林学士刘筠相聚在一起饮茶，刘烨问身边的仆人说：“汤水是否翻滚了？”身边的仆人都回答说：“已经翻滚了。”刘筠戏谑说：“都说让鲧去吧。”刘烨回答说：“我同意曾点的说法。”

【原文】

2. 东坡倅杭[①]，不胜杯酌，部使者知公才望，朝夕聚首，疲于应接，乃目杭倅为“酒食地狱”。其后袁轂倅杭，适郡将不协，诸司缘此亦相疏。袁语所亲曰：“酒食地狱，正值狱空。”

【注释】

①倅（cuì）：副职。苏轼曾任杭州通判。

【译文】

苏东坡在杭州担任副职通判，那时候他不擅长饮酒，各个部门的人都知道苏东坡的才华和名望极高，每天不分早晚，总有客人前来拜访聚会，苏东坡应接不暇、疲惫不堪，因此就将杭州通判一职视为“酒食地狱”。在他之后，袁轂（gǔ）继任杭州通判，恰逢郡县内的各个部门人员彼此都不和谐，各个部门之间也因此相互逐渐疏远了。袁轂对身边的亲信说：“曾经的‘酒食地狱’，现在正是空空如也啊。”

【原文】

3. 刘贡父觞客[①]，苏子瞻有事欲起，刘以三果一药调之曰：“幸早里，且从容[②]。”坡答曰：“奈这事，须当归。”满座大笑。

【注释】

①觞（shāng）客：宴请宾客饮酒吃饭。

②幸早里，且从容：即杏、枣、李子，而且还有苁蓉，都是取用了谐音字。

【译文】

刘攽（字贡父）宴请宾客饮酒吃饭，苏轼有事起身想要先行离开，刘贡父就用三种水果名和一种药名来调侃说：“幸早里，且从容。”苏轼立即回答说：“奈这事，须当归。”在座的所有人听完都哈哈大笑起来。

【原文】

4. 汉武游上林，见一好树，问东方朔，朔曰：“名‘善哉’。”帝阴使人识其树。后数岁复问朔，朔曰：“名为‘瞿所’。”帝曰：“朔欺久矣！名与前不同，何也？”朔曰：“夫大为马，小为驹；长为鸡，小为雏；大为牛，小为犊；人生为儿，长为老。且昔为‘善哉’，今为‘瞿所’，长少死生，万物败成，岂有定哉？”帝大笑。

【译文】

汉武帝到上林苑游玩的时候，见到一棵非常好看的树，就问东方朔这是什么树，东方朔说：“这棵树名叫‘善哉’。”汉武帝就暗中派人记下了这棵树的名字。

后来过了几年，汉武帝又问东方朔那棵树的名字，东方朔说："这棵树叫'瞿所'。"汉武帝说："你竟然欺骗我这么久啊！这树名与之前说的不一样，这是为什么呢？"东方朔不慌不忙地说："那大马叫马，小时候就叫驹；鸡长大后叫鸡，小的时候就叫雏；长大的时候叫牛，小的时候就叫犊；人刚出生时叫婴儿，年纪大了叫老人。且说这棵树以前叫'善哉'，现在叫'瞿所'，这就像人的老与少，死与活，万物的成与灭，哪有一成不变的规律呢？"汉武帝听完哈哈大笑。

【原文】

5. 吴郡张融，字思光，长史畅之子。尝谒太祖于太极西堂①，弥时方登。上笑曰："卿至何迟？"答曰："自地升天，理不得速。"

【注释】

①太祖：齐高帝萧道成，字绍伯，小字斗将，南朝齐开国皇帝，因喜爱围棋，曾有《齐高棋图》二卷问世，成为史上首位亲自著作围棋书籍的皇帝。

【译文】

南北朝时期，吴郡的张融，字思光，是长史张畅的儿子。他曾经在太极西堂拜见南朝齐太祖萧道成，过了很久才登上台阶。皇上大笑说："你为什么这么慢？"张融回答说："从平地升天，理所当然无法快速了。"

【原文】

6. 王俭尝集有才之士，累物而丽之，谓之丽事，自此始也。诸客皆穷，唯庐江何宪为胜，乃赏以五花簟白团扇。宪坐簟执扇，意气自得。秣陵王摛后至，操笔便成，事既焕美，词复华丽。摛乃命左右抽簟掣扇，登车而去。俭笑曰："所谓大力者负之而趋。"诸士大笑。

【译文】

王俭曾经召集有才华的士人，让他们列举事物典故并将它们联系在一起，称之为"丽事"，并由此开始了。在座的人都因为词穷而被难住了，只有庐江的何宪表现优异，于是王俭就赏给他五花竹席、白团蒲扇。何宪当时就坐在竹席子上、手里摇动蒲扇，意气风发，而且一副很扬扬自得的样子。秣陵人王摛（chī）最后一个才到，只见他拿起笔一挥而就，选用的典故既美轮美奂，辞藻又华丽绝伦。于是王摛就命令身边的人抽掉竹席子，拿着蒲扇，乘上车而去。王俭笑着说："这就是典型的大力士背起来就跑。"在座的诸位士人听后哈哈大笑。

【原文】

7. 后魏高祖名子曰恂、愉、悦、怿，崔光名子励、勖、勉。高祖谓曰："我儿名傍皆有心，卿儿名傍皆有力。"答曰："所谓君子劳心，小人劳力。"

【译文】

后魏高祖给四个儿子分别起名为恂、愉、悦、怿，崔光给三个儿子分别起名为励、勖、勉。后魏高祖说："我儿子名字旁边都有竖心，你儿子名字旁边都有力字。"崔光回答说："这就是人们常说的君子劳累心思，小人劳累体力。"

【原文】

8. 礼部尚书范阳卢恺，兼吏部，选达野客师为兰州总管，客师辞曰："客师何罪，遣与突厥隔墙？"恺曰："突厥何处得有墙？"客师曰："肉为酪，冰为浆，穹庐为帐毡为墙。"

【译文】

范阳人卢恺担任礼部尚书时，兼管吏部事务，他决定提拔达野客师任兰州总管，客师推辞说："客师犯了什么罪，竟然派遣我与突厥之间隔墙相望？"卢恺说："突厥何处有墙？"客师回答说："肉为酪，冰为浆，穹庐为帐毡为墙。"

【原文】

9. 王元景尝大醉，杨遵彦谓之曰："何太低昂？"元景曰："黍熟头低，麦熟头昂，黍麦俱有，所以低昂矣。"

【译文】

王元景曾经喝得酩酊大醉，东倒西歪，杨遵彦对他说："为什么你的头总是高低起伏？"王元景说："黍子熟了头就低垂，麦子熟了头就高昂起来，我是黍子和麦子的品质都具有，所以头颅总是低下去，随后又高昂起来。"

【原文】

10. 张亢滑稽敏捷，有门客因会话，亢问曰："近日作赋乎？"门客曰："近作《坤厚载物赋》。"因自举其破题曰："粤有大德，其名曰坤。"亢答曰："奉续两句，可移赠和尚。"乃曰："非讲经之座主，是传法之沙门。"

【译文】

张亢语言滑稽，思维敏捷聪慧，因此有很多门客都愿意与他交谈，一天，他对门客说："最近作赋了吗？"门客说："最近写了一篇《坤厚载物赋》。"因此主动诵出这篇赋的开头部分说："粤有大德，其名曰坤（坤与髡谐音，有秃头和尚之意）。"张亢听完回答说："我再接续两句奉上，你就可以转赠给和尚了。"于是就说："非讲经之座主，是传法之沙门。"

【原文】

11. 曹琰为郎中，尝有僧以诗卷投献。琰阅其首篇《登润州甘露阁》云："下观扬子小。"琰曰："何不道'早吠狗儿肥'？"次又阅一篇《送僧》云："猿啼旅思凄。”琰曰：“何不道‘犬吠张三嫂’？”

【译文】

曹琰任郎中时，曾经有一个僧人拿着自己的诗卷进献给他看。曹琰翻阅其中第一篇《登润州甘露阁》，看见里面写道：“下观扬子小。”曹琰说：“为何不写成‘早吠狗儿肥’？”接下来又看了一篇《送僧》，其中写道：“猿啼旅思凄。”曹琰说：“为何不写成‘犬吠张三嫂’？”

【原文】

12. 涪翁尝和东坡《春菜》诗云：“公如端为苦笋归，明日春衫诚可脱。”苏得诗戏语曰：“吾固不爱做官，遂直欲以苦笋硬差致仕。”

【译文】

苏轼曾经写过一首《春菜》诗，黄庭坚（晚号涪翁）在和诗中说：“公如端为苦笋归，明日春衫诚可脱。”苏轼看到这首诗后，戏谑道：“我本来就不爱做官，于是你就直接拿苦笋诗来硬让我脱下官服辞官啊。”

【原文】

13. 东坡见一家有界尺笔槽而破者，向其主人曰：“韩直木如常，孤竹君无恙，但半面之交，忽然析事矣①。”主人笑倒。

【注释】

①析：直破开叫析，竖着破开为折。

【译文】

苏东坡看见一户人家有一个戒尺笔槽，但已经破损，于是就对那家主人说：“韩直木还是老样子，孤竹君完好无损，仅仅半面之缘，就忽然直接破开永别了。”主人听了笑得前俯后仰。

【原文】

14. 刘烨尝与刘筠连骑趋朝，筠马病足行迟，烨曰：“君马何迟？”筠曰：“只为五更三。”烨曰：“何不与他七上八？”言点蹄，则下马行也。

【译文】

刘烨曾经和刘筠一起骑马去上朝，刘筠的马蹄有点毛病，行动迟缓，刘烨说：“你的马为何这么慢？”刘筠说：“只因为五更三点为时太早。”刘烨说：“为什么不让他七上八下呢？”言外之意就是说刘筠的马走路瘸腿儿，让他下马自己步行上朝。

【原文】

15. 东坡尝约刘器之同参玉版，器之每倦山行，闻玉版，欣然从之。至廉泉寺，烧笋而食，器之觉笋味胜，问："此何名？"东坡曰："玉版。此老僧善说法，令人得禅悦之味。"器之乃悟。

【译文】

苏东坡曾经约刘器之一同去参拜玉版，刘器之平时不愿意在山中行走，但这次因为久闻玉版的大名，就很高兴地跟他一起去了。到了廉泉寺，他们就开始烧笋吃，刘器之觉得笋的味道相当不错，就问："这食物叫什么名字？"苏东坡说："叫玉版。这位玉版大师擅长阐述法理，常常令人参悟到禅理喜悦的滋味。"刘器之这才领悟其中蕴藏的味道。

【原文】

16. 柳耆卿①、苏长公各以填词名，而二家不同。东坡问一优人曰："我词何如柳学士？"优曰："学士那得比相公？"坡惊曰："如何？"优曰："公词须用丈二将军铜琵琶、铁绰板，唱相公的'大江东去'。柳学士却着十七八女郎，唱'杨柳岸，晓风残月'。"坡为之抚掌。

【注释】

①柳耆卿：柳永，字耆卿，又称柳七，北宋著名词人，婉约派代表人物。

【译文】

柳永、苏轼都因为填词绝妙而闻名天下，但他二人的词风却大不相同。苏轼曾问一个唱词的艺人说："我的词跟柳学士的词相比怎么样？"艺人回答说："柳学士的词哪能比过相公您呢？"苏轼惊讶地问道："此话怎讲？"艺人说："您的词需要身材高大的将军弹拨铜琵琶、敲打铁绰板，才能唱起相公的'大江东去'。而柳学士的词却要十七八个妙龄女郎，合唱'杨柳岸，晓风残月'。"苏轼听后为此拍手大笑。

【原文】

17. 汉武帝诏赐从官肉，大官丞日晏不来，朔拔剑谓其同官曰："伏日当蚤归①，请受赐。"即怀肉去。大官奏之。朔入，上曰："昨赐肉，不待诏，以剑割肉而去，何也？"朔免冠谢。上曰："先生起自责！"朔再拜曰："朔来朔来！受赐不待诏，何为礼也！拔剑割肉，一何壮也！割之不多，又何廉也！归遗细君，又何仁也！"上曰："使先生自责，乃反自誉。"

【注释】

①蚤：同"早"。

【译文】

汉武帝颁发诏令赏赐给那些随从官员大肉，时候已经不早了大官丞还没有到来，东方朔拔剑对同属官员说："大热的暑伏天应当早点回去，请立即赐给我大肉。”于是割下一块大肉怀抱着就离开了。有一位官员向皇帝禀奏此事。东方朔被叫入朝堂，皇上说：“昨天赏你大肉，你没等下达诏令就独自割肉而去，为什么如此无礼？”东方朔摘下帽子叩头谢罪。皇上说：“先生应当站起来自我责罚！”东方朔又深深叩拜皇上说：“东方朔啊！东方朔！你没等到下达诏令就割肉，为何这般无礼啊！拔剑割肉，这一举动又是多么豪壮啊！割的肉不贪多，又是多么清廉啊！回家后全部交给了妻子，这又是多么仁义啊！”皇上很无奈地说：“我本来让你自责，结果你反而自我赞美起来了。”

【原文】

18. 王戎妻语戎为卿，戎谓曰：“妇那得卿婿？于礼不顺。”答曰：“我亲卿爱卿，是以卿卿，我不卿卿，谁当卿卿？”戎笑，遂听。

【译文】

王戎的妻子称王戎为卿，王戎对她说：“妻子怎么能叫夫婿为卿？这不合乎礼仪。”妻子回答说：“我亲卿爱卿，所以把卿当作卿，我不把卿当作卿，谁会把卿当作卿呢？”王戎笑了，于是就听从妻子对他的昵称。

【原文】

19. 郑玄家奴婢皆读书。尝使一婢不称旨，将挞之①。方自陈说，玄怒，使人曳著泥中。须臾，复有一婢来，问曰：“胡为乎泥中？”答曰：“薄言往愬②，逢彼之怒。”

【注释】

①挞（tà）：打。

②愬（sù）：同“诉”。

【译文】

郑玄家的奴婢都会读书识字。郑玄曾经派遣一个丫鬟出去办事，结果不合他的心意，郑玄要责打她。这个丫鬟尽力解释为自己开脱，郑玄竟然大怒，让人拽着她推进泥地里罚站。过了一会儿，又有一个丫鬟走过来，问道：“你为什么站在泥中？”她回答说：“本想急急忙忙回家诉苦，谁知正好碰上他们发怒（语出《诗经·邶风·柏舟》）。”

【原文】

20. 康僧渊目深而鼻高，王丞相每调之。僧渊曰：“鼻者面之山，目者面之渊。山不高则不灵，渊不深则不清。”王不能复答。

【译文】

康僧渊眼睛深陷而且鼻梁高挺，王导经常调侃他。康僧渊说：“鼻梁是面部上的大山，眼睛是脸面上的深渊。山不高就不会有灵气，渊不深就不会有清流。”王导听完竟不知如何回答。

【原文】

21. 石曼卿尝乘马出，驭者失控，马惊，曼卿堕马。从吏遽扶掖升鞍①。曼卿曰："赖我石学士也，若瓦学士，则跌碎矣。"

【注释】

①扶掖（yè）：搀扶。

【译文】

石曼卿曾在一次骑马出行的时候，由于牵马的人一时失去控制，马受惊跃起，石曼卿顿时从马背上掉了下来。随行人员赶紧将他搀扶起来重新坐在马鞍上。石曼卿说："幸亏我是石学士啊，倘若是个瓦学士，可就摔成碎片了。"

【原文】

22. 邵康节赴河南尹李君锡会，投壶，君锡末箭中耳。君锡曰："偶尔中耳。"康节曰："几乎败壶。"

【译文】

邵康节去参加河南尹李君锡的宴会，与大家一起玩投壶游戏，李君锡最后一箭射中了壶的耳朵。李君锡说："偶尔中耳。"邵康节说："几乎快把壶给射坏了。"

【原文】

23. 裴子雨为下邳令，张晴为县丞，二人俱有声气，而善言语。会论事移时，吏相谓曰："县官甚不和：长官称雨，赞府道晴，终日如此不和也。"

【译文】

裴子雨担任下邳县令，张晴担任县丞，这两个人的威望名气都很高，而且能言善辩。有一次会面谈论事情，经过了很长时间他俩也没有达成共识，属吏们互相对话说："二位县官之间很不和谐：长官称雨，赞府道晴，一天到晚都这样互相矛盾啊。"

【原文】

24. 梅圣俞以诗知名，三十年终不得一馆职。晚年与修《唐书》，语其妻刁氏曰："吾之修书，可谓猢狲入布袋。"刁曰："汝之仕宦，何异鲇鱼上竹竿！"

【译文】

梅圣俞凭借写诗的才华而闻名于世，可惜的是三十年都没能得到一个馆院的官职。晚年的时候他参与编撰《唐书》，曾对妻子刁氏说："我参与编撰书籍，可

以称作是猢狲钻进了布袋。”刁氏回应说：“你的出仕为官之路，与鲇鱼爬上竹竿没有什么区别！”

【原文】

25. 艾子好饮酒，少醒日，门人谋曰：“此未可口舌争，宜以险事怵之[①]。”一日，大饮而哕，门人密袖彘膈置哕中[②]，持以示曰：“凡人具五脏，今公因饮而出一脏矣，何以生耶？”艾子熟视而笑曰：“唐三藏尚活世，今况四脏乎？”

【注释】

①怵（chù）：使恐惧；吓唬。

②密（mì）：秘密，偷偷地。彘（zhì）：猪。哕（yuě）：呕吐。

【译文】

艾子喜欢喝酒，整天醉醺醺很少有清醒的时候，因此门客们商量说：“现在已经不适合凭借口头争辩去劝阻他了，应当用凶险的事件使他恐惧害怕才行。”有一天，艾子又喝得酩酊大醉而且呕吐不止，门客们就偷偷地将一块猪肝放进他的呕吐物中，拿出来给他看说：“人通常都具有五脏，现在你因为喝酒而吐出一脏了，以后靠什么活下去啊？”艾子仔细看了一会儿笑着说：“唐三藏（脏的谐音字）尚且能活得好好的，更何况如今我还剩有四脏呢？”

【原文】

26. 杜邠饮食洪博，既饱即寝。人谏非摄生之理，公曰：“君不见布袋盛米耶，放倒即漫。”

【译文】

杜邠的饭量、酒量都很大，吃饱了以后就呼呼大睡。人们都劝告他这样做不是养生之道，杜邠公说：“难道你没看见那布袋盛米吗，一旦将米袋放倒，米就自己漫出来了。”

【原文】

27. 石中立尝与同列观南园狮子，主者曰：“县官日破肉五斤饲之。”同列戏曰：“吾侪反不及此狮子乎[①]？”中立曰：“吾辈员外郎，安敢比园内狮子？”

【注释】

①侪（chái）：等辈，同类的人。

【译文】

石中立曾经与同僚们一起观看南园的狮子，主管人员说：“县官每天要破费五斤肉来喂养这些狮子。”同僚们开玩笑说：“我们这些人反而比不上这些狮子吗？”石中立说：“我们这些员外郎（谐音为园外狼），怎么敢跟园内的狮子相

比呢？”

【原文】

28. 伶官敬新磨，以谑得罪庄宗，庄宗大怒，弯弓射之。新磨急呼曰：“陛下无杀臣！臣与陛下为一体，杀之不祥！”庄宗惊问其故，对曰：“陛下开国，改元同光，且同，铜也，若杀敬新磨，则无光矣。”帝释之。

【译文】

伶官敬新磨，因为开玩笑得罪了后唐庄宗，所以庄宗勃然大怒，拉弯弓箭想要射杀他。敬新磨急忙大声呼救说：“陛下不要杀死微臣啊！臣与陛下是融为一体的，杀了我不吉祥！”唐庄宗惊奇地问他这是什么缘故，他回答说：“陛下开国之初，将年号改元为同光，‘同’，就是‘铜’啊，如果陛下杀了敬新磨，那么以后就无法将其磨得光亮了。”后唐庄宗一听，只好释放了他。

【原文】

29. 丁谓尝以文谒王禹偁，禹偁称其文与孙何可比韩柳。名遂大振。既而何冠多士，谓登第四。自以为与何齐名，耻居其下。胪传之际①，殿下有言，太宗曰：“甲乙丙丁，合居第四，复何言？”

【注释】

①胪传（lú chuán）：对下传告；专指传告皇帝诏旨。

【译文】

丁谓曾经拿着自己的文章去拜谒北宋文学家王禹偁（chēng），王禹偁看后称赞他的文章可与孙何相提并论，可与韩愈、柳宗元相比肩。因此顿时声名大噪。后来孙何超过众多士子而考中了状元，丁谓排列第四名。他自认为与孙何的才名并列，觉得排名在他后面是一种耻辱。所以在皇上传告圣旨召见他们之时，丁谓就在殿下大发牢骚，太宗说：“甲乙丙丁，合在一起丁就应该排在第四，你还有什么要说的吗？”

【原文】

30. 冯祭酒具区，携妓泛西湖，泊于定香桥畔，有群青衿士拥观。公不堪，令移舟。青衿辈大怒，随舟厉声曰：“尔已过会元，已过祭酒，独不畏吾将来耶？”公命使者报声曰：“致上秀才，纵若随后赶来，老夫已过学士港矣！”

【译文】

国子监祭酒冯具区携带歌妓们泛舟西湖玩乐，将船停泊在香桥畔，引来一群青年学子簇拥在一起围观。冯公觉得这种场面难以忍受，就下令将船移到其他地方。青年学子们大怒，尾随冯公的船大声叫喊道：“你已经过了科举考试中状元

的年纪，虽然你已经当上了国子监酒祭，难道就不怕我们将来报复你吗？”冯公让使者回答他们说：“告诉你们这些秀才，纵使你们随后赶来，老夫我也早已过了学士港了（意思是已经做过学士隐退江湖了）！”

【原文】

31. 阮德如尝于厕见鬼，长丈余，色黑而眼大，着皂单衣，平上帻[①]，去之咫尺。德如笑语之曰：“人言鬼可憎，果然！”鬼赧而退。

【注释】

①帻（zé）：古代的一种头巾。

【译文】

阮德如曾经在上厕所的时候遇见了鬼，高有一丈多，面色黝黑而且眼睛很大，身穿皂色单衣，戴着平头巾帽，距离他只有咫尺之遥。阮德如笑着对他说：“人们都说鬼长得很丑，今日一见果然如此！”那鬼竟然羞愧万分地隐退不见了。

【原文】

32. 西王母献桃于武帝云：“此桃三千年生花，三千年熟。”指方朔曰：“仙桃三熟，此儿已三偷得此桃。”帝曰：“尝闻鼻下长一寸，是百年人。”方朔笑曰：“彭祖寿年七百岁，鼻下合长七寸。”

【译文】

西王母进献仙桃给汉武帝说：“这棵桃树经历三千年开花，三千年果子成熟。”说完指着东方朔说：“这仙桃已成熟三次，这小孩儿已偷得了三次这仙桃。”汉武帝说：“我曾经听说鼻子下长一寸，说明是活了百年之人。”东方朔笑着说：“彭祖寿今年七百岁，鼻子下应该共长七寸了。”

【原文】

33. 五代冯瀛王道[①]，门客讲《道德经》首章“道可道，非常道”，门客见“道”字是冯名，乃曰：“不敢说可不敢说，非常不敢说。”

【注释】

①冯瀛王道：冯道，字可道，五代宰相。死后追封瀛王，故称。

【译文】

五代时瀛王冯道的门客众多，有一天他给门客讲《道德经》第一章的“道可道，非常道”，门客见“道”字是冯道的名，就说：“不敢说可不敢说，非常不敢说。”

【原文】

34. 陆长源以旧德为宣武军行司马，韩愈为巡官。或讥年辈相悬，长源曰：

“大虫老鼠俱为十二相属①，何怪之有？”

【注释】

①大虫：老虎。

【译文】

陆长源任用有德才的老臣担任宣武军行司马，韩愈担任巡官。有人讽刺他们年龄辈分相差太大，陆长源说：“老虎与老鼠都是十二生肖中的属相，这有什么可奇怪的呢？”

【原文】

35. 武林邹虞知延平①，延平素产绣补，亲友皆先从虞索之。后抵任，补绝少，惟四时多笋，过者以笋馈之，语曰：“吾任损有余，补不足也。”

【注释】

①武林：旧指杭州。

【译文】

杭州人邹虞奉命出任延平知府，当时延平素来以盛产绣补著称，所以亲友们都事先向邹虞预定索求绣品。后来邹虞到达任所，发现绣补极少，不过，一年四季收获的竹笋却很多，因此有谁前来拜访他的，他就送竹笋给谁，并说：“在我的任期内是‘损（暗指笋）有余，补（暗指绣补）不足’啊。”

【原文】

36. 西施教歌舞之地名西施山，袁宏道与陶望龄同游，陶诗云：“宿几夜骄歌艳舞之山。”袁笑曰：“此诗当注明，不然后日累君谥文恪也。”

【译文】

当年西施教习歌舞的地方，后来命名为西施山，袁宏道与陶望龄曾经一起去西施山游玩，陶望龄作诗说：“宿几夜骄歌艳舞之山。”袁宏道笑着说：“这首诗应当标明注解，不然的话，日后会影响你获得文恪谥号的。”

【原文】

37. 叶月潭须髯初白①，或告之曰：“尊须有一二茎报信。”月潭遂于袖中取镊摘之曰：“报信者一钱。”

【注释】

①须髯（rán）：胡须。

【译文】

叶月潭胡须刚开始变白的时候，有人告诉他说：“您的胡须有一两根白色的出来报信了。”于是叶月潭从衣袖里掏出镊子将白胡须拔掉说：“赏给报信者一钱

（钳的同音字）。”

【原文】

38. 江进之举进士，其父贫甚，为报捷者索重赏，至困，不觉愤懑。罗汝鹏过而慰之曰："公且耐。生儿不肖，奈何？"闻者大笑。

【译文】

江进考中进士的时候，他的父亲非常贫穷，可是为他传送捷报的人依旧向他父亲索求重赏，以至于更加贫困，使他不禁觉得十分烦闷愤恨。罗汝鹏过来安慰他说："江公您暂且先忍耐一下吧。您生的儿子不像您那么没出息，有什么办法呢？"听到的人都忍不住哈哈大笑。

【原文】

39. 梁吴均有诗曰："秋风泷白水，雁足印黄沙。"沈约语之曰："黄沙语太险。"均曰："亦见公诗云：'山樱发欲然。'"约曰："我始欲然，公已印讫。"

【译文】

南北朝时期的梁朝吴均有一首诗中说："秋风泷白水，雁足印黄沙。"沈约对他说："'黄沙'一词显得太凶险了。"吴均说："我看你的诗中也说过：'山樱发欲然'。"沈约说："我刚刚想'然（燃）'，你就已经'印'过了。"

【原文】

40. 江西有驿官以干事自任，白刺史驿已理，请一阅之。乃往，初一室为酒库，诸醴毕熟，其外画神，问曰："何也？"曰："杜康。"又一室茶库，诸茗毕贮，复有神，问何也？曰："陆鸿渐。"又一室曰菹库①，诸茹毕备，复有神，问何神也？曰："蔡伯喈。"

【注释】

①菹（zū）：指腌菜。

【译文】

江西有个驿官，因为很能干而自我举荐上任的，他告诉刺史驿站的事务已经整理妥当，请求刺史前来全面视察。于是刺史就应邀前来，他发现第一间房子是酒库，各种美酒佳酿都已经酝酿成熟，这间房门外画着一幅画像，刺史问："这是谁？"驿官回答说："杜康。"又到了一间房子是茶室，各种茶叶都已经储备齐全，门外还有一幅神像，刺史问这人是谁呢？驿官回答说："陆鸿渐。"又到了一间房子是腌菜室，各种腌菜都已经准备好，门外还有一幅神像，刺史问这是什么神呢？驿官回答说："东汉名臣蔡伯喈（jiē）。"

【原文】

41. 驸马梅殷守淮南，文皇正位，罢兵入见，上曰："都尉功劳可念也。"对曰："臣领其半。"上曰："功劳惟有大小，安有全半？"对曰："劳而无功，非半乎？"

【译文】

驸马都尉梅殷镇守淮南，建文皇帝继位以后，梅殷离开军营去拜见皇上，皇上说："都尉功不可没，令人念念不忘啊。"梅殷回答说："臣只能领一半的功劳。"皇上说："功劳只有大小，哪有整体与一半之分呢？"梅殷回答说："有劳之苦但是没有功勋，这不就是一半的功劳吗？"

【原文】

42. 龙大渠官至太守，其子德化初选通判，大渠戒曰："尔平日多戏语，居官不得复尔。"德化起应曰："堂尊承教①。"

【注释】

①堂尊：明清时县里属吏对知县的尊称，亦指父母尊称。

【译文】

龙大渠官位升到太守时，他的儿子龙德化刚被任命为通判，龙大渠告诫他说："你平时总是喜欢开玩笑，做了官以后要有所改正，不能再像以前那样了。"龙德化起身回应说："堂尊所言极是，下官谨记教导。"

【原文】

43. 道学者曰："天不生仲尼，万古如长夜。"刘谐曰："怪得羲皇以上圣人，尽日燃烛而行。"

【译文】

道学家说："如果世上没有孔子的出生，千秋万代如同漆黑长夜。"刘谐说："怪不得羲皇以前的圣人，都要天天晚上点燃蜡烛才能行走。"

【原文】

44. 东坡有歌舞妓数人，每留宾客饮酒，必云："有数个搽粉虞侯，欲出来祇应也①。"

【注释】

①祇应（zhī yìng）：供奉，当差。

【译文】

苏轼府中养了很多歌舞妓女，每次挽留宾客在家饮酒时，他必定会说："这里有好多个浓妆艳抹美人侯官，随时恭候各位大人差遣呢。"

【原文】

45. 米芾尝作诗云："饭白云有子，茶甘露有兄。"人问露兄故实，乃云："只是甘露哥哥耳。"

【译文】

米芾（fú）曾经作诗说："饭白云有子，茶甘露有兄。"有人问他"露兄"有什么真实的典故，于是米芾回答说："没什么典故，只不过是甘露的哥哥罢了。"

【原文】

46. 宋元祐间有陈上舍，治《春秋》，与宋门一娼狎[①]。一日，会饮于曹门，因用《春秋》之文戏之曰："春正月会吴姬于宋。夏四月复会于曹。"

【注释】

①狎（xiá）：亲近而态度不庄重。

【译文】

宋哲宗元祐年间有个陈上舍，喜欢研究整理《春秋》，他与开封宋门的一个妓女关系亲昵。有一天，他们相会在一起到曹门饮酒，因此他就用《春秋》里的诗文跟妓女开玩笑说："春正月，会吴姬于宋。夏四月，复会于曹。"

【原文】

47. 张融尝乞假还，帝问所居，答曰："臣陆居非屋，舟居非水。"上未解，问张绪，绪曰："融近东山，未有居止，权牵小船上岸，住在其间。"上大笑。

【译文】

曾有一次张融请假回老家，皇上问他所居住的家在哪里，张融回答说："臣在陆地上居住但不是住在屋子里，在船上居住，但又不是住在水里。"皇上听后没明白他的意思，就问张绪，张绪回答说："张融的家在东山附近，可是没有固定的房屋居住，只好牵着小船上岸，住在船舱里了。"皇上听后大笑。

【原文】

48. 唐玄宗尝登北苑楼，望渭水，见一醉人临水卧，问黄幡绰曰："此是何人？"黄曰："是年满令史。"上曰："汝何以知？"对曰："更一转入流。"

【译文】

唐玄宗曾经登上北苑楼，远望渭水，看见一个醉汉卧倒在水边，于是就问黄幡绰："那是什么人？"黄幡绰说："是濒临死亡的令史。"皇上说："你是怎么知道的呢？"黄幡绰回答说："他再一转身就掉进河流丧命了。"

【原文】

49. 玄宗尝与诸王会食，宁王失口喷饭，直及龙颜，上曰："宁哥何以错喉[①]？"

黄幡绰曰："非错喉，是喷嚏。"

【注释】

①错喉：饮食误入气管。

【译文】

唐玄宗曾经与各位王侯聚在一起宴饮行乐，宁王不小心将口中的饭喷了出来，直接喷到了唐玄宗的脸上，皇上说："宁哥因为什么错喉？"黄幡绰说："不是错喉，是个喷嚏（与'喷帝'谐音）。"

【原文】

50. 齐高祖尝令人读《文选》，有郭璞《游仙诗》，嗟叹称善。诸学士皆云："此诗极工，诚如圣旨。"石动筩起云："此诗有何能？若令臣作，即胜伊一倍。"高祖不悦。良久语云："汝是何人，自言作诗能胜郭璞一倍，岂不合死？"动筩即云："若不胜，臣甘合死。"乃扬声曰："郭璞《游仙诗》：'青谿千余仞[1]，中有一道士。'臣作云：'青谿二千仞，中有两道士。'"高祖大笑。

【注释】

①谿（xī）：同"溪"，溪水。

【译文】

齐高祖曾让人给他读《文选》，里面有郭璞的《游仙诗》，听完之后连连说好。各位学士也都说："这首诗的确很精妙，确实像皇上所说的那样。"这时石动筩站起来说："写出这样的诗有什么本事？若让我作一首，一定胜他一倍。"齐高祖听完很不高兴。很久才说："你是什么人，竟然自称作诗能超过郭璞一倍，难道不该死？"石动筩随即说："如果不能胜过，臣甘愿去死。"于是高声说："郭璞《游仙诗》是：'青谿千余仞，中有一道士。'臣作诗为：'青谿二千仞，中有两道士。'"齐高祖听后大笑不止。

【原文】

51. 石动筩尝于国学中看博士论云："孔子弟子达者七十二人。"因问曰："达者七十二人，几人已着冠？几人未着冠？"博士曰："经传无文，何因得考？"动筩曰："已着冠有三十人，未着冠有四十二人。"博士曰："据何文？"曰："《论语》云'冠者五六人'，五六三十也；'童子六七人'，六七四十二也，岂非七十二人乎？"坐中皆大笑。

【译文】

石动筩曾经在国学中看到博士的辩论，说："孔子的弟子中，通达者七十二人。"因此提出疑问说："通达的七十二人中，有多少人已经加冠（指成年人）？有多少人没有加冠？"博士说："经传没有记载，如何去考证答案？"石动筩说：

"已经加冠的三十人，没有加冠的四十二人。"博士说："你是根据什么文献知道的呢？"石动筩说："《论语》中说'冠者五六人'，五六就是三十；'童子六七人'，六七就是四十二了，合一起难道不是七十二人吗？"坐在席位中的人都哈哈大笑起来。

【原文】

52. 隋侯白州举秀才，至京，与越国公杨素并马言话。路旁有槐树憔悴死，素乃曰："侯秀才理道过人，能令此树活不？"曰："能！"素云："何计？"曰："取槐树子于树枝上悬著即活。"素云："何也？"曰："子在，回何敢死！"素笑，几堕马。

【译文】

隋朝的侯白在本州郡里被举荐为秀才，到了京城，曾有一次与越国公杨素并肩骑马交谈。忽然发现路边有一棵槐树枯黄而死了，杨素就对他说："侯秀才精通理法、机智过人，能否让这棵树复活呢？"侯白回答说："能！"杨素说："用什么办法？"侯白说："取来槐树子悬挂在树枝上就能复活。"杨素说："为什么？"侯白说："夫子尚在，颜回怎敢去死（语出《论语·先进》）！"杨素听后笑得前俯后仰，差点儿从马上掉下来。

【原文】

53. 开皇中有人姓出，名六斤，欲参杨素，赍名纸至省门①，遇侯白，请为题其姓，乃书曰："六斤半。"名既入，素召其人问曰："卿姓六斤半？"答曰："是出六斤。"曰："何为六斤半？"曰："向请侯秀才题之，当是错矣。"即召白至，谓曰："卿何为错题人姓名？"对曰："不错。"素曰："若不错，何因姓出名六斤乃题六斤半？"对曰："向在省门，会仓卒，无秤可称，斟酌之，只应是六斤半。"

【注释】

①赍（jī）：怀抱着，带着。省门：指礼部衙门。因礼部隶尚书省，故称。

【译文】

隋朝开皇年间，有个人姓出，名叫六斤，他很想去拜见杨素，于是就带着名帖来到礼部官署门前，正好遇到了侯白，便请他在拜帖上题写自己的姓名，于是侯白就写上了："六斤半。"名帖送入后，杨素传话召见了他，问道："你姓六斤半？"他回答说："我是出六斤。"杨素说："可名帖上为什么写成六斤半？"他说："之前是我请侯秀才写的名帖，应当是当时写错了。"杨素立即派人将侯白叫进来，对他说："你为什么题错别人的姓名？"侯白回答说："没错。"杨素说："如果没写错，为什么他姓出，名六斤，你竟然题写成六斤半？"侯白回答说："刚才在官署门前，见面很仓促，当时没有秤可以称量，就对他估量了一下，只觉得应是六斤半。”

【原文】

54. 侯白赴一人宴，后至。众曰：“罚尔作谜，必不得幽隐难识及诡谲希奇①，亦不假合而成，人所不见者。”白即云：“有物大如狗，面貌极似牛，此是何物？”或云是獐，或云是鹿，皆云不是。即令自解，云：“此是犊子。”满座哗然。

【注释】

①诡谲（jué）：离奇古怪，诡异离奇，令人捉摸不透。

【译文】

有一次侯白参加一个朋友举行的宴会，他最后一个才到。大家都说：“罚你作一个谜语，必须是不能太深奥难懂，不能太诡异离奇，也不能是东拼西凑借用他人的而成，也不能是人们所不常见的。”侯白随即就说：“有物大如狗，面貌极似牛，这是什么动物？”有人说是獐，有人说是鹿，侯白都回复说不对。于是大家就让他自己解答，他说：“这是牛犊子。”满座的人听完后哄堂大笑。

【原文】

55. 隋河间郡刘焯与从侄炫，并有儒学，俱犯法被禁，县吏不知其大儒也，咸与之枷著①。焯曰：“终日枷中坐，而不见家。”炫曰：“亦终日负枷坐，而不见妇。”

【注释】

①咸：都。枷著：戴上枷锁。

【译文】

隋代的河间郡刘焯和他的侄子刘炫，在儒学方面都有很深的研究，但都因为触犯法律被监禁坐牢，县吏不知道他们是大儒，就给他们二人都戴上了枷锁。刘焯说：“整天枷中坐，却看不见家（家与枷同音）。”刘炫说：“我也是终日负枷而坐，却看不见家中妇（负与妇谐音）。”

【原文】

56. 杜正伦讥任瑰怕妻，瑰曰：“妇当怕者有三：初娶时如菩萨，岂人不怕菩萨？既生育如鬼子母，岂人不怕鬼子母？年老面皱如鸠盘荼①，岂有人不怕鸠盘荼耶？”

【注释】

①鸠盘荼（jiū pán tú）：俗称冬瓜鬼、瓮型鬼，佛书中说这种鬼食人精气。

【译文】

杜正伦嘲笑任瑰怕媳妇，任瑰说：“应当怕媳妇有三个理由：新妇刚娶进门

时像菩萨，哪有人不怕菩萨的？媳妇生孩子以后像鬼子母，哪有人不怕鬼子母的？媳妇年老时皮肤皱巴巴的如同鸠盘茶，哪有人不怕厉鬼鸠盘茶的呢？”

【原文】

57. 王玄同任荆时，出主社事，偶有犬来遗秽，玄同自举砖击之。人怪其率，问曰：“何为自举击之？”玄同曰：“苟利社稷，专之亦可。”

【译文】

王玄同在荆州任职的时候，主要负责社稷祭祀事务，偶然有一只狗跑到这里拉屎，王玄同亲自拿起砖头就击打那只狗。人们怪他太鲁莽，问他：“为什么亲自拿砖头去砸狗？”王玄同回答说：“如果对江山社稷有利，专横行事也是可以理解的。”

【原文】

58. 唐吏部侍郎杨思玄，恃外戚之贵①，待选流多不以礼，而排斥之。为选人夏侯彪所讼，御史中丞郎余庆弹奏免。中书令许敬宗曰：“固知杨吏部之败也。”或问之，宗曰：“一彪一狼，共著一羊，不败何待？”

【注释】

①恃：倚仗，凭借。

【译文】

唐代的吏部侍郎杨思玄凭借是皇亲国戚的高贵身份，对待候选的官员大多时候都不以礼相待，而且还极力排斥他们。后来他被候选人夏侯彪所举报，并由御史中丞郎余庆秉公审理后弹劾罢免了杨思玄的官职。中书令许敬宗得知消息后说：“我早就知道杨吏部会落败的。”有人问他为什么，许敬宗说：“一彪一狼（与郎谐音），共同对付一只羊（杨谐音字），他此时若不落败还等什么呢？”

【原文】

59. 李程为夏口日，有客辞焉，李曰：“且更两三日。”客曰：“业已行矣，舟船已在汉口。”李曰：“但相信住，那汉口不足信。”客掩口而笑。

【译文】

李程在夏口当官的时候，有客人前来拜访，辞别的时候，李程说：“暂且再住上两三天吧。”客人说：“我已经准备就绪，应该启程了，况且船已经到达汉口。”李程说：“只管相信我住下来，那汉口之言就不足以去相信了。”客人听后掩口而笑。

【原文】

60. 秦太虚为御史贾所弹①，张文潜戏之曰：“千余年前贾生过秦，今复

尔也。”

【注释】

①秦太虚：秦观，字太虚，北宋婉约词人，“苏门四学士”之一。

【译文】

北宋官员秦观被御史贾某所弹劾，张文潜开玩笑对他说：“一千多年前贾谊写《过秦论》来抨击秦国，今天又重复同样的悲剧了。”

【原文】

61.礼侍郎叶盛转吏侍郎，礼尚书姚夔设宴郑重，因曰：“敝乡亲友干谒者众，烦公垂念。”叶唯唯。亡何①，姚进太宰，叶携酒往贺，执杯献于姚曰：“今日送乡里还先生矣。”

【注释】

①亡何：不久。

【译文】

礼部侍郎叶盛转任吏部侍郎，礼部尚书姚夔设宴郑重其事地款待他，因此趁机说：“我家乡的亲朋好友想请您办事的人很多，麻烦您就多操点心。”叶盛连连答应。不久，姚夔进升为太宰，叶盛带酒前去祝贺，他端起酒杯敬姚夔说：“我今天把你的父老乡亲送还给先生您了。”

【原文】

62.周文襄在吴中，好徜徉梵刹，旌旗所至，钟磬交接。每至佛殿必拜。人或诮之，文襄笑曰：“即以年齿论，彼长我二三千岁，岂不值得一拜？”

【译文】

周文襄在吴中居住时，喜欢游览当地的寺庙古刹，所到之处，旌旗招展，钟磬奏鸣之声抑扬交错。他每到一座佛殿必定跪拜。因此有人就开始讽刺他，周文襄笑着说：“现在若用年轮来计算年龄的话，他也比我年长两三千岁，难道不值得一拜吗？”

【原文】

63.李东阳在京邸会试贡士，酒数行，俱起辞谢。公曰：“且止，有场中题愿商之：东面而征西夷怨，南面而征北狄怨。”众未解，公笑曰：“只是待汤耳！”

【译文】

李东阳在京城款待参加会试的同乡贡士考生，大家几轮推杯换盏之后，贡生们都纷纷起身临行辞谢。李东阳说：“且慢，我这里有一道考场中的题目，希望大家能够解答这道考题：东面而征西夷怨，南面而征北狄怨。”众人都不知道如

何解答，只见李东阳笑着说："只是在等汤（汤字一语双关为'商汤'）而已啊！"

【原文】

64. 守备太监某，挟贵夸诩①，喜延接士大夫，独王司徒鸿儒不往。或以为言，王曰："往来虽无我，谈笑却有我。"闻者大笑。

【注释】

①挟：凭借。夸诩（xǔ）：夸耀。

【译文】

某位守备太监，凭借高贵身份，时常自我夸耀，他平时喜欢邀请士大夫前去做客，只有司徒王鸿儒不去参加。有人就将这件事当作有趣的话题谈论不休，王司徒知道后说："往来赴宴虽然没有我参加，但是谈笑风生的话题里却有我啊（暗用刘禹锡'谈笑有鸿儒，往来无白丁'句）。"听到的人都大笑起来。

【原文】

65. 熊际华望演易台，迷烟雨不见，笑曰："遵养时晦①，宜其濛濛也。"

【注释】

①遵养时晦：原为颂扬周武王顺应时势，退守待时。后多指暂时隐居，等待时机。

【译文】

熊际华远望演易台，此刻烟雨迷蒙，看不见远方，因此他笑着说："暂时隐逸，慢慢滋养，等待时机，这种情况下本来就应该模糊不清的。"

【原文】

66. 熊敦朴与馆选，改兵部，左迁通判，往辞张江陵相公，公曰："公是我衙门内官，痛痒相关，此行宜着意。"熊曰："老师恐未见痛。"相公问故，答曰："王叔和《医诀》云：通则不痛，痛则不通。"相公大笑。

【译文】

熊敦朴被推选为馆阁史官，改为到兵部任职，后又左迁改任为通判，临行前他向江陵人张居正道别，张居正说："你本是我衙门内的官员，一痛一痒都与衙门休戚相关，这次出行一定要小心谨慎。"熊敦朴说："老师您恐怕不会感到疼痛的。"张居正问他是什么原因，他回答说："王叔和在《医诀》中说：通则不痛，痛则不通。"张居正听后哈哈大笑。

【原文】

67. 王仲祖闻蛮语不解，茫然曰："若使介葛卢来朝，故当不昧此语①。"

【注释】

①昧：糊涂。

【译文】

王仲祖听不懂蛮人讲话，十分茫然地说："如果让介葛卢来我朝访问，定然不会被这些糊涂不明的话语难倒（相传介葛卢懂牛语）。"

【原文】

68. 顾长康拜桓宣武墓，作诗云："山崩溟海竭，鱼鸟将何依。"人问之曰："卿凭重桓乃尔，哭之状其可见乎？"顾曰："鼻如广漠长风，眼如悬河决溜。"

【译文】

顾恺之，字长康，曾经去拜谒桓温宣武墓，并作了一首诗说："山崩溟海竭，鱼鸟将何依。"有人问他说："你如此看重桓温，那么在他墓前哭泣的状态会是何等情状呢？"顾恺之说："鼻息就像广阔沙漠里的浩荡长风，眼泪就像决堤的滚滚洪流。"

【原文】

69. 安鸿渐有清才，而复惧内[①]，妇翁死，哭于路。其妻呼入繐幕中诟之曰："路哭，何因无泪？"复戒曰："来日早临，须见泪。"渐明日以宽巾纳湿纸置于额，大叩其顙而恸[②]。恸罢，其妻又呼入窥之，惊曰："泪何从额流？"渐对曰："水出高原。"闻者大笑。

【注释】

①内：妻子。

②顙（sǎng）：额头，脑门儿。

【译文】

安鸿渐具有清逸的才华，但是很害怕妻子，岳父死了，他就在路上哭丧。他的妻子把他叫到灵帐的后面责问他说："你在路上哭得那么悲伤，为什么却没有眼泪？"然后又警告他说："明天早晨哭吊的时候，必须看到你哭出眼泪来。"第二天清早，安鸿渐就用宽孝巾裹上蘸满水的湿纸放在额头上，然后用力叩击额头伤心大哭。恸哭之后，他的妻子又将他叫进去查看，忽然惊奇地说："为什么你的泪水会从额头上流下来？"安鸿渐回答说："自古水从高原向下流。"听到的人都忍不住大笑起来。

【原文】

70. 潘景升家虽贫，而客来者甚众，必百计以款送之。尝谓罗远游曰："人穷皆有底，余穷独无底。"罗曰："何也？"曰："穷客日来，岂有底乎？"罗曰：

"穷客日来，正是穷底。"

【译文】

潘景升家境虽然贫穷，但是前来拜访的客人却很多，他每次都会千方百计款待直到送走客人。他曾经对罗远游说："别人穷困都有尽头，唯独我的穷困是无尽无休。"罗远游说："为什么呢？"潘景升回答说："穷客人天天来，怎能有尽头呢？"罗远游说："穷客人天天来，正是穷的源头。"

【原文】

71. 卢思道尝在宾门日中立，德林谓之曰："何不就树荫？"思道曰："热则热矣，不能林下立。"

【译文】

卢思道曾经站在宾门外的太阳底下暴晒，李德林对他说："为何不到树荫下站着呢？"卢思道说："热就让它热透了，我不能躲在林下站立（'林'字暗指李德林）。"

【原文】

72. 汝南袁德师，尝于东都买得娄师德故园地起书楼。洛人语曰："昔日娄师德园，今乃袁德师楼。"

【译文】

汝南人袁德师，曾在东都买下了娄师德当年的园林地，然后改造建起了一座藏书楼。洛阳人看见后都说："昔日是娄师德园，今天是袁德师楼。"

【原文】

73. 王元景使梁，刘孝绰送之泣下，元景无泪，谢曰："卿勿怪我，别后当阑干耳！"

【译文】

王元景奉命出使梁朝，刘孝绰出门送他时不禁涕泪纵横，王元景却没有落泪，他向刘孝绰道谢说："你不要怪我此刻无泪，离别以后我就忍不住老泪纵横了！"

谑语篇第八

【原文】

吴苑曰：诙谐戏谑，一类耳，一类而两之，非字之蛇足乎？字既蛇足，即许李辈尚不能辨，况我耶？吾请以荩之所取诸语定二字耳。第戏不及虐为谐，及虐为谑，故谑字从虐，于此可以小分。乃次谑语第八。

【译文】

吴苑说：诙谐戏谑，是同一类罢了，可同一类又分成了两部分，难道这不是文字上的画蛇添足吗？文字出现蛇足以后，即使是东汉的徐慎、元代的李文仲等人都无法分辨，何况我呢？请允许我以荩之（本书编著者曹臣）专心收录的诸多言谈来确定这两个字的含义吧。还没有达到"虐"的就称为"谐"，达到了"虐"的就称为"谑"，所以"谑"字右半边从"虐"，由此可以稍微有所区别。于是就将谑语排列为第八位。

【原文】

1. 王平甫躯干魁硕，而眉宇秀朗。尝盛夏入馆中，方下马，流汗浃衣，刘攽见而笑之曰①："君真所谓汗林学士也。"

【注释】

①刘攽（bān）：北宋史学家，官员。

【译文】

北宋官员王安国身材高大，而且眉清目秀。曾有一年盛夏的时候，他进入翰林院，刚刚下马，就汗流浃背，刘攽见了后取笑他说："你真称得上是所谓的汗林（翰林谐音）学士了。"

【原文】

2. 段少连，陈州人。晚年因休官还里中，与乡老会饮。段通音律，酒酣，自吹笛，座中有知音者，亦皆以乐器和之。有一老儒独叹曰："某命中无金星之助，是以不能乐艺。"段笑曰："岂惟金星，水星亦不甚得力也。"

【译文】

段少连，陈州人。他在晚年时候辞官回返家乡，常与老乡们一起饮酒。段少连精通音律，喝酒喝到尽兴时，就独自吹起笛子助兴，在座有精通音乐的人，也都纷纷拿起乐器与他合奏。当时有一个老年儒生独自感叹说："我命中没有金星的帮助，所以无法展示演奏音乐的技艺。"段少连笑着说："岂只是没有金星，水星也没给你助力啊。"

【原文】

3. 贾嘉隐年七岁，以神童召见。时太尉长孙无忌、司空李勣于朝堂立语①，李戏之曰："吾所倚者何树？"嘉隐对曰："松树。"李曰："此槐也，何忽言松？"嘉隐曰："以公配木，则为松树。"无忌连声问曰："吾所倚者何树？"曰："槐树。"公曰："汝不能复矫对耶？"嘉隐曰："何须矫对，但取其以鬼配木耳。"勣曰："此小儿作獠面②，何得如此聪明？"嘉隐又应曰："胡面尚为宰相，獠面何废聪明？"勣状貌胡也。

【注释】

①李勣（jì）：字懋功，唐朝初年名将，随李世民平定四方，与卫国公李靖并称。

②獠面：粗野丑陋的容貌。

【译文】

贾嘉隐七岁那年，便以神童的身份得到皇上召见。当时太尉长孙无忌、司空李勣站在朝堂列班里窃窃私语，随后李勣戏谑他说："我所倚靠的是什么树？"贾嘉隐回答说："是松树。"李勣说："这明明是槐树，你怎么如此疏忽说成是松树？"贾嘉隐说："用公配木，就是松树。"长孙无忌连声问道："我所倚靠的是什么树？"贾嘉隐回答说："是槐树。"长孙无忌说："这回你不能再胡乱狡辩了吧？"贾嘉隐回答说："何须狡辩，只是取用那鬼配木罢了。"李勣说："你这个小孩长得一副粗野丑陋的容貌，为什么能如此聪明？"贾嘉隐马上又回应说："长得像胡人尚且能做宰相，长得粗野丑陋为什么不可以绝顶聪明呢？"因为李勣长得确实像胡人。

【原文】

4. 东坡登禁林，以高才狎侮诸公卿①，率有标目，殆遍，独于司马温公不敢有所重轻②。一日与共论免役、差役利害，偶不合，及归舍，方卸巾弛带，乃连呼曰："司马牛！司马牛！"

【注释】

①狎侮（xiá wǔ）：轻慢，戏弄。

②重轻：褒贬之意。

【译文】

苏轼高升入职翰林院，凭着高妙的口才戏弄了各位公卿大臣，直率地对每个人都点评了一番，唯独对司马光没有褒贬之词。有一天，苏轼与司马光一起讨论免差役、出差役的利好与危害，意见偶然有不统一，等苏轼回到馆舍后，刚刚摘掉头巾、解下衣带就连连大喊道："司马牛！司马牛！"

【原文】

5. 苏子瞻与姜制之饮，姜举令云："坐中各要一物，是药名。"乃指子瞻曰："君药名也，子苏子。"子瞻答曰："君亦药名也，君若非半夏，定是厚朴。"众请其故，曰："非半夏，非厚朴，何故曰'姜制之'？"众皆绝倒。

【译文】

苏轼与姜制之一起饮酒，姜制之规定酒令说："在座的各位都要指出一个人物，名字必须是药名。"于是就指着苏轼说："你的名字就是药名，你是苏子。"苏轼回答说："你的名字也是药名啊，你如果不是半夏，就一定是厚朴。"在座的人都连忙请教这是什么理由，苏轼不慌不忙地说："如果不是半夏，也不是厚朴，为什么叫'姜制之'？"众人一听，都忍不住笑得前仰后合。

【原文】

6. 秦少章云："郭功甫尝过杭州，出诗一轴示东坡，先自吟诵，声震林木。既罢，谓东坡曰：'祥正此诗几分？'坡曰：'十分。'祥正喜之，坡曰：'七分来是读，三分来是诗。'郭不怿①。"

【注释】

①怿（yì）：欢喜，开心，高兴。

【译文】

秦少章说："北宋的郭功甫曾经路过杭州，特意拿出一卷诗请苏东坡点评，他先自己吟咏一番，声音洪亮如震山林。吟咏完毕之后，就对苏东坡说：'我的这首诗能得多少分？'苏东坡说：'十分。'郭功甫很高兴。苏东坡接着说：'诵读占七分，诗文占三分。'郭功甫听后很不高兴。"

【原文】

7. 无锡孙南公躯干微小，郝公琰戏抱之。孙曰："当日张江陵抱主登位，正是如此。"郝曰："汝非孙子耶？"

【译文】

无锡的孙南公身材略微矮小，有一次郝公琰调皮地把孙南公抱了起来。孙南公说："当年张居正就是这样抱着皇上登基的。"郝公琰大笑说："如此说来，你不是孙子了吗？”

【原文】

8. 米元章居京师，被服怪异，戴高檐帽，不欲置从者之手，恐为所涴。即坐轿，为顶盖所碍，遂撤去，露帽而坐。一日出保康门，遇晁以道，以道大笑。下轿握手，问曰：“晁四，你道似甚底？”晁云：“我道你似鬼章。”二人抚掌绝倒。时西边获贼寨首领鬼章，槛车入京，故以道为戏。

【译文】

米芾（fú）住在京城，身穿奇装异服，头戴一顶高檐帽，他的衣帽不愿意让随从拿去放置，恐怕被他们弄脏。坐轿子出行的时候，觉得轿顶有些碍事，于是就将轿顶撤下去，然后将帽顶露在轿子外面再坐下来。有一天从保康门出行，遇见了晁以道，晁以道看到后忍不住大笑起来。米芾下轿与他握手，问晁以道：“晁四，你说我到底像什么？”晁以道说：“我说你像鬼章一样。”两人拍掌笑得前俯后仰。原来当时朝廷在西边领土上抓获了叛乱的敌寨首领叫鬼章，正在用囚车押运鬼章进京受刑，所以晁以道就用这件事跟米芾开了一个玩笑。

【原文】

9. 隋京兆杜公瞻，卫尉台卿犹子也①。尝邀阳玠过宅，酒酣，因而嘲戏。公瞻谓：“兄既姓阳，阳货实辱孔子。”玠曰：“弟既姓杜，杜伯实射宣王。”

【注释】

①犹子：本意为兄弟的儿子，即侄子或侄女。

【译文】

隋代的京兆尹杜公瞻是卫尉杜台卿的侄子。曾有一次邀请阳玠到家里做客，喝到尽兴时，于是就开始相互揶揄嘲弄。杜公瞻说：“老兄既然姓阳，应该知道历史上确实有个阳货侮辱过孔子。”阳玠说：“既然老弟你姓杜，应该知道历史上有个叫杜伯的人，确实变成厉鬼射杀了周宣王。”

【原文】

10. 殿内将军陇西牛子充尝谓阳玠曰：“君羊有疥①，恐不任厨。”玠曰：“君牛既充，正可烹宰。”又见玠食芥葅，曰：“君身名玠，何得复啖芥葅②？”对曰：“君既姓牛，何得不断牛肉？”

【注释】

①疥（jiè）：疥疮，是一种传染性皮肤病。

②啖：吃。芥葅（zū）：就是用芥菜做的酸菜。葅：同“菹”，意为酸菜、腌菜。

【译文】

陇西牛子充任殿内将军，曾有一天对阳玠说："你的羊有疥，恐怕不能吃。"阳玠说："你的牛已经很充实肥美，正好可以宰杀用来做美食。"牛子充又看到阳玠吃芥菜做的酸菜，就说："你的名为玠，为什么还吃芥菜做的酸菜呢？"阳玠回答说："你既然姓牛，为什么还不断吃牛肉呢？"

【原文】

11. 太仓令张策，在云龙门与玠议，理屈，谓玠曰："卿本无德量，忽共叔宝同名。"玠抗声曰："尔既非英雄，敢与伯符连讳。"

【译文】

太仓县令张策，在云龙门与阳玠一起议论事情，因为理亏被驳倒，于是就对阳玠说："你本来就没有什么德行气量，竟然敢与西晋的卫玠同名。"阳玠抗议道："你既然不是英雄，竟然胆敢与三国的孙策同用一个名讳（三国名将孙策，字伯符）。"

【原文】

12. 孙权尝飨蜀士费祎[1]，逆敕群臣伏食勿起。祎至，权为辍食[2]，而群下不起。祎云："凤凰来翔，麒麟吐哺；骡驴无知，伏食如故。"

【注释】

①飨（xiǎng）：款待。费祎（yī）：字文伟，三国时期蜀汉名臣，与诸葛亮、蒋琬、董允并称为蜀汉四相。

②辍食：停止饭食。

【译文】

三国时期，东吴孙权曾经设宴款待前来出使的蜀汉名臣费祎，他事先下令群臣尽管自己低头吃喝，不必站起来迎接费祎。等费祎到达的时候，孙权停止吃食看着他，而群臣们果真只顾低头吃喝并没有站起来迎接他。费祎说："凤凰飞来，麒麟吐出口中的食物；骡子驴子愚蠢无知，只顾依旧低头吃食。"

【原文】

13. 陆机在王武子座，偶潘安（岳）至，陆便起，安仁曰："清风至，乱物起。"陆应曰："众鸟集。"

【译文】

陆机正在王武子家里做客，偶然遇见潘安也来拜访，陆机便站起来迎接，潘安笑着说："清风吹到之处，乱物就起来了。"陆机回答说："同类的群鸟聚在一起了。"

【原文】

14. 王导妻妒，导有众妾在别馆，妻知之，持食刀将往。公遽命驾，患牛迟，手捉麈尾[1]，以柄助打牛。蔡谟闻之，后诣王，谓曰："朝廷欲加公九锡[2]。"王自叙谦。蔡曰："不闻余物，惟闻短辕犊车，长柄麈尾。"

【注释】

①麈（zhǔ）尾：拂尘。

②九锡：中国古代皇帝赐给诸侯、大臣有殊勋者的九种礼器，是最高礼遇的表示。这九种特赐用物分别是车马、衣服等。

【译文】

王导的妻子嫉妒心很强，所以王导只能在外边的别馆内私养了很多小妾，他妻子知道这件事后，就拿着菜刀准备前去算账。王导闻讯赶紧让人驾车前去保护，当时担心牛走得太慢，情急之下就手拿拂尘，用拂尘的手柄去打牛。蔡谟听说后，前去拜访王导时对他说："朝廷将要赐给你九锡之物。"王导谦虚地推辞了一番。蔡谟说："不过没听说有其他东西，只听说有短辕的牛犊车，还有长柄的拂尘。"

【原文】

15. 诸葛恢与丞相王导，共争族姓先后，王曰："何以不言葛王[1]，而言王葛？"答曰："譬如言驴马，驴安能胜马也？"

【注释】

①葛王：意思为王导与诸葛恢的并称。

【译文】

诸葛恢与丞相王导一起讨论家族姓氏并称的先后顺序，王导说："为什么不称我们为葛王，而称为王葛呢？"诸葛恢回答说："譬如说驴马，驴子怎能胜过马呢？"

【原文】

16. 晋张天锡从事中郎韩博，奉表并送盟文，博有口才，桓温甚称之。尝大会，温使司马刁彝谓博曰："卿是韩卢后？"博曰："卿是韩卢后。"温笑曰："刁以君姓韩，故相问耳。他人自姓刁，那得是韩卢后？"博曰："明公未之思耳，短尾者则为刁。"阖坐哄然。

【译文】

晋朝张天锡手下的从事中郎名叫韩博，奉命到江东呈送表文和盟约，韩博颇有口才，桓温非常欣赏他。曾经在一次会客中，桓温特意让司马刁彝对韩博说："你是韩卢（韩国名犬）的后代吗？"韩博说："你才是韩国韩卢的后代。"桓温笑着说："刁彝因为你姓韩，所以才这么问你罢了。他姓刁，怎么能是韩卢的后代呢？"韩博说："桓公您只是没反应过来罢了，那短尾巴的不就是刁（貂）吗？"在座的所有人都哄然大笑起来。

【原文】

17. 秦苻坚克襄阳[1]，获习凿齿、释道安。时凿齿足疾，坚见之，与语，大悦。叹曰："昔晋平吴，利在二陆；今破南土，获士一人有半耳。"

【注释】

①克：攻克，战胜。

【译文】

前秦的苻坚攻克襄阳的时候，俘获了习凿齿、释道安。当时习凿齿的腿脚有毛病，苻坚接见了他，并与他交流时事政论，非常开心。苻坚慨叹道："过去西晋平定吴国，利益是得到了陆氏兄弟这两位人才；如今我平定了南方，得到了一个半人才了。"

【原文】

18. 王戎弱冠诣阮籍[1]，时刘公荣在座，阮谓王曰："偶有二斗美酒，当与君共饮，彼公荣者无预焉。"二人交觞酬酢[2]，公荣遂不得一杯，而言语谈戏，三人无异。或有问之者，阮答曰："胜公荣者，不得不与饮酒；不如公荣者，不可不与饮酒；惟公荣可不与饮酒。"

【注释】

①弱冠：古时汉族男子二十岁称为弱冠。

②交觞酬酢（chóu zuò）：宾主二人推杯换盏、互相敬酒。

【译文】

王戎二十岁的时候曾到阮籍家去拜访，当时刘公荣也在场，阮籍对王戎说："我有两斗美酒，应当与你共饮，至于那公荣就不让他参与了。"于是二人开始推杯换盏、互相敬酒，而刘公荣果真没有喝到一杯，但三人之间谈笑风生，没有任何区别与不愉快。有人问为什么会这样和谐，阮籍回答说："胜过公荣的，不得不与他一起喝酒；不如公荣的，不可不与他喝酒；唯独公荣自己可以不与他喝酒。"

【原文】

19. 齐仆射东海徐孝嗣，修辑高座寺[1]，多在彼宴息，法云师亦萧寺，日夕各游二寺，而不相往来。孝嗣尝谓法云曰："法师尝在高座，而不游高座寺。"答曰："檀越既事萧门[2]，何不至萧寺？"

【注释】

①修辑：修整备置。

②檀越：施主。即施与僧众衣食，或出资举行法会等之信众。

【译文】

南朝齐时期的东海人徐孝嗣历任仆射时，修缮了高座寺，多数时间都在那寺中吃斋休息，那时候法云大师也在萧寺闲居，两座寺院虽然比邻而居，但他二人早晚各自游走在本寺，不相往来。徐孝嗣曾对法云大师说："法师经常在高座上说法，却不到高座寺游讲佛法。"法云大师回答说："施主既然侍奉萧门，不也没到萧寺中拜望吗？"

【原文】

20. 梁安成王萧佽，以文词擅名，所敌拟者，唯河东柳信言。然柳内虽不服，而莫与抗。及闻佽卒，时为吏部尚书，宾客候之，见其屈一足跳，连称曰："独步来，独步来。"众哄然大笑。

【译文】

南朝梁安成的名士王萧佽（cì），因擅长文词而闻名于世，能与他相提并论的，只有河东柳信言。然而柳信言心里虽然不服气，但又没有能力与他抗衡。到后来他听到了王萧佽死去的消息，当时他官至吏部尚书，宾客们等他一起前去吊唁，忽然看到他蜷着一条腿跳着向前走，嘴里还连声说道："独步来，独步来。"众人看到他滑稽的样子，都忍不住哄然大笑。

【原文】

21. 梁陆晏子聘魏，魏遣李谐郊劳。过朝歌城，晏子曰："殷之余人①，正应在此。"谐曰："永嘉南渡，尽在江外。"

【注释】

①余人：剩下的人。

【译文】

南梁的陆晏子奉命出使北魏，当时北魏派遣大臣李谐到郊外迎接慰劳陆晏子。当他们路过当年殷商的朝歌城时，陆晏子说："殷朝败亡后的遗民，正应当居住在这里。"李谐回答说："永嘉之乱爆发后，晋朝被迫迁都到南方，这些殷朝遗民都迁到江南了。"

【原文】

22. 梁汝南周舍谓沙门法云曰："孔子不饮盗泉之水，师何以捉输石香炉①？"答曰："檀越既能成橐②，贫道何为不执输？"

【注释】

①鍮（tōu）石：黄铜矿石，这里为了取谐音“偷”字。

②纛（dào）：古时军队或仪仗队的大旗。

【译文】

南北朝时，梁朝的汝南人周舍对僧人法云说：“孔子不喝盗泉里的水，你为什么却拿着鍮石香炉？”法云回答道：“施主您既然可以成纛（“纛”与“盗”谐音，代指将官），我为什么不能使用鍮石香炉？”

【原文】

23. 齐王元景为尚书，性虽懦缓，而每事机敏。有一奴名典琴，尝旦起，令索食，谓之解斋。典琴曰：“公不作斋，何故云解斋？”元景笑曰：“汝作字典琴，何处有琴可典？”

【译文】

北齐的王元景担任尚书，他的性格虽然懦弱、行事迟缓，但每次遇到事情都能机敏巧妙应对。他有一个丫鬟名叫典琴，曾有一天早晨元景起来后，传令下去让仆人准备吃的，称为解斋。典琴说：“您没有戒斋，为何还要说解斋呢？”元景笑着说：“你没有琴可抵押，为什么还叫典琴呢？”

【原文】

24. 北齐李庶无须，时人呼曰天阉。崔谌谓之曰：“教弟种须法，以锥锥遍刺作孔，插以马尾。”庶曰：“持此还施贵族艺眉，有验，然后树须。”崔氏世有恶疾，故云。

【译文】

北齐李庶天生不长胡须，当时人们都叫他天阉。崔谌对他说：“我教给你一种种胡子的方法，用锥子在嘴唇边多多刺扎出小孔，然后再插进去马尾就可以了。”李庶回敬他说：“你先拿这种方法让你家族的人长出眉毛来，如果试验成功了，然后我再去种胡须。”相传崔家世代患有严重难治的脱眉疾病，所以他才说这样的话。

【原文】

25. 北海王晞，字叔朗，为大丞相府司马。尝共相府祭酒卢思道禊饮，晞赋诗曰：“日暮应归去，鱼鸟见留连。”时有中使召晞，驰马而去。明旦思道问晞：“昨被召以朱颜，得无以鱼鸟致贵？”晞曰：“昨晚陶然，颇以酒浆被责。卿等亦是留连之一物，何独鱼鸟而已？”

【译文】

北海人王晞，字叔朗，担任大丞相府的司马。曾有一次，他与丞相府的祭酒

卢思道一起参加修禊的酒宴，王晞写了一首诗说："日暮应归去，鱼鸟见留连。"当时宫中派人召见王晞，所以他立即骑马奔驰而去。第二天早晨，卢思道问王晞："昨天你被召见时红光满面，是否因为流连鱼鸟而高升得富贵了呢？"王晞回答说："昨晚很快乐，却因为喝多了酒被皇上责罚。其实，你们也是我所留连的东西之一，又哪里只是流连鱼鸟了呢？"

【原文】

26. 范阳卢叔虎，有子十人，大者字畜生，最有才思。卢思道谓人曰："从叔有子十人，皆不及畜生。"

【译文】

家住范阳的卢叔虎，有十个儿子，大儿子字畜生，此人在兄弟中最有才华。卢思道对别人说："我堂叔有十个儿子，他们的才华都不如畜生。"

【原文】

27. 高平徐之才，父雄，祖成伯，并善方术，世传其业。纳言祖孝征戏之，呼为师公。之才曰："既为汝师，又为汝公。在三之义，顿居其两。"

【译文】

高平人徐之才，父亲名叫徐雄，祖父是徐成伯，他们都擅长占卜术，而且将这种事业世代相承。当时以直言著称的祖孝征戏弄他，直接称他为师公（巫师）。徐之才说："你这样称呼我，不仅马上成了你的老师，还成了你的亲公。在父、师、君这三种尊贵关系里，我顿时占据了其中两种。"

【原文】

28. 徐之才尝以剧谈调仆射魏收，收熟视之曰："面似小家方相①。"之才答曰："若尔②，便是卿之葬具。"

【注释】

①方相：古时民间信仰的能驱鬼辟邪的神。

②若尔：如果是这样。

【译文】

徐之才曾以玩笑的方式来调侃仆射魏收，魏收注目细看了一会儿说："你的面相看起来很像穷苦人家驱鬼辟邪的神。"徐之才回答说："如果是这样，我便是你下葬的工具。"

【原文】

29. 唐韦庆本两耳前卷，朝士多呼之为"卷耳"。有女选入为妃，长安公松寿见而贺之曰："仆固知足下女得为妃。"庆本曰："何以知之？"松寿乃自摸其耳而

卷之曰："卷耳，后妃之德。"

【译文】

唐朝的韦庆本两只耳朵向前卷曲，朝廷大臣们大多都称他为"卷耳"。后来他有个女儿被选为妃子，长安公松寿见到他就恭贺他说："我以前就知道你的女儿一定能当选为妃子。"韦庆本说："何以见得？"松寿于是上前摸着他的耳朵并卷起来说："卷耳，后妃之德（语出《毛诗序》）。"

【原文】

30. 秋官侍郎狄仁杰戏同官郎卢献曰："足下配马乃作驴。"献曰："中劈明公，乃成二犬。"杰曰："狄字犬旁火也。"献曰："犬边有火，乃是煮狗。"

【译文】

秋官侍郎狄仁杰对同为侍郎官的卢献开玩笑说："你的姓氏配上马就叫作驴。"卢献说："把你的姓从中间劈开，就成了两只狗。"狄仁杰说："狄字是犬旁边加个火字啊。"卢献说："犬字旁边有火，那就是煮狗了。"

【原文】

31. 张昌龄谓苏味道曰："某诗所以不及相公者，为无'银花合'也。"苏曰："子诗虽无'银花合'，还有'金铜钉'。"昌龄有"今同丁令威"之句。

【译文】

张昌龄对苏味道说："我的诗之所以赶不上相公的原因，就是因为没有'银花合'啊。"苏味道说："你的诗虽然没有'银花合'，但是还有'金铜钉'啊。"原来张昌龄曾有一句诗是"今同丁令威"。

【原文】

32. 窦晓形容短小，眼大露睛；乐彦玮身长露齿。彦玮弄窦曰："足下甚有功德。"旁人怪问，彦玮曰："既复短肉，又复精进，岂不大有功德？"窦应曰："公自有大功德，因何道晓？"人问其故，窦曰："乐公小来长斋。"又问长斋之意，窦云："身长如许，口齿齐崖，岂不是长斋？"众大笑。

【译文】

窦晓身材矮小，眼睛却是大得几乎要凸出来一样；乐彦玮身材很高，却是个露齿大暴牙。乐彦玮戏弄窦晓说："您很有功德。"身边的人感到奇怪就问为什么，乐彦玮说："不仅身材矮小，而且又精明上进，难道不是很有功德吗？"窦晓回应说："您自己有那么大的功德，为什么还要说我窦晓呢？"有人惊问其中原因，窦晓说："乐公从小就是长斋。"又有人追问长斋是什么意思，窦晓说："身材如此之长，牙齿又长得像高大的悬崖，这难道不是长斋吗？"在座的人听后都捧腹大笑。

【原文】

33. 裴晋公度在相位日，有人寄槐瘿一枚，欲削为枕。时郎中庾威，世称博物，召请别之。庾捧玩良久，白曰："此槐瘿是雌树生者，恐不堪用。"裴曰："郎中甲子多少？"庾曰："某与令公同是甲辰生。"公笑曰："郎中便是雌甲辰。"

【译文】

唐代的裴度在任职宰相期间，有人送给他一枚槐瘿（yǐng），他想砍削做成枕头。当时有个郎中名叫庾威，人们都说他见多识广，裴度就把庾威请过来对它进行辨别。庾威反复观察了很久，然后对他说："这槐瘿是雌树上长出来的，恐怕无法使用。"裴度说："郎中多大年纪了？"庾威说："我与你都是甲辰年出生的。"裴度笑着说："郎中定是雌甲辰年出生的。"

【原文】

34. 白居易与张祜初相见，谓曰："久钦藉甚，记得款头诗。"祜愕然曰："舍人何所谓？"白曰："'鸳鸯钿带抛何处，孔雀罗衫属阿谁？'非款头诗何耶？"张笑而答曰："祜亦记得舍人《目连变》。"白曰："何也？"曰："'上穷碧落下黄泉，两处茫茫皆不见。'非《目连变》何耶？"

【译文】

白居易与张祜初次相见的时候，对他说："我很久以前就非常仰慕您了，至今还记得您所作的款头诗。"张祜惊愕地说："白舍人所指的是哪首诗？"白居易说："'鸳鸯钿带抛何处，孔雀罗衫属阿谁？'这不是款头诗又是什么呢？"张祜笑着回答说："张祜我也记得舍人的《目连变》。"白居易说："写的是什么？"张祜说："'上穷碧落下黄泉，两处茫茫皆不见。'这不是《目连变》又是什么呢？"

【原文】

35.晋张湛好于斋前种松柏，袁山松出游，好令左右作挽歌。时人谓"张屋下陈尸，袁道上行殡"。

【译文】

晋代的张湛喜欢在房前种植松柏，袁山松出去游山玩水时，喜欢让身边的人唱挽歌。因此，当时人们戏说为"张家屋下陈尸，袁家道上送殡。"

【原文】

36. 陆士龙、荀鸣鹤二人未相识，俱会张茂先所。茂先令接语，以并有大才，可勿常谈。陆抗声曰："云间陆士龙。"荀曰："日下荀鸣鹤。"陆曰："既开青云睹白雉，何不张尔弓，布尔矢？"荀曰："本谓云龙骙骙①，乃是山鹿野麋。兽微弩强，是以发迟！”张抚掌大笑。

【注释】

①骙骙（kuí）：强壮的样子。

【译文】

陆士龙、荀鸣鹤两人还没相互认识的时候，二人相遇在张茂先家里。张茂先让他们互相介绍，因为他们二人都是才华横溢，所以就可以不像普通人那样进行交谈。陆士龙大声说道：“云间陆士龙。”荀鸣鹤：“日下荀鸣鹤。”陆士龙说：“既然天空开阔，看见了白色雉鸡，为何不张开你的弓，发射你的箭？”荀鸣鹤说：“本来以为你这边是强壮的空中云龙，却竟然是山鹿、野麋。因为兽太小，而我的弓弩太强劲，所以才慢慢地开弓射箭！”张茂先听后拍手大笑，赞不绝口。

【原文】

37. 唐进士曹唐《游仙》诗，才情缥缈。岳阳守李远每吟其诗而思其人。一日，曹往谒之，李倒屣而迎①。曹仪质充伟，李戏之曰：“昔者未见标仪②，将谓可乘鸾鹤；此时拜见，安知壮水牛不胜其载矣！”

【注释】

①屣（xǐ）：鞋子。

②标仪：崇高的仪则。

【译文】

唐朝进士曹唐曾写过一首《游仙》诗，流露出他的才华高远。岳阳太守李远每当吟咏这首诗的时候，就会不由自主地想认识一下这个人。有一天，曹唐到他家中拜访，李远顾不上穿好鞋子就急忙出来迎接。一见曹唐仪表果然不凡，李远对他开玩笑说：“过去没有见到您的崇高仪则，以为您足可以乘坐鸾鹤出行；今天一见，哪知道即使是强壮的水牛也载不动您啊！”

【原文】

38. 唐营丘有豪民姓陈者，染大风疾，众称之为“陈癞子”，闻人称之，皆不欲，人有谀其所苦减退，则酒食延待优丰。有游客心利所霑①，谓曰：“足下之疾近日尤减。”陈欣然，命酒赠赀②。客将去，又谓曰：“此疾还是添减症。”曰：“何也？”客曰：“添者添上肉泡，减者减却鼻孔。”陈不怿③。

【注释】

①霑（zhān）：同“沾”。

②赀（zī）：同“资”，钱财，资产。

③怿（yì）：欢喜，高兴。

【译文】

唐代营丘民间有个姓陈的富豪，得了麻风病，人们都称他为“陈癞子”，听到别人这么称呼他时，总是不想看到他们，但是听见有人奉承他的病情有所减轻，他就会拿出好酒好菜来招待他们。有个流动的客人心里想沾点儿小便宜，就对他说：“你的病最近这些日子减轻了很多。”这个姓陈的富豪听后非常高兴，不仅叫仆人设宴款待，还亲自赠给对方一些钱财。客人即将离开时，又对他说：“这种病有所增加，也有所减少。”姓陈的富豪不解地说：“此话怎讲？”客人说：“得了这病，增添的意思是指身上增添了肉泡，减的意思是指鼻孔减小了。”这位富豪听后很不高兴。

【原文】

39. 许玄度将弟出都婚，诸人无不钦迟。既至，见其弟乃甚痴，都欲嘲弄之，玄度为作宾主相对。刘真长笑曰：“玄度为弟婚，施十重铁步障①。”

【注释】

①步障：古代的一种用来遮挡风尘、视线的屏幕。

【译文】

东晋的许询要为弟弟办理婚事，因此带着弟弟离开都城前去女家，人们都怀着无比敬仰的心情恭候他们的光临。当他们到了以后，大家才发现许询的弟弟竟然十分呆傻，于是都想嘲笑戏弄他一番，许询只得在宾主面前以机智对答来打圆场。刘真长笑着说：“玄度为他弟弟的婚事，设置了十层铁屏障。”

【原文】

40. 司马防尝举曹公为北部尉，后曹公进爵为王，召防到邺，与欢饮，语之曰：“孤今日可复作尉不？”防曰：“昔举大王时，适可作尉耳。”

【译文】

司马防曾举荐曹操担任北部尉，后来曹操进爵为魏王，有一次曹操邀请司马防到邺城，与他一起开怀畅饮，并对他说：“我现在还可以重新做回北部尉这样的官吗？”司马防说：“只有当年举荐魏王您的时候，才适合做尉官罢了。”

【原文】

41. 刘谅为湘东王所善，湘东一目眇①。一日与谅共游江滨，叹秋望之美。谅曰：“今日可谓‘帝子降于北渚’。”湘东曰：“卿言‘目眇眇而愁予’耶？”从此嫌之。

【注释】

①眇（miǎo）：一只眼睛失明。

【译文】

刘谅深受湘东王所宠信，这位湘东王有一只眼睛失明。有一天湘东王与刘谅一起游江滨，禁不住感叹秋天景色之美。刘谅说："今日可以称作是'帝子降于北渚'了。"湘东王说："你的意思是说'目眇眇而愁予（语出屈原的《九歌·湘夫人》）'吗？"从此以后，湘东王开始讨厌他。

【原文】

42. 侯白好俳谑。一日杨素与牛弘退朝，白语之曰："日之夕矣。"素曰："以我为'牛羊下来'耶？"

【译文】

侯白天性诙谐戏谑，喜欢开玩笑。有一天，杨素与牛弘退朝后一起回家，侯白对他们说："太阳西斜了。"杨素说："你把我们当作是'牛羊归来'吗？"

【原文】

43. 柳机、柳昂在周朝俱历要任，隋文帝受禅，并为外职。时杨素方用事，因文帝赐宴，素戏语机曰："二柳俱摧。"机答曰："不若孤杨独耸。"

【译文】

柳机和柳昂在北周朝廷中都曾担任重要官职，隋文帝受禅登基后，他们又一起降职到外地担任地方官。当时杨素正掌管大权，因此借着隋文帝赐酒设宴的机会，杨素嘲笑柳机说："二柳（暗指柳机、柳昂）都摧折了。"柳机回答说："不如一棵孤杨（暗指杨素）独自高耸。"

【原文】

44. 王浑与妇钟氏共坐，见武子从庭过，浑欣然谓妇曰："生儿如此，足慰人意。"妇笑曰："若使新妇得配参军，生儿故可不啻如此①。"

【注释】

①啻（chì）：仅仅，只。

【译文】

王浑与妻子钟氏共同坐在堂上休息，见到儿子王济从庭前经过，当时王浑非常高兴地对妻子说："生有这样的儿子，足以让人感到欣慰如意了。"妻子笑着说："如果当初让我这个新媳妇嫁给参军，那么生出的儿子可就不只是这样优秀了。"

【原文】

45. 张吴兴年八岁，亏齿①，先达知其不常，故戏之曰："君口中何为开狗窦？"张应声答曰："正使君辈从此中出入。"

【注释】

①亏齿：指幼年换牙时门齿脱落。

【译文】

张吴兴八岁那年，门齿脱落了，名望显达的先辈知道他与众不同，于是就故意开玩笑说："你的嘴里为什么开了个狗洞呢？"张吴兴回答说："正是为了让你们这些人从这狗洞里进进出出啊。"

【原文】

46. 庾园客诣孙监①，值行②，见齐庄在外③，尚幼而有神意。庾试之曰："孙安国何在？"即答曰："庾稚恭家。"庾大笑曰："诸孙大盛④，有如此儿！"又答曰："未若诸庾之翼翼⑤。"还语人曰："我故胜，得重唤奴父名。"

【注释】

①庾园客：庾爰之，小名园客，庾稚恭的儿子。孙监：孙盛，字安国，任秘书监，故称孙监。

②值：正值，正巧。

③齐庄：孙放，字齐庄，是孙盛的儿子。

④孙大盛：此处暗指孙齐庄父亲"孙盛"的名字。

⑤庾之翼翼：这与庾园客父亲庾翼的名讳字"翼"同音。在古代，直呼人名讳是很不礼貌的行为，故而齐庄直呼庾园客父亲的名字以示报复。

【译文】

庾园客到孙盛家去拜访，恰巧孙盛外出办事没在家，看到孙盛的儿子孙齐庄正在外面玩耍，孙齐庄当时虽然还只是个小孩子，但他具有的神情意态却很不一般。庾园客决定考验他一下，便问："孙安国在哪里？"孙齐庄立即回答说："在庾稚恭（庾园客的父亲庾翼）的家里。"庾园客笑着说："那孙大盛，竟会有这样不礼貌的儿子！"孙齐庄又回答说："不如那庾氏之翼翼。"孙齐庄回来后又对别人说："结果我胜了，因为我得到两次叫他父亲名讳的机会。"

【原文】

47. 习凿齿、孙兴公未相识，同在桓公座。桓语孙："可与习参军共语。"孙云："蠢尔蛮荆，敢与大邦为仇？"习云："薄伐猃狁①，至于太原。"

【注释】

①薄伐：征伐，讨伐。猃狁（xiǎn yǔn）：我国古代北方民族的旧称。

【译文】

习凿齿与孙兴公还没相互认识的时候，曾有一次都到桓温家里做客。桓温对孙兴公说："你可以跟习参军一起谈谈。"孙兴公说："愚蠢的楚国蛮人，竟然敢与大国结仇？”习凿齿说：“讨伐猃狁，一直追杀到太原。”

【原文】

48. 王文度、范荣期俱为简文所要。范年大而位小，王年小而位大。将前，更相推在前。既移久，王遂在范后。王因谓曰：“簸之扬之，糠秕在前①。”范曰：“洮之汰之，沙砾在后②。”

【注释】

①糠秕（kāng bǐ）：谷类废弃不可食用的部分。比喻琐碎或无用的事物。

②洮（táo）：洗。沙砾：沙子和小石头。

【译文】

王文度、范荣期都受到了简文帝的邀请。范荣期的年龄大但是职位低，王文度的年龄小但是职位较高。将要前去赴任的时候，他们互相谦让对方走在前面。一起向前走了很久以后，王文度就走到了范荣期的后面。王文度因此对范荣期说：“簸之扬之，糠秕在前。”范荣期回敬说：“洮之汰之，沙砾在后。”

【原文】

49. 祖广行恒缩头。诣桓南郡，始下车，桓曰：“天甚晴朗，祖参军如从屋漏中来。”

【译文】

祖广走路的时候总是喜欢缩着头。有一次他去拜访南郡公桓玄，刚下车，桓玄便说：“明明是很晴朗的好天气，祖参军却像从漏雨的房屋里走出来一样。”

【原文】

50. 姜师度好沟洫①，所在必发众穿凿，虽时有不利，而成功亦多。先是，太史令傅孝忠善占星纬，人为之语曰：“傅孝忠两眼看天，姜师度一心穿地。”

【注释】

①洫（xù）：田间水渠。

【译文】

姜师度喜欢在田间修渠引水，每到一处必会发动群众开凿沟渠，虽然有时候开凿不顺利，但成功的次数也很多。在他之前，太史令傅孝忠喜欢观看星宿去占卜预测吉凶，人们因此评论说：“傅孝忠两眼看天，姜师度一心穿地。”

【原文】

51. 高骈镇成都，命酒佐薛涛作一字令曰：“须是一字象形，又须逐韵①。”公曰：“口，有似没梁斗。”涛曰：“川，有似三条椽。”公曰：“奈何一条曲？”涛曰：“相公为西川节度，尚使没梁斗，酒佐三条椽，内惟一条曲，何足怪？”

【注释】

①逐韵：押韵。

【译文】

高骈（pián）镇守成都的时候，命令酒佐薛涛制订一字酒令说："必须是一个象形字，而且句子末尾必须押韵。"高骈说："口，好像无梁斗。"薛涛说："川，好似三条椽。"高骈说："为什么有一条椽子是弯曲的？"薛涛回答说："相公您贵为西川节度使，还在用没梁的斗，而我一个小小酒佐拥有三条椽，其中有一条是弯曲的，这有什么值得奇怪的呢？"

【原文】

52. 桓温自比宣帝、刘琨之俦，征还北方，得一婢，问之，乃刘琨妓女也。一日问曰："吾似刘司空不？"曰："似甚。"曰："何似？"曰："面甚似，恨薄；眼甚似，恨小；须甚似，恨赤；形甚似，恨短；声甚似，恨雌。"温于是褫冠解带，昏然而睡，不怡者累日。

【译文】

桓温把自己比作晋宣帝、刘琨之辈，征战结束后返回北方后，得到一个丫鬟，询问她的身世得知，竟然是刘琨的歌妓。有一天他问这个丫鬟："我长得像不像刘司空吗？"丫鬟回答说："很像。"桓温说："哪里像呢？"丫鬟回答说："颜面很像，遗憾的是太薄了；眼睛很像，遗憾的是太小了；胡须很像，遗憾的是有些红；形体很像，遗憾的是太矮了；声音很像，遗憾的是太像女子。"桓温一听立即脱下帽子、解开衣带，开始昏昏沉沉蒙头大睡，一连几天都闷闷不乐。

【原文】

53. 齐地多寒，春深未莩甲①。方立春，有村老挈苜蓿一筐以馈艾子②，且曰："初生未敢尝，谨先以荐。"艾子喜曰："烦汝致新。我享之后，次及何人？"曰："献公罢，即以喂驴也。"

【注释】

①莩（piǎo）甲：发芽。

②苜蓿（mù xu）：多年生草本植物。

【译文】

齐地大多数时间是寒冷气候，已经入春很久了还没有发芽的迹象。正值立春时节，村里有个老人送给艾子一筐苜蓿，并且对他说："刚刚生长出来的，没舍得吃，特此拿来恭请您先品尝。"艾子很高兴地说："劳烦您送来新鲜的青菜真是感激不尽。不知我吃完以后，接下来会送给谁呢？"老人回答说："献给您之后，

就将它拿去喂驴了。”

【原文】

54. 吴阁老宽致仕到家，访山人邢量。邢方自炊爨[①]，公曰：“卿亦知调羹耶？”邢曰：“如公之扣蓬门，终是勉强从事。”

【注释】

①炊爨（cuàn）：意思是烧火煮饭。

【译文】

阁老吴宽告老还乡后，去拜访隐居山野之人邢量。当时邢量正在自己烧火煮饭，吴宽问：“您也会做饭调羹吗？”邢量说：“就像您敲我的蓬门一样，终究是勉强做这件事而已。”

【原文】

55. 王凤洲门有客着棋者，甚劣。见公至，起曰：“某棋不足观。”公曰：“君棋甚佳，但长不落。”

【译文】

王世贞（号凤洲）的门客中有个人特别喜欢下棋，但他下棋的技艺很拙劣。看到王世贞过来，连忙站起来说：“我的棋艺欠佳不值得让您观看。”王世贞说：“你的棋艺很好，只会前进，不会后退。”

【原文】

56. 苏州严相公讷，面麻，俚语于苏州有盐豆之诮。河南高相公拱，作文常用腹稿，俚语于河南有盗草之诮。二公相遇，高诮严曰：“公豆在面上。”严曰：“公草在腹中。”

【译文】

苏州的严讷很有才华，是当朝丞相，他的脸上长满麻子，在苏州俗语中讥讽麻子为盐豆。河南人高拱也是官至丞相，他写文章时常常是先打腹稿，在河南俚语中称之为盗草。有一次二人偶然相遇，高拱讽刺严讷说：“你的盐豆长在脸上。”严讷说：“你的草长在肚腹中。”

【原文】

57. 吴门妓张好儿，虽是徐娘老景，然婉丽而美，少年争交欢之。有太医院目杜君拉游虎丘，觑张曰[①]：“老便老，终是小娘。”张答曰：“小便小，终是老爹。”同游者无不捧腹。

【注释】

①觑（qù）：看。

【译文】

苏州的妓女张好儿，虽然已是半老徐娘，但是依然美丽而温婉，即使少年客人也都争着与她相好。有个太医院的吏目杜君带她一起游览虎丘，他看着张好儿说："老便老，但终究还是小娘（妓女的别称）。"张好儿回答说："你小便小，但毕竟是个老爹。"同游的人听了后没有不捧腹大笑的。

【原文】

58. 诗僧克文，有俊才。初学诗，常质于郝公琰，郝曰："师必大作斋啖我①，不然，必以师诗颠倒点抹。"罗远游笑谓克文曰："师毋受郝瘦儿欺，尊诗总无抹处。"

【注释】

①啖我：请我吃饭。

【译文】

诗僧克文，有俊逸的才华。他刚开始学习写诗的时候，常常请教于郝公琰，郝公琰说："法师一定要隆重地请我吃丰盛的斋饭，不然的话，我一定会将法师的诗作胡乱修改。"罗远游笑着对克文说："法师不要被郝瘦儿蒙骗了，您的诗作都很精致，本来就没有可涂抹修改的地方。"

【原文】

59. 黄琬少敏慧，以祖太尉琼，得拜童子郎，时司空盛允有疾，琼遣子琰候问，会江夏上蛮贼事副府，允发书视毕，微戏子琰曰："江夏大邦，而蛮多士少。"子琰奉手对曰："蛮夷猾夏，责在司空。"

【译文】

东汉的黄琬（字子琰）小时候就非常机敏聪慧，后来因为他祖父黄琼迁任太尉，所以他小小年纪就官拜童子郎，当时的司空盛允患有疾病，黄琼就派遣黄琬前去问候，正好遇上江夏郡将蛮贼作乱的报告副本呈送到盛允府中，盛允打开书信看完后，就对黄琬开玩笑说："江夏地域广大，可是不懂道理的人很多，知书达理的人少。"黄琬拱手回答说："那些野蛮之邦的人狡诈，正在江夏胡作非为，责任应该归咎于司空。"

【原文】

60. 蔡君谟戏陈亚曰："陈亚有心终是恶。"陈应曰："蔡襄无口便成衰。"

【译文】

有一次，蔡君谟跟陈亚开玩笑说："陈亚有心终是恶（因'亚'字下面加'心'是'恶'）。"陈亚立即回应说："蔡襄无口便成衰。"

【原文】

61. 司马宣王辟周泰为新城太守，尚书锺毓调泰曰："君释褐登宰府三十六日[1]，拥麾盖，守兵马郡，乞儿乘小车，一何驶！"泰曰："君名公之子，少有文彩，固守吏职，猕猴乘土牛，一何迟也！"

【注释】

①释褐：脱去平民衣服。喻始任官职。

【译文】

司马宣王征召周泰做新城太守，尚书锺毓对周泰开玩笑说："您脱去平民衣服到将军府做官仅仅三十六天，就拥有了威武的仪仗和华盖，成为太守统领一方兵马，这就像乞丐一转身就乘上了小车，这一路走来是何等迅速啊！"周泰回答说："您是名门之后，年少时就很有文采，却始终守着小小吏职不变，就像猴子坐上了牛车，这一路走来是何等迟缓啊！"

【原文】

62. 曹娥秀，京师名妓也。赋性聪慧，色艺俱绝。一日，鲜于伯机开宴，座客皆名士。鲜于因事入内，命曹行酒。适遍，公自内出，客曰："伯机未饮。"曹亦曰："伯机未饮。"客笑曰："汝以伯机相呼，可谓亲爱之至。"鲜于佯怒曰："小鬼头，敢如此无礼！"曹曰："我呼伯机便不可，只许尔叫王羲之也？"一座大笑（机学王羲之书，故云）。

【译文】

曹娥秀，是京师名妓。她天资聪慧，容颜与才艺都是首屈一指。有一天，鲜于伯机举办宴会，在座的客人都是当时的名人。鲜于伯机因为有事进入内房，于是就让曹娥秀逐个斟酒。她刚刚全部斟完一遍，鲜于伯机就从内房出来了，客人说："伯机还没喝呢。"曹娥秀也说："伯机还没喝呢。"客人笑着说："你也称呼他'伯机'啊，看来你们真称得上是亲爱至极了。"鲜于伯机假装生气地说："小鬼头，竟敢如此无礼！"曹娥秀说："我称呼伯机就不可以，难道就只许您直接称呼王羲之吗？"所有在座的人都大笑不止（鲜于伯机喜欢王羲之的书法，所以曹娥秀才这样说的）。

【原文】

63. 程师孟知洪州，作静堂，自爱之，无日不到，作诗曰："每日更忙须一到，夜深常是点灯来。"李元规笑曰："此登溷诗也[1]。"

【注释】

①溷（hùn）：粪便。

【译文】

程师孟担任洪州知府期间，建造了一座静堂，他心里非常喜欢它，因此没有一天不去的，而且还特意写诗说："每日更忙须一到，夜深常是点灯来。"李元规看完嘲笑他说："这是用来吟咏上茅厕的诗。"

【原文】

64. 王文穆夫人悍妒，欲置左右，竟不可得。后宅圃中作堂，名"三畏"。杨文公戏之曰："可改作四畏。"公问其说，曰："兼畏夫人。"

【译文】

北宋王文穆的夫人凶悍善妒，王文穆想纳个小妾在身边服侍，但始终难以实现。于是他就在后院园圃中建了一间房屋，取名为"三畏"。杨亿对他开玩笑说："可以改成四畏。"王文穆问他其中缘故，杨亿回答说："兼畏惧夫人。"

【原文】

65. 王定国寄书于东坡，答书云："新诗篇篇皆奇，老拙此回真不及矣。穷人之具，辄欲交割与君。"魏道辅见而笑曰："定国亦难作交代，只是权摄已耳①。"

【注释】

①权摄：指暂时代理。已耳：而已，罢了。

【译文】

王定国给苏轼寄去了一封书信，苏轼回信说："你的新诗每一首都是奇绝之作，老朽我这回真的是望尘莫及了。使人穷困潦倒的写诗技艺，我打算就全部移交给你了。"魏道辅见到这封信后就笑着说："王定国也很难担当此任，只不过是暂时代理罢了。"

【原文】

66. 顾临子敦，为翰苑，每言："赵广汉尹京，有治声，使我为之，不难当出其上。"子瞻笑曰："君作尹，须改姓。"顾曰："何姓？"曰："姓茅，唤作茅广汉。"

【译文】

顾临，字子敦，时任翰林苑学士，他常常说："赵广汉担任京兆尹，治理上得到很多赞誉之声，如果让我去担任这个职务的话，应该很容易就能超越他。"苏轼笑着说："你做京兆尹，必须要改姓了。"顾临问道："姓什么呢？"苏轼回答说："姓茅，叫作茅广汉（茅与冒谐音，嫉妒之意）。"

【原文】

67. 李居仁与郑辉为友，居仁年逾耳顺①，须尽白。辉少年轻侮，乃呼之为李公，居仁于是尽摘其须去之。一日，辉乃佯惊曰："数日不见，而风采顿异，何也？"居仁整容喜曰："如何？"曰："昔日皤然一公②，今日公然一婆。"

【注释】

①耳顺：指人到六十岁。

②皤（pó）然：形容满头白发，"皤"与"婆"同音。

【译文】

李居仁与郑辉是好朋友，李居仁已经年过六十岁，胡须和头发都变白了。当时的郑辉年少轻狂，就不客气地称呼李居仁为李公，李居仁因此就拔掉自己所有胡须。有一天，郑辉假装惊讶地说："几天不见，可你看起来顿时变了模样，神采奕奕的，这是为什么呢？"李居仁满面喜色，说："怎么样？"郑辉说："昔日皤然一公，今日公然一婆。"

【原文】

68. 桓温少与殷浩友善，浩尝作诗示温，温玩之曰："汝慎勿犯我，当出汝诗示人。"

【译文】

桓温年少时与殷浩非常友好，殷浩经常作诗给桓温看，桓温开玩笑说："你小心点儿，千万不要冒犯我啊，否则我就将你的诗公布给众人看。"

【原文】

69. 曹公送祢衡于刘表，众咸祖之，且相戒曰："祢衡勃虐无礼，今因其后至，当以不起折之也。"及衡至，众人莫肯兴，衡坐而大号①。众问其故，衡曰："坐者为冢，卧者为尸，尸冢之间，能不悲乎？"

【注释】

①号：大哭。

【译文】

曹操派遣祢衡到刘表营中劝降，众人都来送别，并且互相告知说："祢衡狂傲自大、蛮横无理，今天因为他最后才到这里，我们应当无须起身相送，继而借此机会羞辱他一番。"等祢衡到来时，众人果真都没有站起身来，祢衡见状坐下来就开始放声大哭。众人问他是什么原因，祢衡说："在一边坐着的是坟墓，躺在一边的是尸体，在坟墓与尸体之间，我能不悲痛吗？"

【原文】

70. 陈眉公好赏雪，每谓客曰："古今二钝汉：袁安闭门，子猷返棹。明是避寒，作许题目。"

【译文】

陈继儒喜欢赏雪，常常对客人说："从古至今有两位愚钝的笨汉：袁安闭门，子猷返棹。他们明明是想躲避严寒，却偏要作出这么多令人费解的标题来。"

【原文】

71. 我太祖问陈君佐曰："朕似前代何君？"对曰："陛下酷似神农。"上问其故，曰："若非神农，何以得尝百草？"上悟，大笑。盖军中乏粮①，士卒多以草根木皮为食，上亦同之。

【注释】

①盖：大概；原来。

【译文】

我大明朝太祖问陈君佐说："我跟前代哪位君王相似？"陈君佐回答说："陛下很像神农氏。"太祖问他其中原因，陈君佐说："如果不是神农，又怎能去尝尽百草呢？"太祖恍然大悟，哈哈大笑。原来当时军中缺少粮食，军中将士都以草根树皮当食物充饥，皇上也跟他们一样同甘共苦。

【原文】

72. 王僧虔子慈，年十岁，同蔡兴宗子约，入寺礼佛。正见沙门等忏悔，约戏之曰："众僧今日何乾乾？"慈应曰："卿如此不知礼，何以兴蔡氏之宗？"

【译文】

王僧虔的儿子叫王慈，在他十岁那年，曾和蔡兴宗的儿子蔡约，一起到寺院里拜佛。正好看见和尚们在庙堂诵经忏悔，蔡约开玩笑说："众僧今日何乾乾（以谐音暗指王慈的父亲王僧虔）？"王慈回应道："你这样不懂礼数，拿什么去振兴蔡氏之宗（以谐音暗指蔡约的父亲蔡兴宗）？"

【原文】

73. 谢超宗见王慈学书，谓之曰："卿书何如虔公？"答曰："慈书与大人，如鸡之比凤。"超宗，凤子也。

【译文】

谢超宗看见王慈学写书法，于是就对他说："你的书法与你父亲相比怎么样？"王慈回答说："我的书法与父亲的书法相比，就如同将家鸡和凤凰作对比。"谢超宗，是南北朝时期名臣谢凤的儿子。

【原文】

74. 东坡在黄，即坡之下种稻，为田五十亩，自牧一牛。一日牛病，呼牛医疗之，云不识症状。王夫人多智，多经涉，谓坡曰："此牛发豆斑，疗法当以青

蒿作粥啖之。”如言而效。后举似章子厚云[1]：“我自谪居后[2]，便作老农，更无乐事，岂知老妻犹能接黑牡丹也[3]。”子厚曰：“我更欲留与君语，恐人又谓从牛医儿来，姑且去。”坡大笑。

【注释】

①章子厚：即章惇。

②谪（zhé）居：古代官吏被贬官降职到外地居住。

③黑牡丹：对牛的戏称。

【译文】

苏轼被贬谪到黄州的时候，就在山坡下种了五十亩水稻，自己饲养了一头牛。有一天，牛病了，他就去找兽医来给牛治病，牛医看完后说不知道这种病症应该怎样医治。王夫人足智多谋，涉猎广泛，于是就对苏轼说：“这头牛发豆斑疮，治疗方法应该用青蒿来做粥，让它将粥吃下去。”苏轼按照她所说的去做，果然有疗效。后来苏轼把这同样的方法推荐给章子厚，说：“自从我被贬谪居住在黄州以后，就开始当老农种田，没有什么开心事，哪里知道我的老妻竟然还能懂得怎样照顾这头老牛呢。”章子厚说：“我本想留下来再和你多说说话，但是又怕别人说我是来找牛医儿（这里指王夫人）医牛的，看来我还是姑且回去吧。”苏轼听后哈哈大笑。

清语篇第九

【原文】

吴苑曰：晋人尚清谈，清谈之语，除世务之外，凡风流、豪爽、放达、高傲之类，皆清也，是前人所取之义广。吾既以此区分类别，则清之之义，不得不隘矣。淘之汰之，则在山林之士乎！乃次清语第九。

【译文】

吴苑说：晋代人崇尚清淡，认为清淡的话语，除了世俗事务之外，凡是风流、豪爽、放达、高傲之类，都是清淡的，这说明前人所取的语义很广。我既然用这些语种来加以区别分类，那么清淡所表达的含义，就不得不说是很狭隘了。经过反复筛选淘汰之后，大概就都体现在山林隐士之间了吧！于是，便将清语排列第九位。

【原文】

1. 戴仲若颙，春日携双柑斗酒，人问何之，颙答曰："往听黄鹂声。此俗耳针砭，诗肠鼓吹。"

【译文】

戴颙（yóng），字仲若，春天里携带两只柑橘一壶酒悠然走在路上，有人问他要到哪里去，戴颙回答说："到山谷中去听黄鹂的歌声。这样可以针砭俗世的耳朵，也能让人柔肠百转、诗意澎湃。"

【原文】

2. 潘师正居嵩山逍遥谷，唐高宗召问所须，师正对曰："臣所须者，茂松清泉，山中不乏。"

【译文】

潘师正居住在嵩山逍遥谷，唐高宗召见他并问他还需要些什么，潘师正回答说："我所需要的，正是茂密的森林和清澈的泉水，而这两样东西山中都不缺乏。"

【原文】

3. 田游岩频召不出，唐高宗幸嵩山，亲至其门。游岩野服出拜，仪止谨朴。

帝问："先生比佳不？"游岩对曰："臣所谓泉石膏肓①，烟霞痼疾②。"

【注释】

①膏肓（gāo huāng）：中国古代医学称心尖脂肪为"膏"，心脏和膈膜之间为"肓"，认为"膏肓"是药力达不到的。

②痼（gù）疾：经久难治愈的病，顽疾。

【译文】

朝廷屡次征召田游岩，但他始终不愿出仕为官，于是唐高宗御驾幸临嵩山，亲自登门拜访。当时田游岩穿着山野村夫的衣衫出门参拜，仪态举止十分恭谨朴素。唐高宗问他："先生最近好不好呢？"田游岩回答说："微臣我就是那病入膏肓的泉石，经久难治愈的病中烟霞。"

【原文】

4. 王右军既去官①，与东土人士营山水弋钓之娱；又与道士许迈共修服食，遍采名药，不远千里，游东中诸郡名山，泛沧海，叹曰："我卒当以乐死！"

【注释】

①王右军：王羲之，字逸少，东晋时期著名书法家，有"书圣"之称。去官：辞去官职，离职。

【译文】

王羲之辞去右军将军的官职后，与东部地区的士人结伴一起享受山水游弋、垂钓之乐；有时也和道士许迈一起研究服饰美食，跋山涉水不远千里采集各种名贵草药，游遍东中部地区各郡名山，在无边无际的大海上泛舟，王羲之禁不住感叹说："我最终应当因快乐而死！"

【原文】

5. 陶征士尝言："五六月北窗下卧，凉风暂至，自谓是羲皇上人①。"

【注释】

①羲皇上人：指伏羲氏以前的人，即太古的人。比喻无忧无虑、生活闲适的人。羲皇：指伏羲氏。

【译文】

陶渊明曾经说："五六月期间，躺卧在北窗下，凉爽的微风渐渐袭来，就会自我感觉仿佛变成了伏羲时代的闲适之人。"

【原文】

6. 有客过陈眉公岩栖草堂，问是何感慨而甘栖遁，陈拈古句答曰："得闲多事外，知足少年中。"问："是何功课？"曰："种花春扫雪，看箓夜焚香①。"问：

“是何利养？”曰：“砚田无恶岁，酒谷有长春。”问：“是何往还？”曰：“有客来相访，通名是伏羲。”

【注释】

①箓（lù）：道教用以记录有关天官功曹、十方神仙名属，召役神吏，施行法术的牒文。它是道教教法中的重要部分。

【译文】

有位客人来到陈继儒的岩栖草堂拜访，问他是因为什么感慨而甘心遁世隐居的，陈继儒拈用古人的句子回答说：“得闲多事外，知足少年中。”客人又问：“你平时做些什么事？”他回答说：“种花春扫雪，看箓夜焚香。”客人又问：“你靠什么收入维持生活呢？”他回答说：“砚田无恶岁，酒谷有长春。”客人又问：“平时你都与什么人来往？”他回答说：“有客来相访，通名是伏羲。”

【原文】

7. 宗少文好山水，所至皆图之，以张于室。谓人曰：“抚琴动操，欲令众山皆响。”

【译文】

宗少文喜欢游山玩水，每到一处就会画一幅画，然后就把它张贴在室内。他时常对人说：“我抚动琴弦弹奏乐曲，也想让这些山水都能发出美妙的回声。”

【原文】

8. 孔稚珪风韵清疏，门庭之内，草莱不剪①，中有蛙鸣。稚珪曰：“以此当两部鼓吹。”

【注释】

①草莱：杂生的草；荒芜之地。

【译文】

孔稚珪风韵清淡疏朗，他的门庭之内杂草丛生，从来不去修剪，庭院中时常蛙鸣四起。孔稚珪说：“这样的环境可以抵得上两支击鼓吹奏的鼓乐队。”

【原文】

9. 谢惠连不妄交接①，门无杂宾。有时独醉，尝曰：“入吾室者，但有清风；对吾饮者，唯许明月。”

【注释】

①妄：随意，随便。

【译文】

谢惠连不随意与他人交往，所以他家里没有杂七杂八的宾客进门。有时独自

饮酒直到大醉，他曾经说："能够进入我室内的，只有清风；能够与我对饮的，只准许明月。"

【原文】

10. 吾乡汪曼容，工古篆刻，老而愈精，即文三桥、何雪渔不及也。结室黄萝山下，曰"一树庵"，日诵呗其中。偶有事暂至市，裾袖间冉冉有白云时出[①]，事毕即返。人或问曰："何返之速也？"答曰："白云伴我出市，安可不送白云入山？"

【注释】

①裾（jū）：衣服的前后大襟。

【译文】

我家乡有个人叫汪曼容，擅长古字篆刻工艺，越到年老技艺越炉火纯青，即使是文三桥、何雪渔也赶不上他了。他在黄萝山下修建了一座房屋，取名为"一树庵"，天天在屋中吟诵经文。偶尔有事才临时到集市上，那时候他的裙裾衣袖之中时常有白云冉冉升起，他每次办完事之后都会立刻返回。有人问他说："为何这么快就返回呢？"他回答说："白云伴着我出去办事，怎能不快速将白云送回到山中呢？"

【原文】

11. 孙腾、司马子如尝共诣李元忠，逢其方坐树下，拥被对壶，庭室芜旷[①]。使婢卷两褥质酒，徐谓二人曰："不意今日披藜藿也[②]。"

【注释】

①芜旷：空旷荒芜。

②藜藿（lí huò）：藜和藿。泛指贫贱的人家。

【译文】

孙腾、司马子如曾经一起去拜访李元忠，当时正好遇见李元忠坐在树下，裹着被子，对面是一把酒壶，庭院内一片荒芜空旷。他让丫鬟拿两床褥子去换酒，不紧不慢地对他二人说："没想到今天你们会到我这寒舍来做客。"

【原文】

12. 罗远游家呈坎山中，多古书旧帖。曹臣常过之，数日不归。一日，臣欲急归，罗留不允。时天欲雨，邻山初合，松竹之巅半露云表，指谓臣曰："汝纵不恋故人，忍舍此米家笔耶？"复留累日[①]。

【注释】

①累日：数日，几天。

【译文】

罗远游家住在呈坎山中，家中收藏的古书旧帖很多。曹臣经常过去拜访他，往往一连好几天不回家。有一天，曹臣急着要回家，罗远游执意挽留不让他回去。当时天要下雨，邻山刚刚被云雾笼罩，松竹的顶端在云雾中半遮半露，罗远游指着半空对曹臣说："纵然你不留恋我这个老朋友，又怎忍心舍弃这天然的米家山水画呢？"于是曹臣又住了几天。

【原文】

13. 梅岭悬峭①，登者如弹珠千仞，神骨俱悚。过此复又小康，人骑始得暂息。熊际华度之，心目契领，羡曰："山不先示人以易，此山灵着意处也②！"

【注释】

①悬峭：高耸陡峭。

②山灵：山神。着意：刻意，精心。

【译文】

梅岭悬崖众多，而且高耸陡峭，登上去的人如同千仞高峰上的一颗弹珠，令人神情、毛骨都惊悚万分。从这里过去后又能稍稍恢复平缓，人马这才能得到暂时休息。有一次，熊际华从这里经过，顿时觉得心旷神怡，羡慕地说："高山从来不先将容易攀登的地方展现在人面前，这都是山神精心安排的啊！"

【原文】

14. 晋简文入华林园，顾谓左右曰："会心处不必在远①，翳然林水，便自有濠濮间想也，觉鸟兽禽鱼自来亲人。"

【注释】

①会心：令人满意。

【译文】

东晋的简文帝司马昱走入华林园，回头对身边的人说："令人心满意足的地方，不一定在远方，茂密的森林，潺潺流水，自会有置身于濠、濮间的愉悦心情，有时候觉得鸟兽禽鱼自己会主动前来亲近人类。"

【原文】

15. 顾长康从会稽还，人问其山川之美，顾云："千岩竞秀，万壑争流，草木蒙笼其上，若云兴霞蔚。"

【译文】

顾恺之从会稽回来时，有人问他那里的山川河流如何俊美，顾恺之回答说："千座山岩相互竞争隽秀，万壑争流，繁盛的草木笼罩在山川之上，好像云霞一样壮观绚丽。”

【原文】

16. 王子敬云：“从山阴道上行，山川自相映发，使人应接不暇。若秋冬之际，尤难为怀。”

【译文】

王子敬说：“在山阴道上行走，山光水色自然相互映照，让人目不暇接。如果是在秋冬时节，更是令人难以忘怀。”

【原文】

17. 晋明帝问谢鲲：“君自谓何如庾亮？”答曰：“端委庙堂[①]，使百官整则，臣不如亮。一丘一壑[②]，自谓过之。”

【注释】

①庙堂：借指朝廷。

②一丘一壑：原指隐者所居之地。后多用以指寄情山水。

【译文】

东晋时期，晋明帝问谢鲲：“你自己说说，你与庾亮相比谁更优秀？”谢鲲回答说：“端端正正立身于朝廷，给百官做出规整的示范，我的确不如庾亮。但是若论寄情山水的情致，我自认为要略胜一筹。”

【原文】

18. 王子猷尝寄人空宅住，便令种竹。或问：“暂住，何烦尔？”王啸咏良久，直指竹曰：“何可一日无此君？”

【译文】

东晋名士王徽之暂时居住在别人的空宅子里，刚一入住就让人在庭院里栽种竹子。有人问他：“你只是暂时居住一段时间，何必自寻麻烦呢？”王徽之大声感慨许久，直接指着竹子说：“怎么能一日没有这些君子陪伴呢？”

【原文】

19. 刘野亭归乡，有权贵来访，皆不见。或风之，答曰：“才与狼虎隔途[①]，何忍遽与鸡犬相别[②]？”

【注释】

①狼虎：比喻险恶的官宦仕途。

②遽（jù）：立刻。

【译文】

刘野亭辞官回到故乡，随后便有当地权贵之人闻讯前来拜访，可他一律不

见。有人就讽刺他故作清高，他因此回答说：“刚与险恶的狼虎（暗指官场）隔离，怎忍心立刻就与鸡犬（暗指隐居田园的生活）相别离呢？”

【原文】

20. 苏郡隐士王宾，遁迹西山中①。姚少师广孝以旧好访之山中，谓曰：“寂寂空山，何堪久住？”答曰：“多情花鸟，不肯放人。”

【注释】

①遁迹：喻指隐居。

【译文】

苏州隐士王宾，一直隐居在西山中。有一天，少师姚广孝以老朋友的身份到山中去拜访他，对他说：“如此孤寂冷清的一座空山，怎么能长久居住呢？”王宾回答说：“是这些多情的花鸟，不愿意放我离开。”

【原文】

21. 熊际华过吉水邹南皋里，乐其幽寂，常忘归。每归，谓所亲曰：“一入邹里，水石泠泠①，便使人有廉励之想；及与人语水石又逊下风。”

【注释】

①泠泠（líng）：本指流水清冽的声音，这里形容环境清凉优雅。

【译文】

熊际华到吉水邹南皋的故乡去拜访，对那里寂静、清幽的环境很是迷恋，常常忘记回家。每次回来的时候，就会对自己的亲人说：“一到邹南皋的故乡，看到那里清冽的溪水流过山石，就使人有一种清廉自律、勤勉奋斗的想法；等到与人交谈片刻之后，又谦逊地退到了下游。”

【原文】

22. 李永和杜门却扫①，绝迹下帷，弃产营书，手自删削。每叹曰：“丈夫拥书万卷，何暇南面百城②！”

【注释】

①杜门却扫：停止庭扫、闭门谢客之意。

②暇：空闲。南面百城：管辖百座城池，比喻做大官。

【译文】

李永和停止庭扫、闭门谢客，垂下帘幕、与世隔绝，不再与外界交往，甚至舍弃家产，一心经营收藏书籍，亲自删减进行完善。他常常感叹说：“大丈夫拥有万卷藏书，哪里还有空闲时间去管辖百座城池！”

【原文】

23. 渊明尝闻田间水声，倚杖听之。叹曰："秫稻已秀，翠色染人，时剖胸襟，一洗荆棘，此水过吾师丈人矣。"

【译文】

陶渊明曾经听见田间水声，就拄着手杖仔细聆听。他曾感叹说："稻谷已经吐花，翠绿欲滴的颜色感染人的心情，时时敞开胸襟，一并洗掉内心的杂乱险阻，这就是水胜过我的老师和前辈之处了。"

【原文】

24. 陈仲醇居山中①，有客问山中何景最奇，陈曰："雨后露前，花朝雪夜。"又问何事最奇，曰："钓同鹤守，果遣猿收。"

【注释】

①陈仲醇：指陈继儒，字仲醇，号眉公、麋公，明朝文学家、画家。

【译文】

陈继儒在山中居住的时候，有客人问他山中什么风景最为奇妙，陈继儒说："下雨后，降露前，开花的早晨和雪后明朗的夜晚。"客人又问什么事情最奇妙，陈继儒回答说："钓鱼时与仙鹤一起相守，派遣猿猴去采摘成熟的果子。"

【原文】

25. 王司州至吴兴印渚中看，叹曰："非唯使人情开涤，亦觉日月清朗。"

【译文】

东晋的司州刺史王胡之来到吴兴的印渚巡察，所有辖区内都看过之后，感叹道："这里不仅使人的心情得以开悟如洗涤，同时也让人觉得日月明朗照人。"

【原文】

26. 天游子效负图先生履迹遍名山①，或问曰："山不同乎？"曰："然。春山淡冶而如笑②，夏山苍翠而如滴，秋山明净而如妆，冬山惨淡而如睡。海山微茫而隐见，江山严厉而峭卓，溪山窈窕而幽深，塞山童赪而堆阜③。桂林之山，玲珑剔透；巴蜀之山，巉差窳窆④；河北之山，绵衍庞博；江南之山，峻峭巧丽。山之形色，不同如此。"

【注释】

①负图先生：马文升，字负图，别号约斋，明朝中期名臣、诗人。

②淡冶：素雅而隽秀。

③童赪（chēng）：荒芜不长草木的赤色土地。

④巉差（chán chà）：险峻不平貌。窳窆（yǔ biǎn）：孔洞凹陷貌。

【译文】

天游子效仿马文升踏遍天下名山胜景，有人问他："这些山有什么不同吗？"他回答说："当然。春天的山素雅隽秀如同微笑，夏天的山苍翠如同欲滴之水，秋天的山明净疏旷如同换上了新妆，冬天的山惨淡无色如同安然入睡。海山微茫而隐约可见，江山庄严凌厉而陡峭，溪水中的山文静而幽深，边塞的山光秃秃没有草木而堆叠成赤色的山丘。桂林的山，玲珑剔透；巴蜀的山，险峻低伏、孔洞凹陷；河之北的山，绵延无边、气势磅礴；江之南的山，峻峭精巧、秀丽无限。所以说，山的颜色形态，就是如此截然不同的。"

【原文】

27. 屠长卿曰："红润凝脂，花上才过微雨；翠匀浅黛，柳边乍拂轻风。问妇索酿，瓮有新蒭①；呼童煮茶，门临好客。先生此时情兴何如也？"吴苑笑曰："长卿此语，犹当注疏，当止卢仝七碗，效康节半醺②，便是调和手段。"

【注释】

①瓮：酒坛。蒭（chú）：佳酿。

②康节：邵雍，字尧夫，北宋著名理学家、数学家、道士、诗人，与周敦颐、张载、程颢、程颐并称"北宋五子"。半醺：半醉。

【译文】

屠长卿说："如同雪白的肌肤透着红润的香脂，那是鲜花上刚刚经过微雨；如同那淡淡的睫毛相配弯如柳叶的黛眉，那是绿柳边刚刚轻拂而过的清风。向妻子索要一碗好酒，酒坛里有刚刚准备好的佳酿；召唤小童子快快去煮茶，有要好的客人前来拜访。此时此刻，先生的兴致如何？"吴苑笑着说："长卿的这番话，还应当加上一个犹如雷霆般的注解，应该像卢仝那样喝酒不超过七碗就停止，像邵雍那样喝酒只喝个半醉，这就是最好的协调方法。"

【原文】

28. 顾长康画谢幼舆在岩石里①。人问其所以，顾曰："谢云：'一丘一壑，自谓过之。'此子当置丘壑中。"

【注释】

①谢幼舆：谢鲲，字幼舆，晋朝时期名士、官员。他生性豁达，见识高明，不修饰成严的仪表。

【译文】

顾恺之将谢幼舆的人像画在岩石之中。有人问他这样做的原因，顾恺之说："谢幼舆曾说：'一丘一壑，自谓过之。'这位谢先生就应该画在丘壑之中。"

【原文】

29. 屠纬真曰[①]："茶熟香清，有客到门可喜；鸟啼花落，无人亦自悠然。"

【注释】

①屠纬真：屠隆，字长卿。明代文学家、戏曲家。书画造诣颇深，与胡应麟等并称"明末五子"。

【译文】

屠长卿说："茶水煮熟，飘散出四溢的清香，有客人到来自然喜气盈盈；鸟儿啼叫，花朵飘落，没有人来做客也能悠然自得。"

【原文】

30. 萧恭谓梁元帝曰："下官历观时人多不好欢，乃仰眠床上，看屋梁而著书。千秋万岁，谁传此者？劳神苦思，竟不成名。岂如临清风，对明月，登山访水，肆意酣畅也[①]！"

【注释】

①肆意酣畅：随心所欲、畅快淋漓。

【译文】

萧恭对梁元帝说："下官我长期观察当今的人大多数不喜欢玩乐，而竟然是仰面躺在床上，看着屋顶著书立说。真不知道，千秋万代之后，谁来传承他们的著作呢？他们整天这样劳累心神、苦苦冥思，最终竟然籍籍无名。哪能比得上像那沐浴清风，面对明月，游山玩水，随心所欲、畅快淋漓更有情致呢！"

【原文】

31. 唐肃宗尝赐高士玄真子张志和奴婢各一人，玄真配为夫妇，名为渔童樵青。人问其故，答曰："渔童使奉钓收纶[①]，芦中鼓枻[②]；樵青使苏兰薪桂，竹里烹茶。"

【注释】

①纶：钓线。

②鼓枻（yì）：划桨，泛舟。

【译文】

唐肃宗曾赏赐给高士玄真子张志和奴仆、丫鬟各一人，后来玄真子让他们二人结为夫妻，取名为渔童、樵青。人们问他为什么这样做，玄真子回答说："叫他渔童是为了让他不忘记钓鱼收网，在芦苇中摇桨泛舟；丫鬟取名为樵青是为了让她不忘记采兰花、折取桂树薪柴，在竹林里煮茶。"

【原文】

32. 陈眉公语客曰："余每欲藏万卷书，袭以异锦，熏以异香，茅屋芦帘，纸窗土壁，而终身布衣啸咏其中。”客笑曰：“果尔，此亦天壤间一异人。”

【译文】

陈继儒对客人说：“我每天都想拥有万卷藏书，用与众不同的华丽锦缎包裹书皮，用奇异的熏香熏染，然后独自住在安静的茅草屋里放下芦苇帘，南面是纸糊的窗户，四周是土墙壁，就这样一生做平民，悠然地在茅屋里唱歌吟诗。”客人笑着说：“如果你果真能做到这一点，也算是人世间的一个奇人了。”

【原文】

33. 陈眉公曰：“焚香倚枕，人事都尽，梦境未来。仆于此时，可名‘卧隐’，便觉凿坏住山为烦。”

【译文】

陈继儒说：“燃起一炷香，倚着枕头而卧，人间纷纷扰扰的事都已经过去，美丽的梦境还没有实现。我认为在时候，可以称之为‘卧隐’，此时便觉得在山间开挖山洞隐居是一件很烦琐的事情了。”

【原文】

34. 倪文节公曰[①]：“松声，涧声，山禽声，野虫声，鹤声，琴声，棋子落声，雨滴阶声，雪洒窗声，煎茶声，皆声之至清者也，而读书声为最。闻他人读书，已极喜；闻子弟读书，喜又不可言矣。”

【注释】

①倪文节：倪思，字正甫，谥号“文节”，南宋学者、官吏。

【译文】

南宋的倪文节说：“松涛声，涧水声，山禽鸣叫声，野虫声，鹤鸣声，琴声，落下棋子声，雨滴落台阶声，雪花洒向窗户声，煎茶声，这些都是声音当中极其清雅的，而以读书声最为美妙。每当听到他人读书时，就已经非常开心了；听到自己子弟读书的声音，那种喜悦之情就更加难以言表了。”

【原文】

35. 屠纬真曰：“篱边杖履送僧，花须罥于巾角[①]；石上壶觞坐客，松子落我衣裾。”

【注释】

①罥（juàn）：挂；缠绕。

【译文】

屠长卿说：“在篱笆边拄着手杖步行送别僧人，头巾的一角被花枝挂住；石头上摆放的酒器款待座上客，清风吹过，松子恰巧落在我的衣裤上。”

【原文】

36. 黄玄龙家黄萝山麓[①]，有梨数千枝，每花开时，日槃（盘）礴其间，至落尽犹数往观之。人问其故，曰："白地生绿苔，可爱也！"

【注释】

①麓：山脚下。

【译文】

黄玄龙的家在黄萝山脚下，那里有数千株梨树，每当花开的时候，他整天徘徊在花丛之中，直到花朵都已落光依旧一次次前去观看。有人问他为什么这样做，他说："满地雪白的梨花生绿苔，真的是非常可爱啊！"

【原文】

37. 陈眉公曰："山鸟每夜五更，喧起五次[①]，谓之'报更'。盖山间真率漏声也。"

【注释】

①喧：鸣叫。

【译文】

陈继儒说："山里的鸟每天夜里五更时分，要一起鸣叫五次，这叫作'报更'。这是山野间最为率真自然的报时之声了。"

【原文】

38. 陈仲醇曰："山居胜于城市，盖有八德[①]：不责苛礼，不见生客，不混酒肉，不竞田产，不闻炎凉，不闹曲直，不征文逋[②]，不谈仕籍。反此者，是侩牛店、贩马驿也。"

【注释】

①德：好处。

②逋（bū）：拖延，拖欠。

【译文】

陈仲醇说："在山里居住远远胜过在城市里居住，这其中大致有八种好处：不必苛求礼数，不用接见陌生客人，不乱吃酒肉，不必争夺田产，不过问世态炎凉，不纠缠是非曲直，没人来讨要拖欠的文债，不谈论仕途俸禄、官员名簿。与之相反的是，到处都是卖牛的店铺、贩马的驿站。"

韵语篇第十

【原文】

吴苑曰：风流之士有韵，如玉之有瑕，犀之有晕，美处即其病处耳。然病美无定名，溺之者为美，指之者为病。吾辈正堕此情韵海中，不能有所振脱，安肯以未定之名，而恬作己病乎？是必以韵为美矣。乃次韵语第十。

【译文】

吴苑说：风流儒雅之士具有韵致情韵，就如同美玉有瑕疵，犀牛角有晕痕，这其中的美妙之处同时也是它们的缺点之处。然而缺点、完美都没有固定的名称，沉溺其中的人认为那是妙不可言之美，而指责批评它的人却认为那是无法掩饰的缺点。我们这些人正深陷这韵致情趣的海洋之中，尚且不能有所挣脱，怎么能以一个尚未确定的名称，而安然地当作自己的缺陷呢？这就必然要以拥有韵致情韵为美了。于是就将韵语排在了第十位。

【原文】

1. 王戎丧儿万子，山简往省之。王悲不自胜，简曰："孩抱中物，何至于此？"王曰："圣人忘情，最下不及情；情之所钟，正在吾辈。"

【译文】

王戎的儿子万子死了，山简前去探望他。看到王戎难以自我控制的悲伤，山简劝慰他说："只是失去了一个怀抱中的婴儿而已，何必如此悲伤？"王戎说："圣人能够忘情，最低级的人谈不到有感情；而情感最强烈且专注的，正是我们这一类人。"山简听完深表敬佩，竟也随之悲伤起来。

【原文】

2. 袁中郎作吴令①，尝同方子公登虎丘，见红袖皆避去②，因语方曰："乌纱帽挟红袖登山，前人自多风致，今时不能并，便觉乌纱碍人。"

【注释】

①袁中郎：袁宏道，字中郎，号石公，明代文学家，在文学上反对"文必秦汉，诗必盛唐"的风气，提出"独抒性灵，不拘格套"的性灵说。

②红袖：借指年轻女子。

【译文】

袁宏道担任吴县县令时，曾和方子公一起登览虎丘山，看到年轻女子都在躲避他们，于是袁宏道就对方子公说：“官员偕同年轻女子登山，在前人看来自然是多了几分风流韵致，如今我们不能与前人同步，便觉得这乌纱帽反而妨碍美事。”

【原文】

3. 王光禄云：“酒正使人自远。”

【译文】

晋代王光禄说：“酒可以让人自行远离俗世。”

【原文】

4. 金陵女郎沙宛在，破瓜未久，于群人中逅吴鹿长，心悦之，抛以眉语，鹿长神解。两人渐相远引，同游者欲乱之，有客曰：“无得惊醒情禅也①。”

【注释】

①情禅：此指陷入情爱之中的恋人。

【译文】

金陵有个美妙女郎沙宛在，她刚刚十六岁那一年，在一群游人中邂逅了吴苑（字鹿长），心里非常喜欢他，就向他扬起眉梢抛送情语，吴苑心领神会，两人相互吸引着渐渐远离人群，同游的人想扰乱他们的好事，其中有一个客人说：“不要惊醒沉浸在情禅爱语之中的人。”

【原文】

5. 王太尉曰：“见裴令公，精明朗然，笼盖人世，非凡识也。若死而可作，当与之同归。”

【译文】

西晋的太尉王衍说：“我发现中书令裴楷为人精明，性格开朗，人格魅力远远超过当世之人，那不是凡俗之人所具有的见识啊。如果死了以后还能像活着一样可以行走做事，更应当与他一起同出同归。”

【原文】

6. 王子猷、子敬兄弟共赏《高士传》人及赞。子敬赏井丹高洁，子猷云：“未若长卿慢世①。”

【注释】

①慢世：玩世不恭，不拘礼法。

【译文】

王徽之、王献之兄弟二人一起欣赏《高士传》中的人物与评论。王献之赞赏

井丹高洁的品行，王徽之说："他比不上司马相如那样的玩世不恭、不拘礼法。"

【原文】

7. 庾太尉在武昌，秋夜气佳景清，使吏殷浩、王胡之之徒登南楼理咏[1]。音调始遒[2]，闻函道中有屐声甚厉[3]，定是庾公。俄而率左右十许人步来，诸贤欲起避之，公徐云："诸君少住，老子于此，兴复不浅。"因便据胡床，与诸人咏谑。

【注释】

①理咏：吟咏。

②遒：高昂有力。

③函道：楼梯。屐：木屐，古人穿的鞋子。

【译文】

东晋太尉庾亮在武昌驻守时，一个凉爽的秋夜，气候宜人，风景极佳，他的下属殷浩、王胡之等人登上南楼畅谈事理、吟咏诗赋。正当气氛开始高昂的时候，忽然听到楼梯上有非常响亮的木屐声，大家猜出那一定是庾亮。过了一会儿，庾亮果然率领十几个人徒步而来，诸位贤士们正要起身回避，只听庾公不慌不忙地说："各位稍微等一下，我老人家对此也有不浅的兴趣。"于是便坐在胡床上，与众人一起吟咏嬉戏起来。

【原文】

8. 大通禅师操律高洁，人非斋沐不敢登堂。东坡携妓谒之，大通愠形于色。坡乃作《南歌子》一首[1]，令妓歌之，大通亦为解颐。公曰："今日参破老禅矣。"其词云："师唱谁家曲，宗风嗣阿谁？借君拍板与门槌。我也逢场作戏、莫相疑。溪女方偷眼，山僧莫睫眉。却愁弥勒下生迟，不见老婆三五、少年时。"

【注释】

①南歌子：词牌名之一，又名《南柯子》。

【译文】

大通禅师戒守清规、品行高洁，如果不是内心洁净的人，是不能登门拜访的。有一天，苏轼带着一个歌妓前去拜访他，大通禅师立即露出非常生气的脸色。于是苏东坡当场作了一首《南歌子》，让歌妓唱出这阙词，大通禅师听后也禁不住高兴起来。苏轼说："今天终于参透老禅了。"他的词中写的是："师唱谁家曲，宗风嗣阿谁？借君拍板与门槌。我也逢场作戏、莫相疑。溪女方偷眼，山僧莫睫眉。却愁弥勒下生迟，不见老婆三五、少年时。"

【原文】

9. 参寥子言老杜诗云[1]："'楚江巫峡半云雨，清簟疏帘看弈棋。'此句可画，但恐画不就耳。”东坡问：“公禅人亦复爱此语耶？”寥云：“譬如不事口腹人，见江瑶柱，岂免一朵颐？”

【注释】

①参寥子：北宋诗僧。本姓何，字参寥，赐号妙总大师。著有《参寥子诗集》。

【译文】

北宋诗僧参寥子谈论杜甫的诗说：“‘楚江巫峡半云雨，清簟疏帘看弈棋。’这样的句子可以入画，但是恐怕难以画出其中的意境了。”苏轼问道：“你是参禅之人，难道也爱听这样的话吗？”参寥子说：“譬如不贪图吃喝的人，见到了江瑶柱这样的美食，岂能免去一次痛痛快快地品尝一番呢？”

【原文】

10. 苏子瞻去黄州，及岭外，每旦起[1]，不招客与语，必出访客。所与游亦不尽择，各随其人高下，诙谐放荡，不复为畦畛[2]。有不能谈者，则强之使说鬼，或辞无有，则曰：“汝妄言之，吾妄听之。”

【注释】

①旦：早晨。

②畦畛（qí zhěn）：界限；常规。

【译文】

苏轼（字子瞻）离开黄州，来到岭外以后，每天早晨起来，不是邀请客人来家中聊天，就是一定出去拜访客人。他不挑剔与自己交往的人，分别根据他们的品位高低进行交谈，交谈中气氛幽默诙谐，放荡不羁，打破常规，从不划分地位尊卑界限。有些人不善言谈，苏轼就让他们讲些鬼怪故事，有的人推辞没有话说，他就会说：“你们只管胡乱说说，我只管胡乱听听而已。”

【原文】

11. 吴逵曰：“世无花月美人，不愿生此世界。”

【译文】

吴逵说：“世界上如果没有鲜花、明月、美人，就不愿生活在这个乏味的世界上。”

【原文】

12. 陈眉公曰：“名妓翻经，老僧酿酒，将军翔文章之府，书生践戎马之场，虽乏本色，亦是有致[1]。”

【注释】

①致：韵致；情趣。

【译文】

陈继儒说："名妓翻看经书，老和尚酿酒，将军在文坛上展翅翱翔，书生在沙场上纵横驰骋，尽管缺乏本色，但也是别有一番情趣。"

【原文】

13. 许慎选放旷，不拘小节[①]。与亲友结宴花圃中，未尝张幄设座，只使童仆聚落花铺坐下，曰："吾自有花裀[②]。"

【注释】

①不拘小节：指不为无关原则的琐事所约束。多指不注重生活的小事细节。

②裀（yīn）：坐垫。

【译文】

许慎选性情豪放旷达，不拘泥于微小细节。一天，他与亲朋好友在花园里举行宴会，既不搭建帐篷，也不设座位，只是让童仆收集一些花瓣铺在地面上让宾客们坐下，并说："我们有大自然赐予的鲜花坐垫。"

【原文】

14. 袁尹疏放好酒，尝步屧白杨郊野间[①]，道遇一士人，便呼与酣饮。明日此人谓被知遇，诣门求通[②]，袁曰："昨日饮酒无偶[③]，聊相邀耳。"

【注释】

①屧（xiè）：古同"屟"，古指鞋的木底。

②诣：到。

③偶：伴，陪伴。

【译文】

袁尹性情豪放，喜欢饮酒，曾有一次漫步在长满白杨的郊野之间时，偶然在路上遇到了一个读书人，于是就呼唤他过来一起开怀畅饮。第二天，这个人以为遇到了伯乐，就登门拜访，请求门卫通报，袁尹说："昨天喝酒没人陪伴，只是暂且相邀共饮而已。"

【原文】

15. 王无功待诏门下省，故事：官给酒日三升。或问："待诏何乐耶？"答曰："良酝可恋耳。"

【译文】

王无功担任门下省待诏期间，按照以前的惯例：官府每天供酒三升。曾有人问他："做待诏有什么值得高兴的吗？"王无功回答说："只有那美酒佳酿值得留恋而已。"

【原文】

16. 张卿子同邓林宗、闵子善、钟瑞先、刘叔任诸子，夜半步佑圣观，缺月当眉际，凉楚逼人。诸子欲归，张曰："落花残月，惟若有情。吾侪正属其人[①]，不得以硬肠愆性[②]。"复步玩将晓而散。

【注释】

①侪（chái）：同辈人，同类人。

②愆（qiān）：违背，失和；过失。

【译文】

张卿子与邓林宗、闵子善、钟瑞先、刘叔任等人，散步到半夜时路过佑圣观，此刻残缺的月亮照在眉梢，显得凉气逼人。这几个人想要回去，张卿子说："落花残月，只对你有情。我们这些人正是这类人，不能硬着心肠违背性情。"于是又继续散步游玩，直到天快亮的时候才纷纷散去。

【原文】

17. 钱鹤滩请告归[①]，门生某守扬州，遣使迎公，越期不赴。后始一至，诸大贾争先迎谒，将有请属。公曰："老夫扶来看广陵涛，并问琼花消息耳，无作跨鹤人猜也。"

【注释】

①钱鹤滩：钱福，字与谦，明代状元，因家住松江鹤滩附近，自号"鹤滩"。

【译文】

钱鹤滩请假还乡，当时他的某位门生担任守卫扬州的知州，于是就派人去迎接钱鹤滩，可是钱公过了很长时间还没到达。后来刚一到扬州，很多富商就都争先恐后去拜访他，打算委托他帮忙办事。钱公说："老夫我这次是来看广陵万里波涛的，一并打探琼花的消息而已，不要把我幻想成跨鹤飞升的仙人啊。"

【原文】

18. 陈眉公曰："人有一字不识而多诗意，一偈不参而多禅意[①]，一勺不濡而多酒意，一石不晓而多画意，淡宕故也[②]。"

【注释】

①偈（jì）：偈陀，梵语"颂"，即佛经中的唱词。简称"偈"。

②淡宕（dàng）：同"淡荡"，水迂回缓流貌。引申为淡然，悠闲自在。

【译文】

陈眉公说："有的人一个字也不认识，却能活得很有诗意，不能看懂一篇佛经，可是说出的话却都很有禅意，滴酒不沾却总是带有几分醉意，不曾玩赏一块竹石，可是生活却能过得很有诗情画意，这都是内心淡然的缘故啊。"

【原文】

19. 玄墓山寺门有巨松，甚郁茂，堪舆家言："当门不利。"劝去之。天全翁至山中，僧以是请。公视松，爱之，不忍舍，徐谓僧曰："木在门，成'闲'字，不爱耶？"

【译文】

玄墓山寺门前有一棵巨大的松树，特别葱郁繁茂，风水先生说："这棵树对着门，不吉利。"于是就劝僧人将松树砍掉。天全翁来到这山寺拜谒，寺僧就因这件事征求他的意见。天全翁看到这棵松树，非常喜欢，不忍心砍去，就慢悠悠地对僧人说："木在门里，就成了'闲'字，你们难道不喜欢悠闲吗？"

【原文】

20. 司马太傅斋中夜坐，于时天月明净，都无纤翳，太傅叹以为佳。谢景重在坐答曰："意谓不如微云点缀。"太傅因戏曰："卿居心不净，乃复强欲滓秽太清耶①？"

【注释】

①滓秽（zǐ huì）：污浊，玷污。太清：天空，喻指天道。

【译文】

一天夜里，太傅司马道子坐在书房中，当时月色皎洁明净，夜空没有一片云彩遮挡。太傅大声赞叹说此刻夜色最好。谢景重当时也坐在那里，回答说："我认为不如有点云彩点缀一下更美。"太傅因此开玩笑说："看来你居心不纯净啊，难道还想硬把清净的天空弄脏吗？"

【原文】

21. 刘公荣与人饮酒，杂秽非类，人或讥之。答曰："胜公荣者，不可不与饮；不如公荣者，亦不可不与饮；是公荣辈者，又不可不与饮，故终日共饮而醉。"

【译文】

刘公荣经常与别人一起饮酒，但其中人员混杂，都不是同一类人，因此有人讽刺他。他回答说："超过我的人，不能不与他饮酒；不如我的人，也不可不与他饮酒；和我同样的人，又不可不与他饮酒，所以只能是天天与人一起喝到大醉了。"

【原文】

22. 阮籍嫂尝还家，籍见与别。或讥之，籍曰："礼岂为我辈设耶？"

【译文】

曾有一次，阮籍的嫂子准备回娘家省亲，阮籍前去拜见，并把嫂子送出家门。有人借“叔嫂不相通问”之说讽刺他，阮籍说：“难道这种礼仪是用来约束我们这类人的吗？”

【原文】

23. 阮仲容①、步兵居道南，诸阮居道北。北阮皆富，南阮贫。七月七日北阮盛晒衣，皆纱罗锦绮，仲容以竿挂大布犊鼻裈于中庭②。人或怪之，答曰：“未能免俗③，聊复尔耳！”

【注释】

①阮仲容：阮咸，字仲容，魏晋时期名士、文学家。与嵇康、阮籍、山涛、向秀、刘伶、王戎并称为“竹林七贤”。

②犊鼻裈（kūn）：短裤。

③未能免俗：意思是没能摆脱自己不以为然的风俗习惯。

【译文】

阮咸、步兵校尉阮籍居住在路南，其他阮氏家族的人居住在路北。当时，住在北面的阮氏族人都很富有，而南面的人都很贫穷。七月七日这天，北面阮姓的人晾晒衣物，都是用绫罗绸缎做成的，这时阮咸也用竹竿将粗布做的短裤挂在庭院中晾晒。有人对他的行为感到很奇怪，他回答说：“我没能摆脱风俗习惯，姑且也跟着这么做罢了！”

【原文】

24. 午桥庄小儿坂，茂草盈原，裴晋公每使驱群羊散于坂上，曰：“芳草多情，赖此点缀。”

【译文】

午桥庄有个小山坡，原野上长满了茂盛的野草，裴度常常让人赶着羊群分散在山坡上，并说：“芳草是多情的，借羊群来点缀一下。”

【原文】

25. 皇甫嵩曰：“凡醉各有所宜：醉花宜昼，袭其光也；醉雪宜夜，清其思也；醉得意宜唱，宣其和也；醉将离宜击钵，壮其神也；醉文人宜谨节奏，畏其侮也；醉俊人宜益觥盂加旗帜①，助其烈也；醉楼宜暑，资其清也；醉水宜秋，泛其爽也。此皆审其宜，考其景，反此则失饮之人矣。”

【注释】

①觥盂：一种酒器。

【译文】

皇甫嵩说："凡是沉醉其中，各自都有与之相适宜的环境：醉在花间适宜于白天，这样就可以同时沐浴明亮的阳光；醉在雪地里适宜于黑夜，这样就可以清静思绪；得意之时喝醉适宜唱歌，这样就可以抒发自己心中融和的情绪；离别之际喝醉适宜击钵，这样就可以排遣忧虑；在文人堆里喝醉，应当谨慎自己的言行节奏，害怕被他人轻慢侮辱；醉在英雄豪杰的人群中，适宜端起大酒器、四周添加招展的旗帜，这样可以助力其中豪爽之气；在高楼喝醉适宜于盛夏，这样就可以感受高处的清爽怡情了；在水上喝醉，适宜于秋天，这样就可以感受泛舟水面的爽朗了。这些都是审验与之相适宜的环境，考察四周环境的要素，与之相反的，就可以证明此人不会饮酒了。"

【原文】

26. 张季鹰纵任不拘，时人号为江东步兵。或谓之曰："卿乃可纵适一时，独不为身后名耶？"答曰："使我有身后名，不如即时一杯酒。"

【译文】

西晋的张翰放纵任性，无拘无束，当时人们称他为"江东阮籍"。有人对他说："你可以放纵一时，但你就不去考虑一下身后的名声吗？"他回答说："让我有身后名声，还不如让我现在就有一杯酒。"

【原文】

27. 王忱见王恭六尺簟①，谓有余，求之，恭即送。后忱见恭更无簟，问之，恭曰："平生无长物②。"

【注释】

①簟（diàn）：竹席。

②长物：多余的东西。

【译文】

王忱到王恭家拜访时，看见他有一张六尺长的竹席很漂亮，以为他还有多余的，就请求他送自己一个，王恭立即就送了一个给他。后来王忱再去拜访时发现王恭再也没有竹席可坐，就问他为什么，王恭说："我平生没有多余的东西。"

【原文】

28. 袁丰居宅后有六株梅，叹曰："烟姿玉骨，世外佳人，恨无倾城笑耳！"

【译文】

袁丰居住的房屋后面有六棵梅花树，他感慨道："如此烟姿玉骨，世外佳人，遗憾的是没有倾城一笑啊！"

【原文】

29. 唐御苑新有千叶桃花，明皇亲折一枝，插于妃子头上，曰："此个花尤能助娇也。"

【译文】

唐朝的御林苑新增添了千叶桃花，唐明皇亲手折下一枝插在妃子头上，说："这朵花能把爱妃衬托得更加娇美了。"

【原文】

30. 飞燕进合德，帝大悦，以辅属体，无所不靡，谓为温柔乡，曰："吾老是乡矣，不能效武皇帝求白云乡也。"

【译文】

赵飞燕把自己的亲姊妹赵合德进献给汉成帝，成帝非常高兴，把脸贴在她的肌肤上，感到她的每一寸肌肤无不细腻柔滑，喜滋滋地称之为"温柔乡"，说："看来我要终老在这温柔乡里了，不能效仿汉武帝去寻求白云所在的仙乡了。"

【原文】

31. 唐明皇秋八月，太液池有千叶白莲数枝盛开。帝与贵戚宴赏焉，左右皆叹羡。久之，帝指贵妃示左右曰："争如我解语花。"

【译文】

唐明皇年间，秋天的八月份，太液池有千朵白莲花盛开在枝头。唐明皇与贵戚们在这里一起宴饮观赏，身边的人都赞叹羡慕。过了一会儿，唐明皇指着贵妃对身边的人说："莲花再美也无法与我这朵通晓人语的花儿相比。"

【原文】

32. 孟万年好饮，愈多不乱。桓宣武尝问："酒有何好而卿嗜之？"孟答曰："公但未知酒中趣耳。"

【译文】

孟万年喜欢饮酒，喝得再多也不会乱了分寸。桓温曾问他："酒有什么好处竟让你这么迷恋它？"孟万年回答说："主公您只是不知道酒中的乐趣罢了。"

【原文】

33. 皇甫亮三日不上省①，文宣亲诘其故，亮曰："一日饮，一日醉，一日病酒。"

【注释】

①上省：官署名。南朝侍中省有上省、下省，为官员当值之所。

【译文】

北齐的皇甫亮接连三天没有到省署中当值，文宣帝亲自询问他什么缘故，皇甫亮说："一天喝酒，一天喝醉，一天因饮酒过量而病恹恹。"

【原文】

34. 谢耳伯、宋献孺在潘景升座，有三妓佐酒。谢奉佛不饮酒近色，在座不无少自检持。宋语之曰："打过艳冶，即是圆通；成佛成仙，正在吾辈。"

【译文】

谢耳伯、宋献孺在潘景升家中做客，当时有三个妓女在身旁陪酒。谢耳伯信奉佛教，不喝酒也不近女色，所以宴席上无时不刻都在把持自我。宋献孺对他说："过了美人关，就是达到圆通境界了；能够成仙成佛的，正是我们这一类人。"

【原文】

35. 孔北海家居失势，宾客日满其门，爱才乐士，常若不足。每叹曰："座上客尝满，尊中酒不空，吾无忧矣。"

【译文】

孔融遭贬谪失去了权势，整日赋闲在家，每天都有很多宾客登门拜访，他爱惜人才，乐于结交贤士，常常感到不满足。因此总是感叹说："高朋满座，杯中酒不空，我应当没有什么可忧虑的了。"

【原文】

36. 琅琊王肃仕南朝，好茗饮莼羹，及还北地，又好羊肉酪浆。人或问之："茗何如酪？"肃曰："茗不堪与酪为奴。"

【译文】

琅琊人王肃在南朝做官的时候，喜欢喝茶、吃莼菜羹，后来回到北方，又开始喜欢吃羊肉、乳酪。有人问他说："茶和乳酪相比，你更喜欢哪一个？"王肃说："让茶给乳酪做奴仆都不能胜任。"

【原文】

37. 郭顺卿行二，称之曰郭二姐，与王元鼎密。阿鲁温参政在中书，尤属意于郭①。一日戏曰："我何如王元鼎？"郭曰："参政宰臣也，元鼎文士也。经论朝政，致君泽民，则元鼎不及参政；嘲风弄月，惜玉怜香，则参政不敢望元鼎。"温一笑而别。

【注释】

①属意：意为归心、着意；犹指倾心，指男女相爱慕。

【译文】

郭顺卿排行第二，别人都称她为郭二姐，与王元鼎关系十分密切。阿鲁温在中书省任参政，特别倾心于郭顺卿。有一天，他开玩笑说："我和王元鼎相比谁更优秀？"郭顺卿说："参政您是重臣，元鼎他是文士。若论掌管朝政，侍奉君主，恩泽百姓，元鼎不如参政；若论玩味风花雪月，怜香惜玉，参政您就不如元鼎了。"阿鲁温笑了笑就辞别了。

【原文】

38. 郎基为县令，清慎无所营。尝曰："任官之所，木枕亦不须作，况重于此乎？"惟颇令人写书，樊宗孟谓曰："在官写书，亦是风流罪过。"基曰："观过知仁，斯亦可矣。"

【译文】

郎基做县令的时候，廉洁谨慎、没有营私的欲望。他曾经说："在做官的地方，木质枕头都不需要做一个，何况是更珍贵的东西呢？"他只是特别喜欢让人抄书，樊宗孟对他说："在官位上组织抄书，这也是一种有损风雅的过失。"郎基说："观察一个人的过失就能知道他的仁义之处，这样做也是可以的。"

【原文】

39. 王孝伯云："名士不必须奇才，但使常得无事，痛饮酒，熟读《离骚》，便可称名士。"

【译文】

王孝伯说："名士不一定必须是世间奇才，只要让他经常闲来无事时，酣畅淋漓地喝酒，熟知《离骚》，便可以称之为名士了。"

【原文】

40. 王长史登茅山①，大恸哭曰："琅琊王伯舆，终当为情死。"

【注释】

①王长史：王廞（xīn），字伯舆，东晋后期政治人物、书法家。出身琅琊王氏，东晋开国丞相王导之孙。

【译文】

东晋的司徒长史王伯舆登上茅山，禁不住失声大哭说："琅琊王伯舆，终将为情而死啊。"

【原文】

41. 明皇坐沉香亭，诏妃子，妃子时卯酒未醒，命力士使侍儿扶掖而至。妃子醉颜残妆，鬓乱钗横，不能再拜。上皇笑曰："是岂妃子醉，真海棠睡未足耳！”

【译文】

唐玄宗坐在沉香亭赏花，传令召见杨贵妃，贵妃当时因为早晨醉酒还没醒，皇上就派高力士遣使丫鬟们搀扶她过来拜见。此刻贵妃醉意朦胧，妆容残破，鬓发凌乱，玉钗横斜，醉醺醺不能跪拜。唐玄宗笑着说：“这哪里是妃子喝醉了，真真是海棠花还没睡醒啊！”

【原文】

42. 蒲传正知杭州，有术士请谒，盖年逾九十，而犹有婴儿之色。传正接之甚欢，因访以长年之术。答曰：“其术甚简而易行，他无所忌，惟当绝色欲耳。”传正俯思良久曰：“若然，则寿虽千岁何益？”

【译文】

蒲传正任杭州知府时，有个方术之士前来拜访，年龄大概已经超过九十岁了，但仍然还有婴儿般的面色。蒲传正与他交谈感到非常愉快，因此顺便又询问他高寿的秘诀，他回答说：“这种长寿方法非常简单易行，其实没有什么其他禁忌，只是应当戒绝女色情欲罢了。”蒲传正低头思索了好长时间，说：“如果是这样，那么即使活到一千岁，又有什么意义呢？”

【原文】

43. 李舟除昌州，不乐。渊材往问之曰：“昌州佳郡也，奈何弃之？”李曰：“供给丰乎？”曰：“非也。”“民讼简乎？”曰：“非也。”“然则何以知其佳？”渊材曰：“天下海棠无香，惟昌州有香耳。”

【译文】

李舟奉命出任昌州刺史，很不开心。彭渊材前去安慰他说：“昌州是个好地方啊，为什么嫌弃它呢？”李舟说：“那里待遇丰厚吗？”彭渊材回答说：“不丰厚。”李舟又问：“那里的诉讼案件少吗？”彭渊材说：“不少。”李舟又问：“那么你是怎么知道那里好的呢？”彭渊材回答说：“因为普天之下其他地方的海棠都没有香气，唯独昌州的海棠有四溢的香气啊。”

【原文】

44. 陈眉公曰：“香令人幽，酒令人远，石令人隽①，琴令人寂，茶令人爽，竹令人冷，月令人孤，棋令人闲，杖令人轻，水令人空，雪令人旷，剑令人悲，蒲团令人枯，美人令人怜，僧令人淡，花令人韵，金石彝鼎令人古。”

【注释】

①隽（juàn）：隽永，引人入胜的感觉。

【译文】

陈眉公说："香气使人有幽深之感，酒使人心境辽远，石使人隽永，琴使人安静，茶使人清爽，竹使人清凉，月使人孤独，棋使人悠闲，杖使人有轻松之感，水使人空灵，雪令人旷达，剑令人悲愤，蒲团使人想到枯槁，美人令人心生怜爱，僧令人清淡，花使人风雅，金石彝鼎可使人怀古。"

【原文】

45. 米芾方择婿①，会建康段拂字去尘。芾择之，曰："既拂矣，又去尘，真吾婿也。"以女妻之。

【注释】

①米芾（fú）：字元章，湖北襄阳人，北宋书法家、画家、书画理论家，与苏轼等人合称为"宋四家"。

【译文】

米芾有洁癖，正在挑选女婿期间，恰好遇到建康有个名叫段拂的人，其字为"去尘"。米芾因此选择了他，并说："已经拂去尘埃了，然后再去尘，真是我想要的女婿啊。"于是就把女儿许配给他了。

【原文】

46. 屠长卿曰："据床嗒尔①，听豪士之谈锋；把盏醒然，看酒人之醉态。"

【注释】

①嗒尔：聚精会神的样子。

【译文】

屠长卿说："坐在床榻上保持聚精会神的状态，认真聆听英雄豪杰们激情澎湃的高谈阔论；不停地端起酒杯开怀畅饮时，要保持头脑清醒，静看饮酒之人喝醉时的种种醉态。"

【原文】

47. 陈眉公曰："天之风月，地之花柳，人之歌舞，无此不成三才。"戏语亦自有理。

【译文】

陈眉公说："天上的风和月，地上的花儿和杨柳，人间的歌舞，没有这些就不能构成三才。"这玩笑话也是很有道理的。

【原文】

48. 唐玄宗性俊迈，酷不好琴。曾听弹，正弄未及毕，叱内官曰①："速召花奴，将羯鼓来，为我解秽！"

【注释】

①叱：斥责，呵斥。

【译文】

唐玄宗性情俊逸豪迈，但他特别不喜欢弹琴。曾有一次听人弹琴，正在听的过程中，还没等那人一曲弹完，玄宗就大声斥责身边太监说："速速召唤花奴，将羯（jié）鼓拿来，为我消除这琴声带来的秽气！"

【原文】

49. 梁高祖重陈郡谢朓诗①，常曰："不读谢诗，三日觉口臭。"

【注释】

①重：器重，推崇。

【译文】

南朝的梁高祖非常器重陈郡谢朓的诗，曾说："不读谢朓的诗，三天便觉得口臭。"

【原文】

50. 刘伶常乘鹿车，携一壶酒，使人荷锸随之①，曰："死便埋我。"

【注释】

①荷（hè）：背，扛着。锸（chā）：铁锹，掘土的工具。

【译文】

刘伶常常一个人乘坐一辆人力挽拉的小车，带上一壶酒，让仆人扛着铁锹跟在身后，并告诉仆人说："如果我死了，你们就地挖坑把我埋掉。"

【原文】

51. 汉平恩侯许伯入第，丞相御史将军中二千石皆贺，盖宽饶后至①，许伯自酌曰："盖君后至。"宽饶曰："无多酌我，我乃酒狂。"丞相魏侯笑曰："次公醒而狂，何必酒也？"

【注释】

①盖宽饶：字次公，汉朝经易学家。汉宣帝时期任太中大夫，司隶校尉，武帝特置等职，专门负责对京城的监察。因宽饶刚直奉公，故称"虎臣"。

【译文】

汉朝的平恩侯许伯搬入新建的府第，当朝的丞相、御史、将军、郡守等都来给他道贺，盖宽饶是最后一个到的，许伯亲自给他斟酒时说："盖公来晚了。"盖宽饶说："不要给我倒太多酒，我是个酒狂。"丞相魏侯笑着说："次公醒着的时候就很狂，何须等到喝醉酒之后呢？"

【原文】

52. 尚方禁少时尝盗人妻见斫[①]，创著其颊。左冯翊朱博用为守尉，问禁曰：“是何等创？”禁自知情得，叩头服状。博笑曰：“大丈夫固时有是。”

【注释】

①盗：抢掠劫持；非礼。斫：砍

【译文】

尚方禁年轻时曾经非礼别人的妻子，被人发现后砍了他一刀，因此脸上留下了伤疤。左冯翊朱博任命他为守尉时，问尚方禁：“脸上的刀疤是怎么受伤的？”尚方禁知道难以隐瞒实情，于是连忙跪地叩头谢罪。朱博笑着说：“大丈夫本来就难免会有这样的事情发生。”

【原文】

53. 刘伶好酒，渴甚，求酒于妻。妻藏酒弃器，谏曰：“非养生之道，宜断之。”伶曰：“善！当祀鬼神自誓，便可具酒肉。”妻从之。伶跪祝曰：“天生刘伶，以酒为名；一饮一石，五斗解酲[①]。妇人之言，必不可听。”于是引酒衔肉，隗然复醉[②]。

【注释】

①酲（chéng）：喝醉了神志不清的病态。

②隗（wěi）然：颓然，醉倒的样子。

【译文】

刘伶喜欢喝酒，有一次酒瘾发作很想喝酒，就乞求妻子拿酒来。妻子先藏起酒然后又扔掉酒器，劝他说：“这样饮酒不是养生之道，应当戒掉它。”刘伶说：“好！现在应当祭祀鬼神、立下誓言，你现在就去准备酒肉吧。”妻子按照他的话去办了。刘伶跪地祝祷说：“上天生我刘伶，就让我以喝酒出名；一次饮一石，五斗除酒病。妇人说的话，当然一定不可听。”于是就端起酒器，饮酒吃肉，又颓然大醉了。

【原文】

54. 马援破贼后[①]，封新息侯，食邑三千户。援乃击牛酾酒[②]，劳飨军士[③]，从容谓官属曰：“吾从弟少游，常哀吾慷慨多大志，曰：‘士生一世，但取衣食裁足，乘下泽车，御款段马，为郡掾史，守坟墓，乡里称善人，斯可矣。至求盈余，但自苦耳。’当吾在浪泊、西里间，虏未灭之时，下潦上雾[④]，毒气重蒸，仰视飞鸢跕跕墯水[⑤]，卧念少游平生时语，何可得也！”

【注释】

①马援：字文渊，西汉末年至东汉初年著名军事家，东汉开国功臣之一。破

贼：打败贼寇。

②酾酒：滤酒。

③劳飨（xiǎng）：意思是慰劳犒赏。

④潦：积水。

⑤跕跕（dié）：此指坠落水中的样子。堕（duò）：同“堕”，坠落。

【译文】

东汉马援打败贼寇后，被封为新息侯，从此封地有三千户。于是马援开始杀牛设酒宴，犒赏三军将士，从容地对下属说：“我的堂弟马少游，经常为我的凌云壮志不能实现而叹息，他说：‘士人生活一辈子，只需要衣食自足，乘坐简单的车，骑着普通的老马，当个郡中官，守住祖宗坟墓，乡里称赞你是个善良的人，这样就可以了。至于执着追求更多的利益，只是自寻烦恼罢了。’当初我戍守在浪泊、西里之间，还没有消灭敌寇的时候，脚下踩的是无尽的积水，头顶上是迷茫的云雾，四周毒气熏天，抬头仰望飞鹰纷纷坠入水中，我躺在那里想起少游当初说过的话，真不知道什么时候才能实现啊！”

【原文】

55. 郝之玺曰：“看花步男子，当作女人；寻花步女人，当作男子。”

【译文】

郝之玺说：“跟在男人身后看花，应当把自己当作女人；跟在女人身后寻花，应当把自己当作男子。”

【原文】

56. 江之生初为僧，颇称苦行。过黄玄龙于石岭山房，别后蓄发，复遇于金陵，玄龙不知也。江曰：“黄先生忘耶？我乃某也。”稍及寒温，江遽曰：“我苦极！我苦极！”黄问何苦？江曰：“胯间便毒，已三月未愈也。”

【译文】

江之生刚出家为僧的时候，自称很能吃苦。他曾到石岭山的住宅中看望过黄玄龙，分别后他就开始留长发还俗，后来他们又在金陵相遇，当时黄玄龙没有认出他来。江之生说：“黄先生难道忘记我了吗？我就是江某人啊。”简单嘘寒问暖聊了几句后，江之生突然说：“我很痛苦！我很痛苦啊！”黄玄龙问为什么痛苦？江之生说：“大腿根长出毒疮，已经三个月了还没有愈合呢。”

【原文】

57. 大司徒杜公佑在维扬也，尝召宾幕闲语：“我致政后，买一小驷八九千者，饱食讫而跨之，着粗布襕衫①，入市看盘铃傀儡足矣②。”后致仕，果行其志。谏官上疏言：“三公不合入市。”公曰：“在吾计中矣。”

【注释】

①襕（lán）衫：为汉服体系，上下衣相连。

②市：集市。盘铃傀儡（kuǐ lěi）：以盘铃伴奏演出的傀儡戏。

【译文】

大司徒杜佑在扬州为官时，曾经召集宾客幕僚闲聊时说："等我辞官后，准备花八九千买一匹小马，吃饱之后就骑上它，穿着粗布衣裳，到集市上去看铃盘傀儡戏就知足了。"后来辞了官，他果然按照以前的想法去做了。有谏官写奏折向皇上报告了这件事，说："按我朝礼法，位列三公的身份不适合到集市上去。"杜佑说："早就在我的意料之中了。"

【原文】

58. 陈惟允家有王叔明《泰山密雪图》，张廷采闻知，往借观之，卧其下两日不去。使者促之，廷采临去，顾曰："王先生，尔岂知百岁后，有张廷采恋尔耶？"

【译文】

陈惟允家中悬挂着明代王蒙（字叔明）的《泰山密雪图》，张廷采知道后，就前去观看，后来他干脆躺在那幅画旁边，接连两天都不离开。后来他家里派人催促他赶紧回去，张廷采这才动身，临走之前回头看着那幅画说："王先生，你哪里知道百年之后，有个张廷采如此崇拜你呢？"

【原文】

59. 赵子固尝得定武不损本禊帖，乘舟夜泛而归。行至霅之昇山①，风起舟覆，行李襆被②，皆渰溺无余③。子固方披湿衣立浅水中，手持《禊帖》语人曰："《兰亭》在此，余不足问。"

【注释】

①霅（zhà）：霅溪，水名，是浙江省湖州市境内的一条河流。

②行李襆（pú）被：泛指行李衣被。

③渰溺（yǎn nì）：淹没。

【译文】

赵子固曾经得到一本完好无损的定武本《禊帖》（即王羲之的《兰亭集序》），当天夜里乘着小船高高兴兴回家。当小船行到霅溪岸边的昇山附近时，忽然刮起大风掀翻了小船，行李衣被全都淹没到水中一件没剩。赵子固披着湿透的衣服站在浅水中，手里拿着《禊帖》对人说："所幸《兰亭集序》还在我的手里，其他的就不足挂齿了。"

【原文】

60. 裴晋公性弘达，不好服食，每语人曰："鸡猪鱼蒜，逢着则吃；生老病死，时至则行。”

【译文】

唐代的晋国公裴度性情豁达，宽宏大量，不喜欢华服美食，他经常对人说：“鸡猪鱼蒜，遇到就吃；生老病死，时限到了就坦然前去。”

【原文】

61. 李宗闵多宾客谈笑，喜饮酒。暑月临池，以荷为杯，满酌酒，密系持近口，以箸刺之而饮①，不尽再举。既散，有人言：“昨饮大欢也。”李曰：“今日之欢，明昨日之不欢，自今好恶一不得言。”

【注释】

①箸（zhù）：筷子。

【译文】

李宗闵家里经常有很多宾客来拜访，他们一起谈笑风生，把酒言欢。在一个夏天的夜晚，明月当空，他们一同来到池塘边，用荷叶当作酒杯，盛满酒，紧紧系住，然后用筷子刺破一个小口用嘴接住饮下，喝不完就继续举着。宴席散了以后，有人说：“昨天喝得太高兴了。”李宗闵说：“今天感到欢乐，说明昨天不欢乐，所以从今天起，好坏一概都不能说。”

【原文】

62. 袁中郎曰：“有人隔帘闻堕钗声而不动念者，此人不痴则慧，我幸在不痴不慧中。”

【译文】

袁中郎说：“如果有人隔着帘子听见玉钗落地的声音而不动念，那么这个人不是傻子就是绝顶聪明的智者，我幸好介于不痴与不慧之间。”

【原文】

63. 吴巽之坐畸庄亭看桃花，忽风起花落，辄叹曰：“万点愁人，咄咄不已①。”郝公琰语臣曰：“巽之可怜惨淡，不啻花心②。”

【注释】

①咄咄（duō）：感叹声，表示感慨。

②不啻（chì）：不只，不仅仅。

【译文】

吴巽（xùn）之坐在畸庄亭里看桃花，忽然刮起风来，花儿纷纷飘落，因此不禁感叹道：“万点落花使人愁，感慨不尽。”郝公琰对曹臣说：“吴巽之怜惜这种惨淡的景象，不仅仅是有花心。”

【原文】

64.王元宝富而无学识。尝会宾客，次日，亲友谓之曰："昨日必有佳论。"元宝曰："但赍锦缠头耳。"

【译文】

王元宝家境很富有，但是没有学识。他常常与宾客聚会，曾有一次在聚会的第二天，亲友对他说："昨天聚会一定有精妙绝伦的言论。"王元宝说："只是拿了一些锦缎赏赐给那些歌妓罢了。"

【原文】

65.阮仲容先幸姑家鲜卑婢，及居母丧，姑当远移。初云当留婢，既发，定将去。仲容借客驴，着重服，自追之。累骑而返，曰："人种不可失。"

【译文】

阮仲容原先非常宠爱姑母家的一个鲜卑族丫鬟，到后来他母亲死后要回到家里守丧，而他姑母要远迁到他乡居住。起初说要将丫鬟留下，等到决定出发后，又决定想带她一起离去。阮仲容知道后，向客人借了一头驴，身穿孝服，独自一人去追赶她们。最后两人一起骑着驴子返回来了，他说："人种不能丢掉。"

【原文】

66.开元中赐边衣，制自宫中。有军校于袍中得一诗曰："留意多添线，含情更着绵。今生已过了，重结后生缘。"持以白帅，帅以闻明皇，问之，有一宫人自言万死。即命嫁得诗者，曰："与汝结今生缘。"

【译文】

唐开元年间，朝廷赏赐给戍边将士的衣服，都是由宫中女工裁制出来的。有个军校在衣服中得到一首诗，上面写着："留意多添线，含情更着绵。今生已过了，重结后生缘。"随后他拿着这件衣服去禀告主帅，主帅又把这首诗的事启奏给皇上听，皇上经过查问，有一个宫女主动说自己罪该万死。于是皇上就命令这个宫女嫁给那位军校，说："给你缔结今生姻缘。"

【原文】

67.王献之夜卧斋中，有盗入屋，献之语云："青毡，我家旧物①，可特置之。"

【注释】

①旧物：先代的遗物。

【译文】

王献之夜晚躺在书房里休息，有个小偷儿潜入书房，王献之对他说："那青毡，是我祖上传下来的遗物，可单独给我留下。"

俊语篇第十一

【原文】

吴苑曰：鸟俊则以为冠，兽俊则以为骑，人俊则逐睛，语俊则耸耳。人苟未能了一耳目，未有不爱俊而厌恶者。盖惟俊人能道俊语，岂墨香之口花乎？乃次俊语第十一。

【译文】

吴苑说：鸟儿长得好看，羽毛就会被人拔下来做帽子；兽长得好看，就会被人捉住当坐骑；人长得好看，就会引来很多眼睛的关注；话说得好听，就会引人竖起耳朵耐心倾听。人如果没有完全缺少一副正常耳目，那么就没有不爱俊美而厌恶丑陋的。往往是好看的人说漂亮的话，怎能让墨水馨香之口吐出莲花呢？于是将俊语排在第十一位。

【原文】

1. 褚季野语孙安国云："北人学问，渊综广博。"孙答曰："南人学问，清通简要。"支道林闻之曰："圣贤固所忘言①。自中人以还，北人看书如显处视月，南人学问如牖中窥日②。"

【注释】

①固：当然，固然。

②牖中窥日（yǒu zhōng kuī rì）：意思是从窗户中看太阳。比喻读书专注而不广博。

【译文】

东晋名臣褚季野对孙安国说："北方人的学问，精深综达而又深邃辽阔。"孙安国回答说："南方人的学问，清澈通达而又简明扼要。"支遁听到他们的评论后说："圣贤之人固然不用去妄加评论了。但从才智中等的人以下回过头来看，北方人看书就像在宽敞显眼的地方看月亮，南方人求学问就像从窗户缝里窥视太阳。"

【原文】

2. 唐毕相诚，家素贱，李中丞有诸院子弟与诚熟。誠至李氏子书室中，诸子赋诗，諴亦为之。顷李至，观诸子诗，又见所作，称其最美，问曰："此谁作也？"诸子不敢隐，乃曰："所知毕秀才作也。"李曰："出见。"既而李呼左右责曰："何令马入池中，践浮萍皆聚，芦荻斜倒[①]。"怒甚[②]，左右莫敢对。諴曰："萍聚只因今日浪，荻斜都为夜来风。"李大悦，遂客之。

【注释】

①荻（dí）：多年生草本植物，生在水边，叶子长形，似芦苇。

②怒甚：非常愤怒；非常生气。

【译文】

唐朝的宰相毕諴（xián），小时候家里一直很贫困，李中丞家族中有诸位子弟跟他很熟。有一天，毕諴到李氏公子的书房中，看到李家诸位公子正在赋诗，毕諴也跟着一起写起来。过了一会儿，李中丞来了，观看了诸位公子的诗，又看了看所有的诗作，称赞其中一首是最美的。便问："这一首是谁作的？"各位公子不敢隐瞒，于是就说："是我们所熟悉的毕秀才所作。"李中丞说："让他出来一见。"毕秀才出来后，李中丞立即叫来左右侍从厉声责怪道："为什么要让马跑进池子里，把浮萍践踏得聚集在一起，芦苇都被踩倒了。"看到李中丞非常生气，身边的人谁都不敢回复。这时毕諴站出来说："萍聚只因今日浪，荻斜都为夜来风。"李中丞一听非常高兴，于是就以礼待他为座上客。

【原文】

3. 贾逵通经授徒[①]，肃宗重之[②]。逵母病，帝以钱二十万，使颍阳侯马防与之[③]，谓防曰："贾逵母病，此子无人事于外，屡空，则从孤竹之子于首阳山矣！"

【注释】

①贾逵：东汉著名经学家、天文学家。

②肃宗：汉章帝刘炟，庙号"肃宗"。

③颍（yǐng）阳：古地名，在颍水之北。传说古高士巢父、许由隐居于此地。

【译文】

东汉时期的贾逵精通经学，收了很多门徒进行教授，汉章帝刘炟非常敬重他。贾逵的母亲病了，汉章帝就拿出二十万钱，让颍阳侯马防给他送过去，并对马防说："贾逵的母亲病了，这个贾逵在外面没有亲戚朋友，如果总是两手空空，无钱度日，恐怕就要效仿孤竹君的儿子伯夷、叔齐那样隐于首阳山，最后饿死了。"

【原文】

4. 孙宝署侯文为东部督邮，入见，敕曰："今日鹰隼始击[①]，当顺天气取奸恶以成严霜之诛。掾部渠有其人乎[②]？"文曰："无其人，不敢空受职。"宝曰："谁也？”文曰：“霸陵杜稚季。”宝曰：“其次？”文曰：“豺狼当道，安问狐狸！”

【注释】

①敕（chì）：告诫。鹰隼（sǔn）：泛指凶猛的鸟，常用于比喻天性凶狠而令人畏惧的人 。

②掾（yuàn）：原为佐助的意思，后为副官佐或官署属员的通称。

【译文】

孙宝任命侯文为东部督邮，侯文进来拜见他，孙宝命令侯文说：“今天鹰隼开始搏击，应当顺势而为除掉奸恶，要像严霜那样冷酷地将他杀掉。你管辖的区域内有没有这样的人呢？”侯文说：“若没有这样的人，就不敢凭空接受这样的职务。”孙宝说：“是谁呢？”侯文说：“霸陵杜稚季。”孙宝说：“其次呢？”侯文说：“豺狼当道，哪里还顾得上狐狸！”

【原文】

5. 谢灵运好戴曲柄笠，孔隐士谓之曰：“卿欲希心高远，何不能遗曲盖之貌①？”谢曰：“将不畏影者，未能忘怀。”

【注释】

①遗：丢掉。

【译文】

谢灵运喜欢戴弯柄的斗笠，孔隐士对他说：“你想要心存高远，为什么不能丢下一个手柄弯曲的斗笠呢？”谢灵运说：“人如果不畏惧自己的影子，就不会介怀这件事。”

【原文】

6. 文衡山素不至河下拜客①。严介溪过吴门②，候二日不至，忿然见色，谓顾东桥曰：“不拜他人犹可，渠亦敢尔以我概人耶？”东桥曰：“若非衡山有恒，那得介溪有芥？”严稍敛。

【注释】

①文衡山：文徵明，号衡山居士，世称“文衡山”。明代画家、书法家、文学家、鉴藏家。

②严介溪：即严嵩，字惟中，号勉庵、介溪等，明代政治家、权臣。

【译文】

明代书画家文徵明向来不到河下拜访客人。严嵩经过苏州的时候，等了两天，文徵明也没有拜见他，于是勃然大怒，脸色大变，就对顾东桥说：“不拜访他人还可以理解，难道他胆敢一概而论也这样对待我吗？”顾东桥说：“如果不是衡山有恒（恒心），怎么能让介溪有芥（芥蒂）呢？”严嵩这才稍稍收敛了情绪。

【原文】

7. 东郡商铿，名子为外臣。外臣仕为廷尉评①，铿入谢恩。武帝问："卿名子为外臣，何为令其入仕？"铿答曰："外臣生于齐季，故人思匿迹，今幸遭圣代，草泽无复遗人。"

【注释】

①廷尉评：一般指廷尉平，官名。汉时为廷尉属官。

【译文】

东郡人商铿，给儿子起名为外臣。商外臣长大后被任命为廷尉评，商铿入朝谢恩。北周武帝宇文邕问："你的儿子名为外臣，为什么让他到朝廷做内务官员？"商铿说："外臣生在齐朝末年，所以古人都愿意隐居避世，如今有幸遇上了圣明的年代，民间再也没有被遗弃的贤人。"

【原文】

8. 晋庾亮造周顗①，顗曰："君何忻悦而忽肥？"庾曰："君何忧惨而瘦？"周曰："吾无所忧，直是清虚日来，滓秽日去②。"

【注释】

①周顗（yǐ）：字伯仁，晋朝时期大臣、名士，安东将军周浚之子。

②滓秽（zǐ huì）：污浊，借喻污浊之人。

【译文】

东晋的庾亮到周顗家拜访，周顗说："有什么开心的事让你突然变胖了？"庾亮反问道："有什么忧虑的事情让你突然变瘦了？"周顗说："我没有所要忧虑的事，一直都是清纯灵气一天天增加，而污浊之气一天天消除。"

【原文】

9. 唐卢肇初举，先达或问所来。肇曰："某袁民也。"或曰："袁州出举人耶？"肇曰："袁州出举人，亦犹沅江出鳖甲九肋者，盖稀也。"

【译文】

唐代的卢肇（zhào）第一次参加科举考试，一些已经显达的前辈就问他是从哪里来的。卢肇说："我是袁州人。"有人说："袁州也能出举人吗？"卢肇说："袁州出举人，也就像沅江出九肋甲鱼一样，的确很稀少啊。"

【原文】

10. 苏味道才学识度①，物望攸归②。王方庆体质鄙陋，言词鲁钝，智不逾俗，才不出凡，俱为凤阁侍郎。或问张元一曰："苏、王孰贤？"答曰："苏九月得霜鹰③；王十月被冻蝇④。"

【注释】

①苏味道：字守真，赵州栾城（今河北省石家庄市栾城区）人。唐代政治家、文学家，汉朝并州刺史苏章后代，宋朝文学家苏轼先祖。

②物望攸（yōu）归：是众人所期望和敬仰的样子，形容在众人中威望很高。

③得霜鹰：比喻才俊捷悟的人。

④被冻蝇：比喻顽怯的人。

【译文】

苏味道的才华和见识，在众人中威望很高。王方庆形体丑陋，言辞鲁莽愚钝，智力无法超凡脱俗，才华也不出众，但他们的官职都是凤阁侍郎。有人问张元一说："苏味道与王方庆谁更优秀？"他回答说："苏味道就像是九月经霜的苍鹰；而王方庆则是十月受冻的苍蝇。"

【原文】

11. 裴廷裕字膺余，乾宁中在内庭，文书敏捷。同官者曰："裴廷裕如下水船。"

【译文】

裴廷裕，字膺余，唐代乾宁年间在宫中是宫廷近臣，此人行文著书才思敏捷。同僚们评价说："裴廷裕就像一条顺水而下的船。"

【原文】

12. 伪蜀韩昭仕王氏，为礼部尚书，粗有文章，至于琴、棋、书、算、射、法，悉皆涉猎①，不能专精。朝士李台瑕曰："韩八座之艺，如拆袜线，无一条长。"

【注释】

①涉猎：粗略地阅读、接触，不深入钻研；涉及。

【译文】

前蜀的韩昭在王氏朝廷里为官，担任礼部尚书，他略懂一点文章，至于琴、棋、书、算、射、法这些领域，也都有粗略的涉及，但是不够专业精深。朝廷中有位叫李台瑕的官员说："韩昭涉猎的技艺五花八门，就像袜子拆下来的线，没有一根是长的。"

【原文】

13. 萧引书法遒逸①，陈宣帝尝指其署名语诸人曰："此字笔势翩翩，似鸟之欲飞。"引答曰："此乃陛下假其羽毛。"

【注释】

①遒逸（qiú yì）：遒劲飘逸；雄健飘逸。

【译文】

萧引的书法雄健飘逸，南朝陈宣帝曾经指着他的署名对众人说："这些字笔势翩翩，就像俊鸟振翅欲飞。"萧引回答说："这是因为陛下赐给了它们羽毛。"

【原文】

14. 宋广平爱民恤物，朝野归美，人皆谓之曰"有脚阳春"。

【译文】

宋广平爱惜公共财物、体恤百姓，朝野上下的人都赞美他，人们都称谓他是"有脚阳春"（意思是他足迹所到之处，如同带来了春天的阳光）。

【原文】

15. 颜延之尝谓鲍明远曰①："己诗与谢康乐优劣②？"鲍曰："谢五言如初发芙蓉，自然可爱；君诗若铺锦列绣，亦雕缋满眼③。"

【注释】

①鲍明远：鲍照，字明远，南朝辞赋大家，与北周庾信并称"鲍庾"，与颜延之、谢灵运并称"元嘉三大家"。

②谢康乐：谢灵运，世称谢客、谢康公、谢康乐。东晋到刘宋时期大臣、佛学家、山水田园诗的鼻祖。

③雕缋（huì）：雕绘；雕刻绘饰。

【译文】

颜延之曾对鲍明远说："我的诗与谢灵运的诗相比谁好谁差？"鲍明远回答说："谢灵运的五言诗如同刚刚绽放的芙蓉，清新自然、雍容可爱；您的诗如同铺开的锦绣，也是满目雕绘、绚丽多彩。"

【原文】

16. 刘孝标目刘彦度超然越俗①，如天半朱霞，刘士光矫矫出尘，如云中白鹤。皆俭岁之粱稷②，寒年之纤纩③。

【注释】

①刘孝标：刘峻，字孝标，南朝梁学者兼文学家，以注释刘义庆等编撰的《世说新语》而著称于世。目：看，认为。

②粱稷（jì）：粮食的统称。

③纤纩（kuàng）：细丝绵。

【译文】

刘孝标认为刘彦度超凡脱俗，如同映红半边天的彩霞，而刘士光则是超越红尘，如同云中的白鹤。他们都是贫瘠年代的粮食，寒冷年代的细丝绵。

【原文】

17. 蜀先主啣张裕不逊①，兼忿其漏言②，下狱将诛之。诸葛武侯表请其罪，先主答曰："芳兰当门，不得不锄。"

【注释】

①啣（xián）：同"衔"，心里怀有之意。不逊：不谦恭、不忠诚、不恭敬。

②忿：气愤，忿恨。漏言：泄露机密。

【译文】

三国时期的蜀国先主刘备怀恨张裕骄横不忠诚，同时又因为他泄露机密而感到气愤，于是就将他抓进监狱准备杀了他。诸葛亮上表请求赦免他的罪过，刘备答复他说："即便是芬芳的兰草，倘若遮挡了门口，也不能不铲除。"

【原文】

18. 谢太傅绝重褚公，常称："褚季野虽不言，而四时之气亦备①。"

【注释】

①四时之气：指一年四季的气象，比喻人的气度弘远。

【译文】

东晋的太傅谢安特别器重褚季野，曾经称赞说："褚季野虽然默默无闻，但是他如同具备四时之气，气度弘远。"

【原文】

19. 满奋畏风。在晋武帝坐，北窗作琉璃屏，实密似疏，奋有难色。帝笑之，奋答曰："臣犹吴牛，见月而喘。"

【译文】

满奋怕风吹。有一次在晋武帝旁边坐着，北面的窗户设有琉璃屏风，看似疏松，实则紧密，满奋面露难受的脸色。晋武帝取笑他，故而满奋回答说："我就像吴地的水牛（吴地水牛怕热），见到月亮就哮喘。"

【原文】

20. 顾悦与简文同年，而发蚤白①。简文曰："卿何以先白？"对曰："蒲柳之姿，望秋而落；松柏之质，经霜弥茂。"

【注释】

①蚤：同"早"。

【译文】

顾悦与简文帝同年出生，但是头发却早早变白。简文帝说："你的头发为什么先白了？"顾悦回答说："臣虽有蒲柳的风姿，可一到秋天就凋落了；陛下具有松柏的躯干，越经历寒霜就越发茂盛。”

【原文】

21. 宋之问天后朝求为北门学士，不许，作《明河篇》以见意。则天见其诗，谓崔融曰：“吾非不知之问有才，但以其口过。”之问终身惭愤。

【译文】

宋之问在武则天执政期间，曾经呈上奏章请求做北门学士，但是没有得到武则天的准许，于是就写了一篇《明河篇》来表达自己的心意。武则天看了他的诗，对崔融说：“我不是不知道宋之问有才华，只因为他常有说话难听的过失。”宋之问听了这样的评价后，既惭愧又愤恨。

【原文】

22. 裴子余为鄠县尉，同列李隐朝、程行谌皆以文法著称[①]，子余独以词学知名。或问雍州长史陈崇业：“三人优劣孰先[②]？”崇业曰：“譬之春兰秋菊[③]，俱不可废。”

【注释】

①文法：是用于描述语言的语法结构的形式规则。著称：著名，出名。

②孰：谁。

③譬（pì）：比如，打比方。

【译文】

裴子余担任鄠（hù）县尉，当时他的同僚李隐朝、程行谌都因为文笔卓越而著名，只有裴子余是因词学而出名的。有人问雍州长史陈崇业：“这三个人若按才学高低谁应该排在前边呢？”陈崇业回答说：“这就好比去评论春兰和秋菊，两者都无法抛弃。”

【原文】

23. 丰城龙头山，旧名鸡头。叶御史据胜作江天阁。熊神阿曰：“山不名龙，使鸡有角，更自雄绝。”

【译文】

丰城龙头山，过去名为鸡头山。叶御史依据这里的优美风景又建起一座江天阁。熊神阿说：“如果山不改名为龙头山，而是让鸡头上有角，会显得更加雄伟奇绝。”

【原文】

24. 周伯仁以雅度获海内盛名[①]，后屡以酒失。庾亮曰：“周侯可谓凤德之衰也[②]。”

【注释】

①周伯仁：周颢（yǐ），字伯仁，晋朝时期大臣、名士。

②风德：指士大夫的德行名望。

【译文】

晋朝名臣周伯仁因为雅量宏大而享有盛誉，后来多次因为喝醉酒失态而损害了形象。庾亮说："周侯美好的德行名望正在日渐衰弱啊。"

【原文】

25. 汪南溟谓王十岳曰："吾文与弇州何似①？"答曰："凿海志在容流，补天志在无漏。用志不同，各归其极。"

【注释】

①弇州：王世贞，字元美，号凤洲，又号弇州山人，明代文学家、史学家。

【译文】

汪南溟对王十岳说："我的文章与王世贞相比怎么样？"王十岳回答说："凿海的志向在于容纳百川，补天的志向在于没有遗漏。尽管用世的志向不同，但是每个人都达到了各自的最高境界。"

【原文】

26. 刘伯刍侍郎所居巷有鬻饼者①，每早过户，必闻讴歌当垆②。召与万钱，令多其本，日取胡饼偿之。复过其户，寂不闻歌声，呼至问曰："何辍歌之速也？"曰："本领既大，心计转粗，不暇唱渭城矣。"

【注释】

①鬻（yù）：卖。

②讴歌：唱歌。当垆（lú）：对着酒垆、在酒垆前。垆：放酒坛的土墩。

【译文】

侍郎刘伯刍所居住的巷子里有一个卖饼的，每天早晨经过门前时，一定会听到他对着酒垆唱歌。有一天，刘伯刍把他召唤过来，给了他一万钱，让他增加本钱扩大经营，每天只需让自己过来取胡饼作为偿还。后来再经过他的门前，竟然一片寂静而听不到歌声了，于是刘伯刍就把他叫过来，问道："为什么这么快就不唱歌了？"卖饼人说："本领大了以后，野心也就变大了，自然就没有闲暇时间再去唱渭城曲了。"

【原文】

27. 李弘度常叹不被遇①。殷扬州知其家贫，问："君能屈志百里不？"答曰："北门之叹，久已上闻。穷猿奔林，岂暇择木？"

【注释】

①李弘度：李充，字弘度，东晋著名的文学家、文论家、目录学家。

【译文】

李弘度常常感叹自己怀才不遇。殷扬州知道他家里贫穷，就问："你能屈就百里之志做个小小县令吗？"李弘度回答说："之前在北门的感叹，很久以前就已经被上面人听到却没有音讯。如今的我就像穷途末路的猿猴奔向森林，哪还顾得上选择栖身的树木呢？"

【原文】

28. 潘、石同刑东市。石谓潘曰："天下杀英雄，卿复何为①？"潘曰："俊士填沟壑，余波来及人。"

【注释】

①卿：你，您，古时对他人的尊称。

【译文】

潘岳、石崇二人同在东市被执行死刑。石崇对潘岳说："天下在诛杀英雄，你又是因为什么被行刑呢？"潘岳说："天下英雄冤死填沟壑，我是被波及之人。"

【原文】

29. 庾太尉夜登南楼，殷、王诸贤在焉。后王逸少下，王丞相谓曰："元规尔时风范，不得不小颓①。"右军曰："唯丘壑独存。"

【注释】

①颓：消弭，衰败；意志消沉。

【译文】

东晋太尉庾亮夜晚登上南楼赏景抒怀，当时殷浩、王胡之等诸位贤士也都在那里。后来王羲之东下建康，丞相王导对他说："庾元规现在的风范，不得不说已经消沉，远不如当初了。"王羲之说："但是当初他那种丘壑般的深情还在。"

【原文】

30. 鉴湖①，会稽太守马臻所开，东西二十里，南北数里，萦带郊野，白水翠岩，互相映发，有若图画。王逸少云："从山阴道上行，如在镜中游。"

【注释】

①鉴湖：在浙江省绍兴城西南，为浙江名湖之一。俗称长湖、大湖、庆湖，雅名镜湖、贺鉴湖。

【译文】

鉴湖，是东汉时期会稽太守马臻（zhēn）主管开挖的，东西长二十里，南北有数里之宽，环绕四周的地带是荒郊野岭，洁白的湖水与覆盖绿植的岩石互相映照，犹如美丽的图画。大书法家王羲之曾说：“在那里的山阴道上行走，犹如在明镜之中游玩。”

【原文】

31. 孔融与蔡邕友善①。邕卒，后有虎贲士貌类邕②，融每酒酣，引与坐曰：“虽无老成，尚有典型（刑）。”

【注释】

①蔡邕（yōng）：东汉时期名臣，文学家、书法家，才女蔡文姬的父亲。

②虎贲（bēn）：古代称宫廷禁卫军的将领、勇士为虎贲之士。类：相似，像。

【译文】

东汉时期的孔融与蔡邕是好朋友。蔡邕死后，宫中有一位虎贲军士的相貌与蔡邕很像，孔融每次喝酒喝到大醉的时候，就拉他一起坐下，说：“虽然我的老朋友已经不在了，但是还有一个与他长得相像的人在身边，也算是一点安慰。”

【原文】

32. 简文在殿上行，王右军与孙兴公在后①。右军指简文语孙曰：“此啖名客②。”简文顾曰：“天下自有利齿儿。”后王光禄作会稽，谢车骑出曲阿祖之，王孝伯罢秘书丞，在座。谢言及此事，因视孝伯曰：“王丞齿似不钝。”王曰：“不钝，颇亦验。”

【注释】

①孙兴公：孙绰，字兴公，东晋中都（今山西平遥）人。善书博学，是参加王羲之兰亭修禊的诗人和书法家。

②啖（dàn）名：啖同“啖”，好名。比喻贪名之甚，犹如饮食。

【译文】

简文帝在殿上漫步行走，王羲之与孙兴公跟在后面。王羲之指着简文帝对孙兴公说：“这是个非常珍惜名声之人。”简文帝回头对孙兴公说：“普天之下自有说话尖刻的人。”后来王蕴做了会稽内史，车骑将军谢玄到曲阿为他饯行，已被罢免秘书丞的王孝伯也在场。谢玄谈到了这件事，于是就看着王孝伯说：“王丞您的牙齿好像不钝啊。”王孝伯说：“不钝，经过现实验证的确不太尖利了。”

【原文】

33. 王文度在西州①，与林法师讲，韩、孙诸人并在座。林公理每小屈，孙兴公曰：“法师今日如着敝絮在荆棘中②，触地挂阂。”

【注释】

①王文度：王坦之，字文度，东晋名臣。王坦之善书，《淳化阁帖》卷三有其行书四行，亦有文集传世。

②敝絮：犹破旧的棉衣。

【译文】

王坦之在西州期间，曾经参加了支遁法师的讲学活动，当时韩康伯、孙兴公等人也一起在座听讲。每当支遁法师的说法稍稍出现理屈之时，孙兴公便说："法师今天就像穿着破旧的棉衣在荆棘中行走，稍有触碰，随时随地都会被挂住。"

【原文】

34. 谢车骑道："谢公游肆，复无乃高唱，但恭坐捻鼻顾睐①，便自有寝处山泽闲仪。"

【注释】

①睐（lài）：赋予感情的一种观看。

【译文】

车骑将军谢玄评论说："谢安每次尽情游玩的时候，还总是会高声唱歌，但是唱完之后就端坐在那里揉着鼻子四下环顾，那时自然就会有一种安居在山泽之间无比闲适的仪态了。"

【原文】

35. 王长史云："刘尹知我，胜我自知。"

【译文】

晋代的王长史说："刘惔对我的了解，远远胜过我对自己的了解。"

【原文】

36. 桓玄问刘太常曰①："我何如谢太傅？"刘答曰："公高太傅深。"又曰："何如贤舅子敬？"答曰："楂梨橘柚，各有其美。"

【注释】

①刘太常：刘瑾，明朝正德年间宦官，太常卿。

【译文】

东晋权臣桓玄问太常卿刘瑾说："我和谢太傅相比谁更优秀？"刘瑾回答说："相比之下您高明，谢太傅则深邃。"桓玄又问："和你舅舅王献之（字子敬）相比，谁更优秀？"刘瑾回答说："这就像山楂、梨子、橘子、柚子，它们各自有其独特的美味。"

【原文】

37. 或以方谢仁祖不乃重者，桓大司马曰："诸君莫轻道仁祖[①]，企脚北窗下弹琵琶，故自有天际真人想。"

【注释】

①莫：不要。轻道：轻视，轻言。

【译文】

有人私下里议论谢尚（字仁祖），言语表现得很不尊重的样子，大司马桓温听到后说："各位不要轻言谢仁祖，他踮起脚尖在窗下弹琵琶的时候，还真有一种天外得道仙人驾临的感觉。"

【原文】

38. 苏峻乱，孔群在横塘[①]，为匡术所逼。王丞相保存术，因众坐戏语，令术劝群酒，以释横塘之恨。群答曰："德非孔子，厄同匡人[②]。虽阳和布气，鹰化为鸠[③]，至于识者，犹憎其眼。"

【注释】

①横塘：古堤名。在江苏省境内。

②厄（è）：困苦；灾难；厄运。

③鸠（jiū）：外形像鸽子的一种鸟。

【译文】

晋成帝时期，苏峻举兵叛乱，当时孔群在横塘镇守，后来被匡（kuāng）术所逼迫一同叛乱。叛乱平息之后，丞相王导想保全匡术的面子，于是就在宴席上众人谈笑风生的时候，让匡术给各位敬酒，以便让大家释怀横塘叛乱引起的仇恨。孔群回应说："我的德行比不上孔子，但灾难却与孔子受到匡人攻击相同。虽然现在风和日丽，即使凶恶的苍鹰化为柔弱的鸠鸟，至于有识之士，还是憎恨它那双眼睛。"

【原文】

39. 孙兴公道："曹辅佐之才[①]，如白地明光锦裁为负版绔[②]，非无文采，酷无裁制。"

【注释】

①曹辅佐：曹毗（pí），字辅佐，东晋文学家。曾历任著作郎、太学博士、尚书郎等职。

②负版绔（kù）：粗制的衣服。绔：同"裤"，裤子。

【译文】

孙绰（字兴公）说："曹毗文采飞扬，犹如明亮的白底儿锦缎，反被裁成了穷人款式粗糙的衣裤，其实不是没有文采，而是苦于裁剪方法不当。”

【原文】

40. 桓公见谢安石作《简文谥议》，看竟①，掷与坐上诸客，曰：“此是安石碎金。”

【注释】

①竟：完。

【译文】

桓温发现谢安写了一篇《简文谥议》，看完之后，就扔给了在座的各位客人，说：“这是谢安散碎的金石之作。”

【原文】

41. 孙兴公云：“潘文烂若披锦①，无处不善；陆文若排沙简金，往往见宝。”

【注释】

①披锦：展开的锦绣。比喻文章华美。

【译文】

孙兴公说：“潘岳的诗文灿烂，如同展开的锦绣，无处不展现出华丽美好；陆机的诗文就好像在铺开的沙子里淘金，往往能够淘出宝物。”

【原文】

42. 王中郎甚爱张天锡，问之曰：“卿观过江诸人，经纬江左，轨辙有何伟异？后来之彦，复何如中原？”张曰：“研求幽邃①，自王、何以还；因时修制荀、乐之风。”王曰：“卿知见有余，何故为苻坚所制？”答曰：“阳消阴息，故天步屯蹇②，否剥成象③，岂足多讥？”

【注释】

①幽邃：幽深，深远。

②天步：天之行步。指时运、国运等。屯蹇（zhūn jiǎn）：意思是艰难险阻，不顺利。

③否剥：《周易》的两个卦名。“否”为天地不交；“剥”为阴盛阳衰。后多以此喻指时运乖舛、事物的消长盈虚。

【译文】

东晋的中郎将王坦之非常喜欢张天锡，有一次问他说：“你看渡江过来的这些人才略如何，在治理江东的方略上有什么大不同吗？至于那些后起之秀，与中原相比又怎么样？”张天锡回答说：“研究深邃幽远的玄理，自从魏晋玄学家王弼、何晏以来，无人能及；若论按照时局需要修定法制，则又具有荀勖、乐广的作风。”王坦之说：“你的真知灼见绰绰有余，为什么却被苻坚所挟制呢？”张天锡回答说：“阴阳之气消弭散失不规律，所以天命国运不顺，就会遇到艰难险阻；天地不交，阴盛阳衰，形成这样的卦象，就会形成人间灾祸，这又岂能过多加以讥讽呢？”

讽语篇第十二

【原文】

吴苑曰：讽者讥之微也。以言从风，何义焉？曰：草上之风必偃。以有形之草从无征之风，非微而何？故曰讽者讥之微也。乃次讽语第十二。

【译文】

吴苑说：这里所谓的讽，是一种微妙的讥刺。而“讽”字让“言”跟从“风”，这是什么含义呢？回答说：草上有风吹过，必将倒伏，能让有形的草顺从没有体征形态的风，这不是微妙又是什么呢？所以说，讽是一种微妙的讥刺。于是就将讽语排列在第十二位了。

【原文】

1. 唐刘晏以神童为秘书正字，玄宗召于楼中帘下，贵妃置于膝上，为施粉黛，与之巾栉①。玄宗谓晏曰：“卿为正字，正得几字？”晏曰：“天下字皆正，唯‘朋’字未正。”

【注释】

①巾栉（zhì）：梳洗打扮。

【译文】

唐代的刘晏因为有“神童”之称而被皇上任命为秘书省正字，有一天，唐玄宗将他召到楼中珠帘内，贵妃将他抱起来放在膝上，为他略施粉黛，给他梳洗打扮。唐玄宗对刘晏说：“你是正字，纠正过几个字呀？”刘晏说：“天下的字都校正了，只有‘朋’字还没有校正（这里暗指朋党之争）。”

【原文】

2. 晋罗友家贫，乞禄于桓温。虽以才学遇之，而谓其肆诞①，非治民才，许而不用。后同府人有得郡者，温为座饮叙别。友亦被命，至尤迟晚。温问之，答曰：“臣昨奉教旨出门，于中途见鬼揶揄云②：‘我只见汝送人上郡，何不见人送汝上郡。’友乃惭回强解，不觉成淹缓之罪③。”温面笑而内愧焉。

【注释】

①肆诞：放肆怪诞。

②揶揄（yé yú）：耍笑，嘲弄；戏弄。

③淹缓：迟缓；延缓。

【译文】

晋代的罗友家境贫困，在桓温手下讨了个官职才换来了养家糊口的俸禄。桓温虽然很欣赏他的才学，但是认为他有些放肆怪诞，不是治理百姓的人才，所以只对他赞许却不重用。后来同府中有人被任命为郡守，桓温在府中为那人设宴话别。罗友也被指定参加，但是当天他去得很晚。桓温问他是什么原因，罗友回答说："昨天我接到命令走出家门，走到半路时看见了鬼，那鬼嘲讽我说：'我只看见你送别人去上任郡守，为何看不见别人送你去上任郡守。'我听后很惭愧，竭力强词回复辩解，不知不觉就变成了现在的迟缓之罪了。"桓温听后面露笑容，但是内心却感到很愧疚。

【原文】

3. 郝隆为南蛮参军[①]，三月三日作诗曰："娵隅跃清池[②]。"桓温问："何物？"答曰："蛮名鱼为'娵隅'。"桓曰："何为作蛮语？"隆曰："千里投公，始得蛮府参军，那得不作蛮语？"

【注释】

①南蛮：先秦时代华夏中原王朝对南方少数民族的称呼。

②娵隅（jū yú）：古代西南少数民族对鱼的称呼。

【译文】

东晋的郝隆被桓温任命为南蛮参军，三月三日这天，他写诗说："娵隅跃清池。"桓温问他："'娵隅'是什么东西？"郝隆回答说："南蛮都把鱼称为'娵隅'。"桓温说："你为什么要用蛮语作诗？"郝隆说："我不远千里来投奔主公，刚一到任就得到了一个蛮府参军的职位，哪能不用蛮语作诗呢？"

【原文】

4. 宋太祖尝面许张融为司徒长史，敕竟不出[①]。融乘一马，甚瘦。上曰："卿马何瘦，给粟多少？"融曰："日给一石。"上曰："何瘦如此？"融曰："臣许而不与。"明日，即除长史。

【注释】

①敕：敕令，诏书。

【译文】

宋太祖曾经当面答应任命张融为司徒长史，但是一直没有颁发诏书。张融平时出门骑着一匹马，特别瘦。太祖问："你的马为什么这样瘦，平时你喂它多少粮食？"张融说："每天给一石。"太祖说："既然这样，为什么还是这么瘦？"张

融说：“我只是许诺，但实际上并没有给它。”第二天，张融就被任命为长史了。

【原文】

5. 后魏孙绍，历职内外，垂老始拜太府少卿①。谢日，灵太后曰：“公年似太老。”绍重拜曰：“臣年虽老，臣卿最少。”后笑曰：“是将正卿。”

【注释】

①垂老：临近年老。

【译文】

后魏时期的孙绍，历任朝廷内外很多职位，临近年老时才开始被任命为太府少卿。上任谢恩那天，灵太后说：“孙公似乎年纪太老了。”孙绍郑重地叩拜以后，说：“微臣年纪虽然老了，但是臣在‘卿’位上最年少。”灵太后听后笑着说：“以后你将会坐到正卿的位置。”

【原文】

6. 唐散乐高崔嵬①，太宗命给使捺头向水下，良久出而笑之。帝问曰：“水中见何物？”对曰：“见三闾大夫屈原②，向臣云：‘我逢楚怀王无道，乃沉汨罗水；汝逢圣主，何为来？’”

【注释】

①散乐：民间乐舞。高崔嵬（wéi）：从事民间乐舞的艺人。

②三闾大夫：指屈原，爱国诗人屈原被贬后曾任三闾大夫，掌管三个大姓宗族的宗族事物。

【译文】

唐朝有个民间艺人名字叫高崔嵬，有一次，唐太宗让人将他的头按在水里寻开心，过了很长时间才将他的头拉出水面并大声耍笑他。唐太宗问：“你在水里看见了什么？”高崔嵬面带笑容回答说：“我看见了三闾大夫屈原，他对我说：‘我遇到了昏庸无道的楚怀王，所以才投身汨罗江；你遇到一位贤明的君主，为什么也到这里来了？’”

【原文】

7. 唐玄宗好击毬①，内厩所饲者②，意未甚适。会与黄幡绰语，因曰：“吾欲良马久之，而无人通于马经者。”幡绰奏曰：“臣能知之。”且曰：“今三丞相悉善相马经。”上曰：“吾与三丞相语政事外，悉究其旁学，不闻能通马经。”幡绰奏曰：“臣卜于沙堤上，日日见丞相乘良马。”

【注释】

①毬：马球。

②内厩（jiù）：指宫中的马厩，马棚。

【译文】

唐玄宗喜欢玩马球游戏，皇宫御马棚内所饲养的马，都令他不太满意。有一次，他会见黄幡绰时与他谈论了这个话题，因此说："我早就想得到好马了，但是却没有能够精通马经的人。"黄幡绰禀奏皇上说："我知道谁通晓马经。"同时又说："现在朝中的三位丞相都精通相马经。"唐玄宗说："我与这三位丞相除了讨论国家政事外，与他们都讨论过其他学问，从来没听说他们精通马经。"黄幡绰回答说："我在沙堤上，每天都能看见丞相们骑着好马。"

【原文】

8. 始皇议欲大苑囿①，东至函谷，西至陈仓。优旃曰②："善！多纵禽兽于其中，贼寇从东方来，令麋鹿触之足矣③。"

【注释】

①苑囿（yòu）：古代畜养禽兽供帝王玩乐的园林。

②优旃（zhān）：秦朝时期的歌舞艺人，擅长说笑话，但都合乎大道理。

③麋（mí）鹿：指似鹿而较大的哺乳动物。俗称四不像。触：抵触。

【译文】

秦始皇与大臣们商议想要扩建皇家林园的范围，准备扩建成东到函谷关，西至陈仓关的大园林。优旃说："很好！要多放养一些禽兽在里面，假如贼寇从东方来入侵，让麋鹿用角去抵挡他们就足够了。"

【原文】

9. 优旃侍始皇，立其殿上。秦法重，非有诏不移足。时天寒雨甚，武士被楯立庭中①，优旃欲救之，戏曰："被楯郎，汝虽长，雨中立；我虽短，殿上幸无湿。"始皇闻之，乃令徙于庑下②。

【注释】

①被：古同"披"，覆盖。楯（dùn）：同"盾"，盾牌。

②庑（wǔ）：在高台基址上，周边连续所建的廊屋。

【译文】

艺人优旃侍奉秦始皇，站立在殿上。秦朝的法律非常严苛，没有皇帝的命令不能移动脚步。当时天气寒冷，而且下着大雨，武士们拿着盾牌站立在庭院中，优旃想帮助他们，于是就开玩笑说："披盾郎啊披盾郎，你们虽然身材长，但是必须在雨中站立；我虽然身材矮小，所幸衣不湿，因在大殿上。"秦始皇听到这些话以后，立即就让武士们移步到廊殿之下。

【原文】

10. 汉武帝欲杀乳母，母告急于东方朔。曰："帝怒而傍人言，益死之速耳。汝临去，但屡顾我，当设奇以激之。"乳母如其言。朔在帝侧曰："汝宜速去，帝今已大，岂念汝乳哺耶？"帝怆然赦之①。

【注释】

①怆然：悲伤的样子。赦之：赦免了她。

【译文】

汉武帝想杀掉自己的乳母，因此乳母赶紧向东方朔求救。东方朔说："皇帝发怒时，如果身边有人劝说，那么只能是助你死得更快了。你临去行刑的时候，只要频频回头看我，我会想方设法用语言刺激使他醒悟。"乳母就按照东方朔所说的方法去做了。准备处斩时，东方朔在汉武帝的身旁说："你应当赶快离去，汉武帝现在已经长大成人，难道还会念及你哺乳之时吗？"汉武帝听后顿时显出很悲伤的样子，然后就赦免了她。

【原文】

11. 蜀简雍少与先主有旧，随从周旋，为昭德将军。时大旱，禁酒，酿者刑。吏于人家索得酿具者，论令与造酒者同罪。雍从先主游，观见一男子路中行，谓先主曰："彼人欲淫，何以不缚？"先主曰："卿何以知之？"雍对曰："彼有淫具，与欲酿者何异？"先主大笑，驰禁①。

【注释】

①驰禁：放宽禁令。

【译文】

蜀国的简雍年少时就与先主刘备有旧交情，跟随刘备四处奔走打天下，后来他被任命为昭德将军。当时天气大旱，刘备下令禁止喝酒，酿酒的人要受到刑罚。有一个官吏从一户人家里搜出酿酒的工具，按照当时规定要判处想要酿酒者与酿酒者同罪。一天，简雍与刘备一起出游，看见一个男子在道路上行走，简雍对刘备说："这个人想要淫乱，为什么不将他绑起来？"刘备说："你怎么知道的？"简雍说："他有淫乱的工具，这与有酿酒工具想要酿酒的人有什么区别？"刘备听后大笑，于是就将禁酒令放宽。

【原文】

12. 唐玄宗问黄幡绰："是何儿得怜？"对曰："自家儿得人怜。"玄宗俯首久之。

【译文】

一天，唐玄宗问黄幡绰："你喜欢什么样的小孩？"他回答道："自己家的小孩最招人喜欢。”唐玄宗听后低头沉思了很久。

【原文】

13. 魏文为五官将①，时临淄侯才名甚盛，几有夺嫡之议②。曹公一日咨于贾诩，诩默然不对。曹公问：“不对，何也？”诩曰：“属有所思。”问：“何思？”答曰：“思袁本初、刘景升父子也。”于是太子遂定。

【注释】

①魏文：指魏文帝曹丕。五官将：是五官中郎将的省称。

②嫡（dí）：宗法制度下指家庭的正支（跟“庶”相对）。

【译文】

魏文帝曹丕是五官中郎将的时候，当时的临淄侯曹植才华横溢，名望很高，朝野内外几乎传遍了曹植有可能夺嫡立储的言论。有一天，曹操询问贾诩，贾诩沉默没有应答。曹操问：“不回答，这是为什么呢？”贾诩说：“我有所思虑。”曹操问：“什么思虑？”贾诩回答说：“我在想袁绍（字本初）父子和刘表（字景升）父子啊（这两人都因为偏爱少子立储引起祸乱）。”曹操听后没有说话，于是很快就确定曹丕为太子。

【原文】

14. 齐高宗从弟季敞，性颇豪纵，上心非之，谓季敞曰：“卿可数诣王思远。”以王谨肃故也。

【译文】

齐高宗的堂弟季敞，性情颇为豪迈放纵，皇上心里对他很反感，曾对季敞说：“你可以多到王思远那里跟他学学。”因为王思远做事非常谨慎严肃。

【原文】

15. 湘东王绎入援台城，顿军武城①，淹留不进。中记室参军萧贲以绎不蚤下②，心甚非之。尝与绎双陆，食子未即下，贲敛手言曰：“陛下都无下意。”

【注释】

①顿军：驻扎军队。

②蚤：古同“早”。

【译文】

梁元帝萧绎曾任湘东王，在他率兵救援台城时，先将军队驻扎在武城，很长时间都按兵不动。中记室参军萧贲因为萧绎犹犹豫豫不早下决定，心里对此很不赞成。曾有一天，他与萧绎下双陆棋，萧绎本应吃掉对方棋子，但他却没有立即落下棋子，萧贲见他举棋不定，于是拱手说：“陛下此刻完全没有‘下’的意思啊。”

【原文】

16. 祢衡被魏武谪为鼓吏[①]，正月半试鼓，衡扬枹为《渔阳参挝》[②]，渊渊有金石声，四坐为之改容。孔融曰："祢衡罪同胥靡[③]，不能发明王之梦。"魏武惭而赦之。

【注释】

①祢（mí）衡：字正平，东汉名士，和孔融交好。个性恃才傲物，终因与人发生口角而招杀身之祸。

②枹（fú）：同"桴"，击鼓的槌。

③胥靡：古代服劳役的奴隶或刑徒。

【译文】

祢衡因为恃才傲物冲撞了魏武帝曹操，故而被贬谪为击鼓手，正月十五这天第一次击鼓时，祢衡就举起鼓槌敲响了一曲《渔阳参挝》，鼓声深邃如同有幽幽不尽的金石之声，四座聆听的人都为之动容。孔融说："祢衡的罪过与服刑的囚犯傅说相同，可惜没能像傅说那样出现在明君的梦中。"魏武帝曹操听完深感惭愧，于是就赦免了他。

【原文】

17. 王方庆在政府，其子为眉州司士参军。武后尝问："卿在相位，何子之远？"方庆答曰："庐陵是陛下爱子，今尚在远，臣之子庸敢相近[①]？"武后怫然久之[②]。

【注释】

①庸：岂，怎么，表示反问。

②怫（fú）然：生气的样子。

【译文】

王方庆在朝中当宰相时，他的儿子在眉州做司士参军。武则天曾问他："你现在身居宰相之位，为什么你的儿子任职之地却离你那么远？"王方庆回答道："庐陵王（唐中宗李显）是陛下的爱子，现在还在远方，我的儿子，岂敢让他离我太近？"武则天听后很不开心，站在那里沉思很久。

【原文】

18. 高宗出猎，遇雨，问谏议大夫谷那律曰："油衣若何不漏[①]？"对曰："以瓦为之则不漏。"上因此不复出猎。

【注释】

①若何：如何；怎样。

【译文】

唐高宗外出打猎，突然遭遇大雨，于是问谏议大夫谷那律说："桐油涂制成的雨衣怎样才能不漏？"谷那律说："用瓦片做的雨衣才不会漏雨。"唐高宗听后因此不再出去打猎。

【原文】

19. 张真人彦頫府第灾，请赐更造。给谏黄臣曰："栾巴噀酒①，成都火灭，彦頫想乏酒，故有此灾。陛下赐造后，随当赐酒。"由是止。

【注释】

①栾巴噀酒（luán bā xùn jiǔ）：栾巴用嘴含酒喷出去灭家乡之火。此典故出自葛洪《神仙传·栾巴》。栾巴：据说是东汉成都人，精于道术。

【译文】

真人张彦頫（fǔ）的府宅遇到火灾被烧毁，随后请求皇帝赐钱再建造一座府宅。因此给谏黄臣说："相传栾巴用嘴喷酒，成都的大火就灭了。依我看这张彦頫可能是缺酒了，所以才有这次大火之灾，陛下若赐钱给他建房以后，随后还应当再赐给他酒（讽刺张彦頫不是真正的'真人'）才行。"于是皇上就拒绝了张彦頫的请求。

【原文】

20. 翟永龄不信佛，其母日诵佛不辍声①。永龄佯呼之②，母应诺，又呼不已，母愠曰③："无事何频呼也？"永龄曰："呼母三四，便怒；呼佛千万不怒耶？"母稍止。

【注释】

①辍：停息。

②佯：假装。

③愠（yùn）：愤怒，恼怒。

【译文】

翟永龄不信佛，但他的母亲却是个虔诚的信徒，天天不停地诵经。翟永龄故意叫一声母亲，母亲就答应一声，又接连不停叫了几次，这时母亲很愤怒地说："你没事为什么总是不停叫我？"翟永龄说："我呼叫母亲三四遍，母亲就愤怒了；母亲呼叫佛祖千万遍，难道佛祖就不愤怒吗？"母亲这才稍稍有所收敛。

【原文】

21. 晋武既不悟太子之懦，有传后意，诸名臣皆多献直言。帝尝在凌云台坐，卫瓘在侧，欲申其怀，因如醉跪帝前，以手抚床曰："此坐可惜！"帝虽悟，因笑

曰：“公醉邪？”

【译文】

晋武帝司马炎不知道太子性情懦弱，想把帝位传给他，因此各位大臣都直言进谏劝阻。曾有一次，晋武帝坐在凌云台上，卫瓘（guàn）侍奉在旁边，他想借机表达自己心中的想法，于是就像喝醉了似的跪在晋武帝的面前，用手抚摸着龙椅说：“这个座位很值得珍惜啊！”晋武帝虽然明白什么意思，却笑着说：“您醉了吧？”

【原文】

22. 王夷甫妇，郭泰宁女，才拙而性刚，聚敛无厌，干豫人事，夷甫患之而不能禁。时其乡人幽州刺史李阳，京都大侠，犹汉之楼护，郭氏惮之①。夷甫骤谏之②，乃曰：“非但我言卿不可，李阳亦谓卿不可。”郭氏小为之损。

【注释】

①惮（dàn）：怕，畏惧。

②骤谏：屡次进谏；屡次劝说。

【译文】

王夷甫的妻子，是郭泰宁的女儿，才情略显笨拙而且性情刚烈，喜欢敛聚财富贪得无厌，而且还乐于干预行政事务，王夷甫很是担心，但又没有能力制止。当时他的老乡李阳担任幽州刺史，是京都的大侠，就像汉朝的楼护一样很有威望，郭氏很怕他。因此，王夷甫多次劝阻妻子无效后，就会对她说：“不仅我说你做得不对，李阳也说你不可以那样做。”郭氏这才有所节制，减少了很多麻烦。

【原文】

23. 陆玩拜司空，有人诣之，索美酒。得便自起，泻着梁柱间地，祝曰：“当今乏才，以尔为柱石之用，莫倾人栋梁。”玩笑曰：“戢卿良箴①。”

【注释】

①戢（jí）：收藏，引申为谨记。箴（zhēn）：告诫，规劝。

【译文】

陆玩被任命为司空后，有人前去拜访他，向他索要美酒。那人得到美酒后，就自行站起身来，将酒倾倒在梁柱旁边的地面上，祝祷说：“当今世间缺乏人才，你要担负起顶梁柱的重任，不要做使人家栋梁倾倒之才啊。”陆玩笑着说：“我一定谨记你的良言告诫。”

【原文】

24. 颜驷，汉文帝时为郎。至武帝辇过郎署①，见驷龙眉皓发②。上问曰：“叟

何时为郎，何其老也？”答曰：“臣文帝时为郎，文帝好文而臣好武，景帝好美而臣貌丑，陛下好少而臣已老，是以三世不遇。”帝擢为会稽都尉③。

【注释】

①辇（niǎn）：车，乘车。

②龙（máng）眉皓发：意思是眉毛黑白夹杂而头发雪白，形容年迈的样子。也作“庞眉皓首。”

③擢（zhuó）：提拔。

【译文】

颜驷，在汉文帝时期是侍奉皇上的郎官。后来到了汉武帝时期，有一天汉武帝乘车经过郎署衙，看到了眉毛黑白夹杂而头发雪白的颜驷。汉武帝问他：“老人家从什么时候起开始做的郎官，怎么这么苍老呢？”颜驷回答说：“我在文帝时做的郎官，文帝好文而我喜欢武，景帝好美而我偏偏丑陋，陛下喜欢年轻有为，可是我已经老了，所以说，我这是三代都没有得到皇恩际遇。”汉武帝听后很为他悲哀，于是就将他提拔为会稽都尉。

【原文】

25. 五代李茂贞自称岐王，开府置官属，居岐，以宽仁爱物为务。尝以地狭赋薄，下令搉油①，因禁城门无纳取薪者，以其可为炬也②。有优者曰：“臣请并禁月明。”茂贞笑而不怒。

【注释】

①搉（què）油：指官府专利卖油。

②炬：火炬。

【译文】

五代时期李茂贞自立为岐王，成立府署，设置官员，居住岐地时，以宽仁爱物为己任。曾经因为土地狭小、税收太少的缘故，下令疆土内的油类由官府专卖，同时还在城门设置关卡查禁，不允许人们带柴火入城，因为柴火可以做火炬。有个艺人说：“我请求连月光都禁带。”李茂贞听后大笑而没有发怒。

【原文】

26.黄州黄解元麻、荆州张状元茂修，相聚蓟门①。黄年少有貌，而张乃权相之子，相正总朝柄。黄戏张曰：“思公子兮未敢言②。”张应声曰：“怀佳人兮不能忘。”

【注释】

①蓟（jì）门：地名，原指古蓟门关。

②思：思念。兮（xī）：文言助词，相当于现代的“啊”“呀”等。

【译文】

黄州解元黄麻和荆州状元张茂修是好友，二人相聚在蓟门。解元黄麻年轻，而且相貌俊朗，而张茂修是宰相张居正的儿子，当时张居正掌管朝廷大权，家庭显赫。黄麻以戏谑的口吻说：“思公子兮未敢言。”张茂修应声回答：“怀佳人兮不能忘。”

【原文】

27. 邹元标论劾张江陵[①]，张欲置之死。侍郎周思敬早朝，会张朝门外，朝鞭未鸣，二象钩鼻相拒。周谓张曰：“二畜拒公，胡不风上杀之也[②]？”张曰：“彼为朝廷，安可杀？”周曰：“前日邹元标劾公不知为谁？”张勉强领意，贷元标死。

【注释】

①论劾（hé）：论告弹劾。

②胡：文言疑问词，相当于为什么，何故。

【译文】

因为邹元标论告弹劾张江陵，所以张江陵想置他于死地。侍郎周思敬上早朝的时候，在朝门外与张江陵相遇，当时朝鞭还没有响起，两只大象的鼻子相互勾在一起拦挡官员进入朝堂。这时，周思敬对张江陵说：“两头畜生挡住了张公的去路，你为什么不劝谏皇上杀死它们呢？”张江陵说：“它们在为朝廷效力，怎么能杀死呢？”周思敬说：“前几天邹元标弹劾大人，不知道是为了谁呢？”张江陵听后勉强接受了他的劝说，使邹元标免于一死。

【原文】

28. 绍兴初，杨存中在建康，有双胜交环，谓之二胜环，取两宫北还之意。因得美玉，琢成帽环进高庙，日尚御冕[①]。偶有一伶人在傍[②]，高宗指环示之：“此环杨太尉所进，名二胜环。”伶人接奏云：“可惜二胜环，且放在脑后。”

【注释】

①御冕（miǎn）：皇冠。

②伶人：亦称优伶，艺人，是以唱戏、吹弹演奏为生的人。傍：同“旁”。

【译文】

南宋绍兴初年，杨存中在建康，看见军旗的图案是双胜交环状，称之为“二胜环”，这其中取用了“二圣（宋徽宗、宋钦宗）”自北南还的寓意。后来杨存中得到一块美玉，于是就将它精雕细琢成帽环进献给宋高宗，宋高宗每天都把帽环戴在皇冠上。偶然有一次，有个伶人在旁边侍奉，宋高宗就指着帽环对他说：

“这帽环是杨太尉进献的，取名为‘二胜环’。”伶人接下来禀奏说：“可惜这‘二胜环（二圣还）’，被放在了脑后。”

【原文】

29. 佛印禅师为王观文升座云①：“此一瓣香，奉为扫烟尘博士、护世界大王、杀人不眨眼上将军、立地成佛大居士②。”

【注释】

①升座：即升高座之意。系指师家登高座说法。

②居士：旧时出家人对在家修佛的人的泛称。

【译文】

有一次，佛印禅师为王观文升座祈祷时说：“这一瓣香，供奉给扫烟尘博士、护世界大王、杀人不眨眼上将军、立地成佛大居士。”

【原文】

30. 辛京杲以私杖杀部卒①，有司奏京杲罪当死，上将从之。李忠臣曰：“京杲当死久矣！”上问其故，忠臣曰：“京杲诸父兄弟皆战死，独京杲今日尚存，故臣以为久当死。”上悯然，左迁京杲②。

【注释】

①辛京杲（gǎo）：唐朝官员、将领。

②左迁：一般指降职。

【译文】

辛京杲因为公报私仇杖杀了一个士兵，所以有官员奏报皇上说辛京杲论罪应当处死，皇上准备按照他们的意见处死他。李忠臣说：“辛京杲早就该死了！”皇上问他什么缘故，李忠臣说：“辛京杲的父亲、兄弟都战死沙场，唯独他至今还活着，所以臣认为他早就应当死了。”皇上听后很怜悯他，于是罚他降职而没有处死他。

【原文】

31. 姚崇对便殿①，佯跛足。上曰：“卿有足疾耶？”崇曰：“臣有腹心疾，足疾不足畏也。”

【注释】

①便殿：偏殿，正殿以外的别殿。

【译文】

姚崇在便殿上面见皇上，假装瘸腿。皇上说：“你的脚有病了吗？”姚崇回答说：“我腹中有心病，脚上的病就不足以畏惧了。”

【原文】

32. 楚昭王与吴战，败，走四十步，忽遗其履①，取之。左右曰："楚国虽贫，而无一履哉？"王曰："吾悲与其俱出而不得与其俱返也。"于是楚兵无相弃遗者。

【注释】

①履：鞋子。

【译文】

楚昭王与吴国交战，楚昭王大败，他刚向后跑了四十步，忽然跑丢了一只鞋子，就连忙回去取。这时他身边的人说："楚国虽然贫瘠，难道还买不起一只鞋子吗？"楚昭王说："我悲哀的是，它跟我一起出来却不能跟我一起回去了。"楚兵深受感动，所以逃跑时相互照应，没有一个被遗弃的。

【原文】

33. 晋义公出伐卫，公子仰而笑。公问："何笑？"公子曰："臣笑臣邻人也。臣之邻人有送其妻适私家者，道逢桑妇而悦与之言，然顾视其妻亦有招之矣。"公寤①，乃止。

【注释】

①寤（wù）：同"悟"，醒悟。

【译文】

晋文公准备出兵讨伐卫国，忽然公子仰面大笑。晋文公问："你为什么大笑？"公子说："我笑我的邻居呢。我的邻居中有个人送他的妻子回家，路上遇到一个采桑女很漂亮，心里喜欢，就与她攀谈起来，然而当他回头看见也有人正在勾引他的妻子呢。"晋文公顿时醒悟了，于是就停止了讨伐。

【原文】

34. 齐景公时，有一人犯罪，景公怒，令支解之①，语曰："敢谏者诛！"晏子左手持其头，右手执刀，仰问景公曰："自古圣主明王支解人，从何而始？"景公遽舍之②。

【注释】

①支解：犹肢解，是古代碎裂肢体的一种酷刑。

②遽（jù）：就，竟。

【译文】

齐景公时，有一个人犯罪，齐景公大怒，就下令判他肢解的酷刑，并对大家说："谁要是敢进谏求情就同样诛杀！"晏子左手把持那个人的头，右手拿着刀，仰头问齐景公说："自古圣主贤王肢解人，都是从哪里开始下刀的？"齐景公恍然大悟，就下令放了那个人。

【原文】

35. 齐湣（泯）王失国，王孙贾从，失王之处。其母曰："汝朝出而晚来，则吾倚门而望；汝暮出而不还，则吾倚闾而望[1]。汝今事王，不知王处。"贾乃卒谋王子立焉。

【注释】

①闾（lǘ）：里巷的门。

【译文】

齐湣王亡国外逃，王孙贾想追随他，却不知道齐湣王逃到哪里去了。王孙贾的母亲说："你早出晚归，我每天倚在门口盼望你安全回家；你出去后直到夜幕降临还没回家，我就会到里巷的入口眺望远方等你回来。而你现在想要侍奉君王，却不知道他在哪里。"于是王孙贾最后决定拥立王子为新国王。

【原文】

36. 景公饮酒，七日七夜不止。弦章谏曰："君饮酒七日七夜，章愿君废酒也[1]。不然，章赐死。"晏子入见，公曰："章谏吾曰：'愿君之废酒也。不然，章赐死。'如是而听之，则为臣制也；不听，又爱其死。"晏子曰："幸矣，章遇君也，令章遇桀纣者死久矣。"于是公遂废酒。

【注释】

①废酒：戒酒。

【译文】

齐景公喜欢喝酒，接连喝了七天七夜还不停止。弦章进谏说："君王饮酒七天七夜，弦章希望陛下能戒除饮酒。不然的话，就请将弦章赐死。"这时，晏子到宫中觐见，齐景公对他说："弦章进谏我说：'希望君王能够停止喝酒。不然的话，就将弦章赐死。'如果我听了他的劝告，那么我就是受制于大臣了；不听他的劝告，又不忍心他被赐死。"晏子回复说："真是幸运啊，弦章遇见明君了，假如让弦章遇到了桀、纣那样无道的暴君，那么早就被赐死了。"于是齐景公顿悟，很快就戒酒了。

【原文】

37. 宣和间，乐部焦德，一日从幸禁苑，上指花竹草木以询其名，德曰："皆芭蕉也。"上诘之[1]，对曰："禁苑花竹，皆取于四方，道里远涉，巴至上林，则已焦矣！"

【注释】

①诘（jié）：责问，追问，盘问。

【译文】

宋徽宗宣和年间，有一天，乐部的焦德奉命跟随皇上游览禁苑，皇上指着花竹草木询问它们的名字，焦德说："都叫芭蕉。"皇上责问他胡言乱语，焦德回答说："禁苑的花草翠竹，都是从四面八方运来的，由于路途遥远，跋山涉水，等运到禁苑以后，就已经枯成'焦'了！"

【原文】

38. 常州苏掖仕至监司，家富甚啬[①]。每置产[②]，吝不与直[③]。所争一文，必至变色。后因置别墅，与售者反复甚苦。子在旁劝曰："大人可增少金，我辈他日卖之，亦可善价也。"掖愕然[④]，自尔乃复少改。

【注释】

①啬（sè）：小气，吝啬。

②置：购置。

③直：同"值"，价值，价格。

④愕（è）然：惊讶的样子，形容很吃惊。

【译文】

常州人苏掖（yè）官至监司，家里富有却很吝啬。每一次购置家产，都吝啬到不付给对方等值的价格。甚至为了争来区区一文钱，也必定会与卖方争得面红耳赤。后来因为购置别墅，与卖方反复讨价还价，双方都被折腾得很辛苦。这时他的儿子在旁边劝他说："父亲大人，您可以稍稍增加一点价钱，假如将来我们卖房子的时候，也能卖一个好价钱啊。"苏掖听后很惊讶的样子，从此也略有醒悟，于是就稍稍做出一些让步。

【原文】

39. 桓公在荆州，全欲以德被江、汉[①]，耻以威刑肃物。令史受杖，正从朱衣上过。桓式年少，从外来，云："向从阁下过，见令史受杖，上捎云根，下拂地足。"

【注释】

①德：施加恩德。被：覆盖，波及到之意。

【译文】

桓温在荆州担任刺史期间，总是想以施加恩德的方法造福江汉地区的黎民百姓，认为用淫威酷刑来整治百姓是非常可耻的事情。有一天，一个令史犯了错误而被判杖刑，木杖只从令史红衣上轻轻掠过。这时，桓温的儿子桓式从外面回来，当时他正值少年，对父亲说："我刚才从衙署厅堂门前经过，看见一个令史正在接受杖刑，可那执法者手中的木杖举起来时棍梢高拂云根，落下时轻扫地面。"

【原文】

40. 浙帅钱镠[①]，时宣州叛卒五千余人送款，钱纳之，以为腹心。时罗隐屡谏，以谓敌国之人不可轻信，浙帅不听。杭州新治城堞[②]，楼橹甚壮。浙帅携僚客盛观之[③]，隐指却敌，佯不晓曰："设此何用？"浙帅曰："君岂不知欲备敌耶？"隐谬曰："审如是，何不向里设之？"浙帅大笑："本欲拒敌，设于内何用？"对曰："以隐所见，正当设于内耳。"

【注释】

①钱镠（liú）：杭州临安人。割据两浙的统帅，是五代十国时期吴越国创建者。

②城堞（dié）：是城上的矮墙，泛指城墙。

③僚客：旧指同在一起任职的官吏；属下官员。

【译文】

钱镠统治浙江时，当时宣州的五千叛军前来归顺他，并送来钱粮，钱镠接纳了他们，把他们当作心腹。同时罗隐曾多次进言，告诫钱镠敌国投降而来的人不可轻易相信，钱镠不听。杭州新修了一座城楼，城墙高大壮观。钱镠带领属下官员一起观看城楼，罗隐指着抵御敌人的城防，假装不认识说："设置这些东西有什么用？"钱镠说："你难道不知道这是用来防御敌人的吗？"罗隐说："如果是这样，为何不朝向里面设置这样的防御呢？"钱镠大笑，说："本来是要抵御敌人的，朝向里面设置有什么用？"罗隐回答说："依我看来，应当朝向里面设置才正合适啊。"

讥语篇第十三

【原文】

吴苑曰：讥刺之语，莫盛于诗人。诗人之刺隐，圣人不删；舌士之刺显，君子不取。君子不取而苳之纂之，不佞次之，何也？盖风之可以偃草木，不可以入顽石钝金；入顽石钝金者，则在烘炉利凿矣。讥之一义，譬如烘炉利凿，亦顽钝之他山也。诚世间皆灵石精金，则炉凿已自受模铸，安能复及人耶？此我世之所必无耳。若一往一来，两相角刃，此正所次之正意。乃次讥语第十三。

【译文】

吴苑说：关于讥刺之语，没有比诗人更会讽刺的了。诗人的讽刺是隐蔽含蓄的，圣人也不会讨厌；巧舌善辩之人的讽刺比较明显，君子不会采取。君子不采取而曹苳之却尽力编辑它们，不用巧言谄媚之词加以编排，这是为什么呢？大概是因为风可以吹倒草木，但不能吹入顽石、钝金；而能进入顽石、钝金的东西，就需要利用烘炉和利凿进行锻造了。讥字的含义，就像烘炉利凿，也可以雕刻顽石钝金之外的他山之石。如果世间真的都是灵石精金之物，那么烘炉利凿的本身就要受到浇铸了，又怎么能加工其他东西呢？这是我们世间所没有的。如果一来一往之间，如同两个人互相拿起兵刃角斗，这也正是我编辑这些言辞的真正意图。在此将讥语列为第十三位。

【原文】

1. 卢藏用始隐终南山，中宗朝累居要职。有道士司马承祯者，睿宗遣至京，将还，藏用指终南山谓曰："此中大有佳处，何必在远？"承祯徐答曰："以仆所观①，乃仕宦捷径耳！"

【注释】

①仆：我。

【译文】

卢藏用一开始隐居在终南山，后来到唐中宗时期出仕并多次升迁而位居要职。有个叫司马承祯的道士，被唐睿宗招进京城，司马承祯将要返回时，卢藏用指着终南山对他说："这其中有很多美好之处，为何一定坐落在远方？"司马承祯不紧不慢地回答说："以我看来，这里不过是走入仕途为官的捷径罢了！"

【原文】

2. 裴玄本为户部郎中，时左仆射房玄龄疾甚，省郎将问疾。玄本戏曰："仆射病可，须问之；既甚已，何须问也？"有泄其言者。既而随例候玄龄，玄龄笑曰："裴郎中来，玄龄不死矣。"裴甚踧踖不安①。

【注释】

①踧踖不安（cù jí bù ān）：意思是恭敬而不自然的样子。

【译文】

裴玄本担任户部郎中时，恰逢左仆射房玄龄病情很严重，几位省郎商议着想去探望房玄龄的病情。裴玄本跟他们开玩笑说："仆射的病情如果能够好转，有必要去看望一下；既然已经很严重了，何必还去看望他呢？"有人将这些话泄露给房玄龄。不久后他也按照惯例去看望房玄龄的时候，房玄龄笑着说："裴郎中来看望，玄龄我就不会死了。"裴玄本听后顿时羞得局促不安。

【原文】

3. 李义府尝赋诗曰①："镂月成歌扇，裁云作舞衣。自怜回雪影，好取洛川归。"有枣强尉张怀庆好偷名士文章，乃为诗曰："生憎镂月成歌扇，出意裁云作舞衣。照镜自怜回云影，时来好取洛川归。"人谓之曰"活剥王昌龄，生吞郭正一"。

【注释】

①尝：曾经。

【译文】

李义府曾经赋诗说："镂月成歌扇，裁云作舞衣。自怜回雪影，好取洛川归。"当时有个枣强县尉名叫张怀庆，喜欢变相盗取名士的文章，于是就写诗说："生憎镂月成歌扇，出意裁云作舞衣。照镜自怜回云影，时来好取洛川归。"人们都称他是"活剥王昌龄，生吞郭正一"。

【原文】

4. 则天初革命，恐群心未附①，乃令人自举供奉官，正员之外，置里行拾遗补阙御史等，至有车载斗量之咏。有御史台令史将入台，值里行数人聚立门内，令史下驴驱入其间，里行大怒，将加杖罚。令史曰："今日过实在驴，乞数之，然后受罚。"里行许之，乃数驴曰："汝技艺可知，精神极钝，何物驴畜，敢于御史里行！"诸里行羞惭而止。

【注释】

①附：依附。

【译文】

武则天登基建立武周王朝之初，担心百官不是真心归附，于是就让天下人自我举荐出来做官，除了朝廷正员官职之外，她又增设了里行官署有拾遗、补阙、御史里行等几个闲散官职，以至于当时人们用“车载斗量”的咏叹来形容官员之多。有一个御史台令史将要入台，当时正好有很多人聚集在门内站立，这个御史台令史下驴后，将驴直接赶到他们中间，这些里行官们顿时大怒，要对他实施杖刑。令史说：“今天的过错确实在于这头驴，请允许我责罚它一顿，然后再接受你们的处罚。”里行们同意了他的请求，于是他就数落起这头驴的罪状说：“你的技艺可想而知，头脑又极其愚钝，你这头驴是个什么畜生，竟敢在御史里行！”各位里行官一听，顿时羞愧难当，就此停止了对他的处罚。

【原文】

5. 鲁直戏东坡曰：“昔王右军书为换鹅字，近日韩宗儒得公一帖，于殿帅姚麟家换羊肉数斤，可名书为换羊书矣。”苏在翰苑，一日以生辰制撰纷冗①，宗儒作柬，以图报书。来人督索甚急，苏笑曰：“传语本官，今日断屠。”

【注释】

①制撰：制定，撰作。

【译文】

黄庭坚（字鲁直）跟苏轼开玩笑说：“昔日王羲之的书法被称为‘换鹅字’，近日韩宗儒得到你的一幅帖子，从殿帅姚麟家换来好几斤羊肉，我看你的书法可以改名为‘换羊书’了。”苏轼在翰林院任职时，有一天，因为是皇上的生日，所以要撰作的公文很多，可韩宗儒为了得到苏轼的回信，特意写信给他。看到来人索要回信催得很急，苏轼则笑着说：“回去告诉你们大人，本官今天不杀生。”

【原文】

6. 东坡一日会客，座客举令，欲以两卦名证一故事。一人云：“孟尝门下三千客，大有同人。”一人云：“光武兵渡滹沱河①，既济未济。”一人云：“刘宽婢羹污朝衣，家人小过。”先生云：“牛僧孺父子犯事，小畜大畜。”盖指荆公父子也。

【注释】

①滹沱河（hū tuó hé）：河流名称。

【译文】

有一次苏轼在家宴请客人，与在座的客人一起玩行酒令，规定将两个卦名合成一个故事。一个人说：“孟尝门下三千客，大有同人。”另一个人说：“光武兵

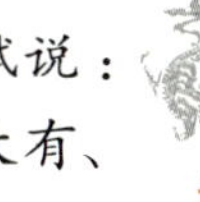

渡滹沱河，既济未济。”另一个人说：“刘宽婢羹污朝衣，家人小过。”苏轼说：“牛僧孺父子犯事，小畜大畜。”苏轼所说的，大概是在影射王安石父子。（大有、同人、既济、未济、家人、小过、小畜、大畜，这都是卦名）

【原文】

7. 陆太尉诣王丞相咨事，过后辄翻异①。王公怪其如此，后以问陆。陆曰：“公长民短，临时不知所言，既后觉其不可耳。”

【注释】

①辄（zhé）：立即，就；则。

【译文】

东晋的太尉陆玩到丞相王导府上去咨询事情，回来之后立即推翻却不按照商量好的计划去做。丞相王导感到非常奇怪，后来就问陆玩是什么原因。陆玩说：“相公位尊而我地位卑下，当时不知道该如何去说，事后觉得若按你说的那样做又不好了。”

【原文】

8. 王东亭与张冠军善①。王既作吴郡，人问小令曰：“东亭作郡，风政何似②？”答曰：“不知治化何如，唯与张祖希情好日隆耳。”

【注释】

①王东亭：王珣，字元琳，东晋大臣、书法家，丞相王导之孙。

②风政：教化政治。指政绩。

【译文】

王东亭与张冠军关系很好。王东亭做了吴郡长官后，有人就问他弟弟小令说：“东亭做郡守，他治理的政绩怎么样啊？”小令回答说：“不知道他治理成果怎么样，只知道他与张祖希的交情日益深厚了。”

【原文】

9. 武帝语和峤曰①：“我欲先痛骂王武子，然后爵之。”峤曰：“武子俊爽，恐不可屈。”帝遂召武子，苦责之，因曰：“知愧不？”武子曰：“尺布斗粟之谣，常为陛下耻之。他人能令疏亲，臣不能使亲疏，以此愧陛下。”

【注释】

①武帝：司马炎，字安世，晋宣帝司马懿之孙，晋朝开国皇帝。和峤（qiáo）：字长舆，曹魏后期至西晋初年大臣。

【译文】

晋武帝对和峤说：“我想先痛骂王武子，然后再给他加官晋爵。”和峤说：

“王济（字武子）性情豪爽，恐怕不会因此屈服。”于是，晋武帝传令召见王武子，先狠狠责骂了他一顿，然后说：“你知道惭愧吗？”王武子说：“每当我听到‘尺布斗粟’的歌谣，就常常为陛下感到羞愧。他人能让疏远的人亲近，我却不能使别人亲疏有致，因此我感到愧对陛下。（以汉文帝兄弟不和之事讽刺晋武帝）”

【原文】

10. 顾孟著尝以酒劝周伯仁①，伯仁不受。顾因移劝柱而语柱曰：“讵可便作栋梁自遇②？”

【注释】

①顾孟著：顾显，字孟著，东晋吴郡吴人。少有重名。

②讵（jù）：难道，怎么。

【译文】

顾孟著曾经劝周伯仁不要喝酒，周伯仁不听。顾孟著因此就转向柱子进行劝告，他对柱子说：“你怎么能随便以栋梁自居呢？”

【原文】

11. 桓大司马温诣刘尹，卧不起，桓弯弹弹刘枕，丸迸碎床褥间。刘作色而起曰：“使君如馨地①，宁可斗战求胜？”桓有恨容。

【注释】

①如馨：如此。

【译文】

大司马桓温到刘惔家去拜访，刘惔还躺在那里睡大觉，不起来迎接他，桓温就拿起弹弓去弹射刘惔的枕头，结果弹丸崩碎了，散落在床和褥子上。刘惔脸色大变起身怒喝道：“使君，这样的地方难道也要靠战斗的手段来取胜吗？”桓温听完顿时满脸愤恨之色。

【原文】

12. 周仲智饮酒醉，瞠目还面谓伯仁曰①：“君才不如弟，而横得重名！”须臾，举蜡烛火掷伯仁。伯仁笑曰：“阿奴火攻，固出下策耳！”

【注释】

①瞠（chēng）目：瞪着眼睛。

【译文】

周仲智喝得酩酊大醉，瞪着眼睛往回走，正好迎面遇到了周伯仁，说：“你的才华不如弟弟，却横空获得了赫赫大名！”不一会儿，他举起蜡烛投向周伯仁。

周伯仁笑着说："你用火来攻击他人，这本来就是下策了！"

【原文】

13. 王珣、郗超并有奇才，为大司马所眷拔。珣为主簿，超为记室参军。超为人多须，珣状短小。于时荆州为之语曰："髯参军[1]，短主簿。能令公喜，能令公怒。"

【注释】

①髯（rán）：两颊上的长须或下垂的头发，是胡须、头发的统称。

【译文】

王珣、郗超二人都是有奇异才华之人，都得到了大司马桓温的赏识和提拔。王珣是主簿，郗超是记室参军。郗超的胡须特别密而长，王珣身材矮小。在当时荆州人为他俩编了一段歌谣说："髯参军，短主簿。能令公喜，能令公怒。"

【原文】

14. 嵇、阮、山、刘在竹林酣饮[1]，王戎后往。步兵曰："俗物已复来败人意！"（时谓王戎未能超俗也。）王笑曰："卿辈意亦复可败耶？"

【注释】

①酣（hān）饮：开怀畅饮。

【译文】

有一次，嵇康、阮籍、阮咸、山涛、刘伶在竹林里开怀畅饮，王戎最后才到。阮籍说："俗人一来就已经破坏我们的兴致了！"（当时是嘲讽王戎未能超脱世俗）王戎听后却笑着说："你们这些人的兴致也会被破坏吗？"

【原文】

15. 陈万年子咸，数言事，讥刺近臣。万年病，召戒床下。话至半夜，咸睡，头误触屏。万年大怒曰："乃父教戒汝，汝反不听，何也？"咸曰："具晓所言，大约教咸谄也。"万年乃不复言[1]。

【注释】

①不复言：不再说话。

【译文】

陈万年的儿子陈咸，多次议论朝政，讽刺皇帝身边的近臣。陈万年病重的时候，就把他召到床边训诫。教训他一直到半夜，陈咸听着听着就打起了瞌睡，头竟然撞在了屏风上。陈万年勃然大怒说："你的父亲在教育你，你却反而不听，是什么道理？"陈咸说："你所讲的我都知道，无非是告诉我要学会谄媚罢了。"陈万年听后就不再说话了。

【原文】

16. 王忠肃退朝[①]，见一大臣目送美姝[②]，复回顾之。忠肃戏曰："此妇甚有力也。"大臣曰："何以知之？"王曰："不然，公头何以掣转？"

【注释】

①王忠肃：王翱，谥号忠肃，明代名臣，一生历仕七朝，辅佐六帝，刚明廉直。

②美姝（shū）：美丽的女子。

【译文】

王忠肃在退朝回家的路上，看见一个大臣目送一个美貌的女子，并且频频回头观看。王忠肃戏谑他说："这女子很有力量啊。"大臣说："何以见得？"王忠肃说："不然的话，你的头怎么会被她牵着转向后面了呢？"

【原文】

17. 陆经多写碑铭，颇得濡润[①]。人问："子履近日所写几何？"答云："近日写甚少，总在街上喝道行里。"

【注释】

①濡润：古时指撰写文稿的酬金、润笔费。

【译文】

宋代的陆经写了很多墓志铭，得到了很丰厚的润笔酬金。有人问他："子履，你最近写了多少墓志铭？"他回答说："最近写得很少，总在街上喝道的仪仗队里忙个不停。"

【原文】

18. 程篁墩主会试日[①]，曾以关节事被劾[②]。后出场，寮寀设宴[③]，优人扮卖一啼鸡者[④]，叫云："我有一只鸡，卖价一千两。"人问："谁家鸡卖此高价？"答曰："程学士鸡，只卖个五更啼耳。"

【注释】

①程篁墩：程敏政，字克勤，号篁墩。明代"神童"，官终礼部右侍郎。

②劾（hé）：弹劾，指检举揭发罪状。

③寮寀（liáo cǎi）：指僚属或同僚。

④优人：艺人。

【译文】

程篁墩主持京城会考的时候，曾因为泄露相关考题而被弹劾。后来考试结束，同僚们设宴聚会，宴席上有个艺人扮演一个卖鸡的人，他模仿公鸡打鸣叫着说："我有一只鸡，卖价一千两。"有人问："谁家的鸡卖出这么贵的价钱？"艺人回答说："是程学士家的鸡，只卖个'无更啼'（谐音'五经题'）就行了。"

【原文】

19. 韩愈谓李二十六程曰①："某与丞相崔大群同年往还，直是聪明过人。"李曰："何处是过人者？"韩曰："共愈往还二十余年，不曾共说着文章，不是敏慧过人也？"

【注释】

①李二十六程：李程，唐朝皇家宗室、宰相。因在家族中排行第二十六，故称之。

【译文】

韩愈对李程说："我与丞相崔大群是同年中的科举，相互来往频繁，我始终觉得他真是聪明过人。"李程说："他哪里显出过人之处呢？"韩愈说："我和他交往了二十多年，他从来没跟我一起讨论过文章，这难道不是他聪慧过人之处吗？"

【原文】

20. 严嵩诞日①，诸翰林称寿，争作恭求近。时菊花满堂，陆平泉独退处于后。同列问曰："何更退为？"陆答曰："此处怕见陶渊明②。"

【注释】

①严嵩：字惟中，明代政治家、权臣。进士，累迁礼部尚书、翰林院学士。诞日：生日。

②陶渊明：名潜，字渊明，世称靖节先生，东晋末至南朝宋初期诗人、辞赋家。曾任江州祭酒、彭泽县令等职，因不同流俗，后来弃职归隐田园，被称为"古今隐逸诗人之宗"。

【译文】

严嵩生日那天，众多翰林学士前去给他祝寿，争相弯腰作揖，以求增进感情。当时菊花满堂，只有陆平泉独自走在后面。同僚们问他："你为什么退在最后面？"陆平泉回答说："我害怕在这里看见陶渊明（暗指陶渊明有菊花气节，不为斗米折腰）。"

【原文】

21. 卫懿公好鹤①，有乘轩者。狄伐卫，公欲战，国人受甲者皆曰："使鹤，鹤实有禄位，余焉能战？"

【注释】

①好：喜欢。

【译文】

卫懿公特别喜欢养鹤，甚至给一些鹤封了官爵、乘坐轩车。狄人讨伐卫国时，卫懿公想发兵决战，这时卫国将士们都说："让鹤去参战吧，鹤有实权禄位，

我们怎能有资格参战呢？”

【原文】

22. 王赞，中朝名士。有弘农杨蘧者，曾至岭外，见阳（杨）朔荔浦山水，心甚爱之，谈不容口[①]。蘧常出入赞门下，稍接从容，不觉形于言曰："侍郎曾见阳朔荔浦山水乎？"赞曰："未曾打人唇绽齿落，安得见耶？"因大笑，以岭外非贬不去。

【注释】

①谈不容口：不住口地称赞，赞叹不已。

【译文】

王赞，是中朝名士。当时有个叫杨蘧（qú）的弘农人，曾经到过岭外，见到阳朔荔浦的山水，心里非常喜爱，总是赞叹不已。杨蘧经常出入王赞的门下，慢慢变得熟悉起来，他难以抑制心中的兴奋对王赞说："侍郎可曾见过阳朔荔浦的山水吗？"王赞说："我不曾把人打得嘴破牙掉，怎能看见过呢？"于是大笑起来，因为不是被贬谪的人轻易不会去岭外。

【原文】

23. 孔稚珪宅中草没人[①]，南有山池，春日蛙鸣。仆射王晏尝鸣笳鼓造之，闻群蛙鸣，晏曰："此殊聒人耳[②]。"答曰："听卿鼓吹，稍觉过此。"

【注释】

①孔稚圭：字德璋，南朝齐骈文家。曾迁太子詹事。死后追赠金紫光禄大夫。

②聒（guō）：声音嘈杂，使人厌烦。

【译文】

孔稚珪宅院中的野草高大茂盛，几乎能把人掩没，南面山脚下有个水池，春天时青蛙在那里鸣叫不休。仆射王晏曾经带着鼓乐队前去拜访他，听到那一群青蛙鸣叫，王晏说："这群青蛙太嘈杂喧闹了。"孔稚珪回答说："我听你吹笳敲鼓的声音，感觉比这些蛙鸣还要严重呢。"

【原文】

24. 孙一元隐居西湖，矫情不娶，仿林逋以梅鹤为妻子[①]。后改度，徙至湖州，连娶二妇。有一士道吴兴，谓之曰："仆从西湖上来，一人寄语谯君，君不得无罪。"孙问何人，其人故不语，孙问不已，其人曰："梅令眷、鹤令郎耳。"孙惭无地。

【注释】

①林逋（bū）：北宋著名隐逸诗人，终生不仕不娶，唯喜植梅养鹤，自谓“以梅为妻，以鹤为子”，人称“梅妻鹤子”。

【译文】

孙一元隐居西湖期间，故作清雅不娶妻子，而且效仿北宋著名隐逸诗人林逋（bū）以梅为妻，以鹤为子。后来他改变了想法，迁徙到湖州居住，竟然接连娶了两个妻子。有一位士人路过吴兴，对他说：“我从西湖上来，有一些人托我带来责备你的话，责备你不真心修道的过错。”孙一元问他是什么人，那个人故意不说话，孙一元就一直追问个不停，最后那人说：“当然是你的梅妻、鹤子了。”孙一元听后非常惭愧，无地自容。

【原文】

25. 谢公在东山，朝命屡降而不动①。后出为桓宣武司马，将发新亭，朝士咸出瞻送。高灵时为中丞，亦往相祖。先时，多少饮酒，因倚如醉，戏曰：“卿屡违朝旨，高卧东山，诸人每相与言：‘安石不肯出，将如苍生何？’今亦苍生，将如卿何？”谢笑而不答。

【注释】

①屡：多次。

【译文】

东晋谢安隐居在东山时，朝廷多次降旨召他出仕为官都没有动摇他的意志。后来他离开东山出任征西大将军桓温府中的司马，即将从新亭出发上任的时候，朝廷里的士人都出来看望相送。高灵当时担任中丞，也前去送行。在动身之前，他喝了一些酒，于是就借着醉酒的劲儿开玩笑地说：“你多次违背朝廷旨意，高卧东山不肯出仕，人们每次相遇都会在一起议论说：‘安石不肯出山，将如何面对天下百姓呢？’如今你担任司马也要面对天下百姓，你将如何面对呢？”谢安笑而不答。

【原文】

26. 慈溪某县令初至任，欲行威福，谓群下曰：“汝闻破家县令、灭门刺史乎？”有父老应曰：“闾者士子多读书，惟闻岂弟君子，民之父母。”令乃默然。

【译文】

慈溪某县令刚刚到任的时候，就想作威作福，他对下面众人说：“你们听说过‘破家县令、灭门刺史’吗？”有位父老回应说：“我们县里的读书人都专心读书，只听说过‘岂弟（恺悌）君子，民之父母’。”县令听后，顿时无言以对。

【原文】

27. 马援为隗嚣绥德将军①，又尝游使于公孙述。嚣复命援奉书洛阳，世祖迎谓援曰："卿遨游二帝间，今见卿，使人大惭。"援顿首谢曰②："当今之世，非独君能择臣，臣亦能择君。"

【注释】

①隗嚣（wěi áo）：东汉西州名将。王莽末期，初附刘玄，封西州上将军。

②顿首：叩头。古代的一种交际礼仪。跪拜礼之一。

【译文】

马援在隗嚣的手下任绥德将军时，曾经又一次出使公孙述称帝的蜀地。然后隗嚣又命令马援带着文书去洛阳，世祖刘秀迎接马援时说："你游走在两位帝王之间，今天见到了你，使人非常惭愧。"马援叩头跪拜答谢说："当今这世道，不仅仅是君主可以选择大臣，臣下也可以选择君主。"

【原文】

28. 谢公始有东山之志，后严命屡臻①，势不获已②，始就桓公司马。于时人有饷桓公药草③，中有远志。公取以问谢："此药又名小草，何一物而有二名？"谢未即答，时郝隆在座，应声答曰："此甚易解：处则为远志，出则为小草。"谢有愧色。

【注释】

①臻（zhēn）：到来。

②势不获已：迫不得已的意思。

③饷（xiǎng）：赠送。

【译文】

谢安一开始有隐居东山的志向，但是后来朝廷严厉的征召令屡次传来，迫不得已的情况下，他只好先在大将军桓温手下担任司马。当时有人送给桓温一些草药，其中有一种草药名叫远志。桓温拿出来问谢安："这药还有一个名字叫'小草'，为什么同一种东西却有两个名字？"谢安没有立即回答，当时郝隆在旁边座位上，便应声回复说："这问题很容易理解：隐于山中生长就叫作远志，出山后就成为小草了。"谢安听后，当即面露惭愧之色。

【原文】

29. 范玄平在简文坐①，谈欲屈②，引王长史曰："卿助我。"王曰："此非拔山力所能助。"

【注释】

①范玄平：范汪，字玄平，东晋大臣，著名医学家。

②屈：比喻词穷。

【译文】

范玄平与简文帝坐在一起，谈论时总觉得好像词穷无话可说，于是就找来王濛说："你来帮帮我。"王濛说："这不是有了拔山之力就能帮助的。"

【原文】

30. 子瞻居黄州，有陈处士者，携纸笔求书于子瞻。会客方鼓琴①，遂书曰："或对一贵人弹者，天阴声不发，贵人怪之曰：'岂弦慢邪？'对曰：'弦也不慢。'"

【注释】

①鼓琴：意思是弹琴。

【译文】

苏轼居住在黄州时，有位姓陈的处士，携带着纸笔来请求苏轼为他写一幅字。当时正好有一位客人在弹琴，于是就写道："有人对一个贵人弹琴，因为阴天琴不发声，贵人责怪他说：'难道是弦慢了吗？'弹琴者回答说：'弦也不慢。'"

【原文】

31. 王世贞谒相嵩，其子世蕃肃客曰①："家君伤风，不得出也。"王曰："爷居相位，怎说伤风？"

【注释】

①肃：恭敬。

【译文】

王世贞去拜访内阁首辅严嵩，他的儿子严世蕃恭敬地把王世贞请进屋，说："家父最近伤风，不能外出了。"王世贞说："相爷身居相位，怎能说伤风呢？"

【原文】

32. 唐太宗以李纬为民部尚书①，会有人自京师来者，帝曰："玄龄闻纬为尚书，谓何？"曰："惟称纬好须，无他语。"

【注释】

①以：任命。

【译文】

唐太宗任命李纬为民部尚书，正好会见有个从京城来的人，唐太宗说："房玄龄听到李纬担任尚书后，说什么了吗？"那人回答说："他只是说李纬胡须很好看，没有其他言辞。"

【原文】

33. 王荆公为参知政事，时因阅晏元献公小词，笑曰："为宰相而作艳词，可乎？"公弟平甫曰："亦偶然耳。"吕惠卿为馆职，在坐，遽曰[1]："为政必放郑声[2]，况自为之乎？"平甫曰："放郑声，不若远佞人[3]。"吕大以为讥己，遂不协。

【注释】

①遽（jù）：急忙；于是，就。

②郑声：指与雅乐相背的音乐，属于凡俗的民间音乐。

③佞（nìng）人：善于花言巧语，阿谀奉承的人。

【译文】

王安石在朝中担任参知政事，当时因为看了晏殊的一首小词，就忍不住笑着说："当宰相的而作这种艳词，这样可以吗？"他的弟弟王安国说："他也是偶尔写写罢了。"吕惠卿当时任馆职，也在场，马上接着说："治理朝政的人必须抛弃世俗之声，更何况是自己去写呢？"王安国说："抛弃世俗之声，不如远离奸佞之人。"吕惠卿认为他在讥讽自己，于是二人不欢而散。

【原文】

34. 唐湖州参军陆蒙妻蒋氏，善属文[1]。僧知业有诗名，与蒙善。一日，访蒙谈玄，蒋使婢奉酒。知业云："受戒不饮。"蒋隔帘问曰："上人曾有诗云：'接岸桥通何处路，倚楼人是阿谁家？'观此风韵，得不欲乎？"知业惭而退。

【注释】

①属文：写文章。

【译文】

唐代湖州参军陆蒙的妻子蒋氏，善于写诗文。僧人知业写诗的名气很大，与陆蒙关系很好。有一天，僧人前去拜访陆蒙，相互探讨玄理，期间蒋氏让奴婢给他二人斟酒。知业说："我是佛家受戒之人，不喝酒。"蒋氏隔着帘子问："您曾有诗云：'接岸桥通何处路，倚楼人是阿谁家？'看这首诗的风韵，难道会不想喝酒吗？"知业听后很不好意思地起身告辞了。

【原文】

35. 王知训帅宣州，入觐[1]，赐宴。伶伦戏作绿衣人，大面如鬼状。或问："何为者？"答曰："吾宣州土地。"问："何故到此？"曰："王知训入觐，和地皮卷来，因得至此。"

【注释】

①入觐（jìn）：指诸侯于秋季入朝觐见天子。也指地方官员入朝觐见帝王。

【译文】

王知训统率宣州期间，有一次进京朝见皇上，因此皇上恩赐御宴款待他。有一个艺人跟他开玩笑便打扮成绿衣人，戴着一个很大的面具，看起来像鬼的模样。有人问："你是干什么的？"回答说："我是宣州的土地神。"又问："你为什么到这里来？"回答说："王知训入朝觐见，把地皮也卷来了（暗讽他搜刮民财，像刮地皮一样），所以我也跟着到这里来了。"

【原文】

36. 文庙继统，陈迪责不屈，与子丹山、凤山同磔于市①。上命割其肉塞迪口，因问："卿肉气味何如？"对曰："忠臣孝子，肉岂腥膻②？臣尝其美，人闻其香，陛下岂不闻乎？"

【注释】

①磔（zhé）：古代一种分裂肢体的酷刑。

②腥膻（xīng shān）：指牛、羊肉刺鼻的气味。

【译文】

明成祖朱棣继承皇统当上皇帝后，陈迪受到责难而不屈从，因此就与儿子丹山、凤山一起被处以磔刑在集市上示众。皇上命人割下陈迪身上的一块肉塞进他的嘴里，因此问道："你的肉味道如何？"陈迪回答说："我是忠臣孝子，我的肉怎会有腥膻腐臭之味？我尝到了它的甘美，所有人都闻到了它的香气，陛下难道没闻到吗？"

【原文】

37. 武帝幸豫章王嶷宅，宴集诸王，独不召晔。嶷曰："风景殊美，今日甚忆武陵。"帝因召使射，屡发命中，帝怪之，嶷曰："阿五常日不尔①，今日可谓仰藉天威②。"

【注释】

①阿五：指萧晔，太祖萧道成的第五子。

②藉：同"借"。

【译文】

南齐武帝幸临豫章王萧嶷（yí）的府宅，并设宴款待各位诸侯王，但唯独没有召见武陵王萧晔。于是萧嶷说："这里的风景特别美好，此时此刻令我特别想念武陵。"齐武帝因此让人把武陵王萧晔召进宫来，让他表演射箭，结果他百发百中，齐武帝对此很奇怪，萧嶷说："阿五平时没有卓尔不群的能力，今天可以说是借了陛下的天威。"

【原文】

38. 许掾好游山水，而体便登陟①。时人云：“许非徒有胜情，实有济胜之具。”

【注释】

①登陟（zhì）：攀登高峰。

【译文】

许掾（yuàn）喜欢游山玩水，而且身体健壮轻便，擅长攀登高峰。当时有人评论说：“许掾不是只有过人的闲情雅致，而是确实有能够支撑闲情雅致的身体。”

【原文】

39. 皇甫度辽解官归乡，时人以货得雁门太守者，书刺投谒，度辽卧不时起。既入见，问曰：“闻卿在郡食雁，美乎？”

【译文】

皇甫度辽辞官告老还乡，当时有个花钱买官担任雁门太守的人，递上名帖去拜访皇甫度辽，皇甫度辽躺在床上没有立刻起来迎接。等那人进来见面后问道：“我听说你在雁门官当郡守吃大雁（暗讽搜刮民脂民膏），感觉很美吧？”

【原文】

40. 丘灵鞠尝诣褚彦回，彦回不起，曰：“此脚疾不复能起。”灵鞠曰：“脚疾亦是大事，公为一代鼎臣，不可复为覆餗①。”

【注释】

①覆餗（sù）：倾覆鼎中的珍馔美食。语出“助齐伐宋”的历史典故。后用以暗喻力不胜任而败事。

【译文】

丘灵鞠曾经去拜访褚彦回，褚彦回没有起身迎接，说：“我的脚有毛病，不能站起来。”丘灵鞠说：“脚病也是大事，褚公您是一代重臣，可不能一不小心做出倾倒鼎中食物的事情啊。”

【原文】

41. 武陵张冢宰瀚，与大理卿陈某谒一直指，时陈以两次奉例进阶，妄自腰玉①。直指见而惊问之曰：“公何时赐玉？”陈踧踖不能对②。张笑曰：“此是大理石耳。”

【注释】

①妄：私自。

②踧踖（cù jí）：恭敬而不安的样子。

【译文】

武陵人吏部尚书张瀚，与大理卿陈某一起去拜访一位朝廷派来的直指官员，当时陈某因为两次按照常例晋升官阶，于是就私自在腰间佩戴玉饰。直指官员看到后非常惊异，问："你什么时候得到皇上御赐佩玉的？"陈某顿时惶恐不安，不知如何应对。只见张瀚笑着说："这不过是大理石而已。"

【原文】

42. 李白开元中谒宰相，封一板，上题云"海上钓鳌客李白①"。相问曰："先生临沧海，钓巨鳌，以何物为钩线？"答曰："以风浪逸其情，乾坤维其志，以虹霓为丝，明月为钩。"又曰："以何物为饵？"曰："以天下无义丈夫为饵。"丞相悚然②。

【注释】

①鳌（áo）：古代传说是海里的大龟或大鳖。

②悚（sǒng）然：形容惊恐、害怕的样子。

【译文】

唐代大诗人李白在开元年间曾去拜访宰相，递上一封信，信封上题字为"海上钓鳌客李白"。宰相问他："先生亲临沧海，钓巨鳌，拿什么东西做钓钩和垂线呢？"李白回答说："我以风浪去驰骋自己的情思，用乾坤来维系自己的志向，以天上彩虹作为丝线，将明月当作鱼钩。"宰相又问："那么你用什么来作为鱼饵呢？"李白回答说："就用天下那些没有道义的男人作为鱼饵。"丞相听后吓得毛骨悚然。

【原文】

43. 刘叉持韩愈金数斤去①，曰："此谀墓中人得耳②，不若与刘君为寿。"愈不能止。

【注释】

①刘叉：唐代诗人。他以"任气"著称，喜评论时人。韩愈接待天下士人，他慕名前往，后因不满韩愈为人写墓志铭，取走韩愈写墓志铭所得的酬金而去，回归齐鲁，不知所终。

②谀（yú）：谄媚，讨好，奉承。

【译文】

刘叉拿走韩愈为别人写墓志铭所得的几斤酬金而去，并说："这是谄谀墓中死人所得到的，不如让我拿去为我延年益寿。"韩愈听罢哭笑不得，竟无法阻止。

【原文】

44. 詹坚老坐累下大理，李端初为少卿，坚老哀鸣。端初操俚谈诟曰[①]："子觜尖如是[②]，诚奸人也。"因困辱之。已而榜出奏名，在法当释，自此名不相闻。后十年，端初为淮南转运使，坚老以郎官出代，既见，端初颇省其面，犹不能记前事，因曰："郎中若有素者，岂尝邂逅朝堂耶？风采堂堂，非曩日比[③]。"答曰："风采堂堂，故非某所及，但不知比往时觜不尖不？"端初悟而赧然。

【注释】

①俚（lǐ）谈：民间鄙陋的议论；民间方言。诟（gòu）：斥责，谴责。

②觜（zuǐ）：同"嘴"。

③曩（nǎng）：昔日，从前，过去的。

【译文】

詹坚老因为受连累而被送到大理寺监禁，当时李端初是大理寺少卿，故而詹坚老向他倾诉了自己的冤情。没想到李端初却操着一口浓重而鄙陋的方言谴责他说："你的嘴竟然如此尖利，真是个奸佞之人啊。"于是就经常单独关起来羞辱他。等到进士榜张贴出来后，詹坚老榜上有名，所以按照律法应当释放，从此后两人之间就再也没有联系。过了十年后，李端初担任淮南转运使，詹坚老以郎官的身份代替他的位置，等到二人见面后，李端初越回想越觉得对方很面熟，但还是没有想起以前的事，于是就说："我和郎中好像以前在哪里见过，难道是曾经相遇在朝堂之上吗？您现在风度翩翩，真是今非昔比啊。"詹坚老回答说："风度翩翩，本不是我所能达到的，但不知跟以前相比，我的嘴是不是还很尖利呢？"李端初顿时明白了，感到无比羞愧。

【原文】

45. 刘穆之少贫，日往妻兄江氏乞食，多见辱。江氏后有庆会，属令勿来，穆之犹往。食毕，求槟榔[①]，江谓之曰："槟榔消食，君何须此？"

【注释】

①槟榔（bīng láng）：一种常绿植物，果实可以吃，也供药用。

【译文】

刘穆之年轻时家里非常穷，经常到他妻子的哥哥江氏家中去讨饭吃，曾遭受过很多辱骂。后来有一天，江氏家中摆设喜庆宴席，嘱咐刘穆之不要过来，但刘穆之还是去了。吃完饭以后，他又索要槟榔吃，江氏对他说："槟榔消食，你有什么必要吃它呢？"

【原文】

46. 齐晏婴短小[①]，使楚，楚为小门于大门侧，乃延晏子。婴不入，曰："使狗国狗门入。今臣使楚，不当从狗门入。”

【注释】

①晏婴：字平仲，史称“晏子”。春秋时期齐国大夫。历仕灵公、庄公、景公为卿。

【译文】

齐国大夫晏婴身材矮小，有一次出使楚国，楚国故意在大门旁边开了一个小门羞辱他，于是就让晏子从这里进去。晏子不进，说：“只有出使狗国，才从狗门进入。如今我出使的是楚国，不应当从这个狗门进去。”

【原文】

47. 晏子使楚，楚王曰：“齐无人耶？”对曰：“齐使贤者使贤王，不肖者使不肖王①。婴不肖，故使王耳。”

【注释】

①不肖（xiào）：不成才，不贤明，没有出息。

【译文】

晏子出使楚国，楚王一副瞧不起他的样子说：“齐国没有人了吗？”晏子回答说：“齐国派遣贤明的使者去拜见贤明的君王，派遣不贤明的使者去拜见不贤明的君王。晏子我不够贤明，所以就被派来拜见大王您了。”

【原文】

48. 马季长女嫁袁次阳为妻①，初婚夜，次阳问曰：“弟先兄举，世以为笑。今处姊未适，先行可乎？”答曰：“妾姊高行殊邈，未遭良匹，不似鄙薄苟然而已。”次阳默然不能屈。

【注释】

①马季长：马融，字季长，东汉时期著名经学家。

【译文】

东汉马融的女儿嫁给了袁次阳为妻，新婚之夜，袁次阳问新娘子：“弟弟比哥哥先考中举人，哥哥会被世人所取笑。现在姐姐还没有出嫁，妹妹就先嫁出去，这样合适吗？”新娘子回答说：“我的姐姐品行高洁，才貌出众，没遇到相匹配的如意郎君是不会出嫁的，不像我这样没有出息，随便找个人凑合就算了。”袁次阳自知无法使她屈服，只好不再说话了。

【原文】

49. 孙权问蜀益州太守张裔曰：“蜀卓寡女，亡奔相如，贵土风俗，何以乃尔？”对曰：“愚以为卓氏寡女，犹贤于买臣之妻①。”

【注释】

①买臣：朱买臣，字翁子，西汉大臣。汉武帝时，为中大夫，累官至会稽太守，位列九卿。未做官前，他的妻子曾因他家贫，弃之而去。

【译文】

孙权问蜀国的益州太守张裔（yì）："蜀国的寡女卓文君，主动与司马相如私奔，你们国土的风俗怎么如此低俗？"张裔回答说："我觉得蜀国的寡女卓文君，还是比你们会稽太守朱买臣的妻子贤惠很多。"

【原文】

50.张融与谢宝积俱谒太祖，融于御前放气①。宝积起谢曰："臣兄触忤宸扆②。"上笑而不问。须臾食至，融排宝积，不与同食。上曰："何不与贤弟同食？"融曰："臣不能与谢气之口同盘。"上大笑。

【注释】

①放气：放了一个屁。

②触忤（wǔ）：意思为不敬、冒犯。宸扆（chén yǐ）：指帝廷、君位。扆：帝王座后的屏风。

【译文】

张融与谢宝积一同去觐见南齐太祖，张融不小心在太祖面前放了一个屁。谢宝积连忙起身谢罪说："我的兄长触犯了大不敬之罪，冒犯了陛下。"齐太祖笑了笑但没有答话。过了一会儿，饭菜都已端送上来，张融不和谢宝积坐在一起吃饭饮酒。皇上问："你为什么不与贤弟一起进食？"张融回答说："我不能跟一个谢气（泄气同音）之口在同一个餐盘中进食。"皇上听完忍不住大笑起来。

【原文】

51.梁太祖受禅①，姚洎为学士。上问及裴延裕行止，洎曰："顷岁左迁②，今闻旅寄。"上曰："颇闻其人才思敏捷。"对曰："向在翰林，号为下水船。"上曰："卿便是上水船。"

【注释】

①梁太祖：朱温，五代时期梁朝第一位皇帝。受禅（shàn）：古时候有禅让制，就是王朝更迭时，新皇帝承受先帝让给的帝位。

②顷岁：近年。

【译文】

梁太祖朱温受禅成为皇帝，当时姚洎是学士。皇上询问裴延裕的官职任免情况，姚洎说："近年来他被降职了，听说他现在客居异乡。"朱温说："我听说他才思颇为敏捷。"姚洎回答说："以前他在翰林的时候，人们都称他是'下水船

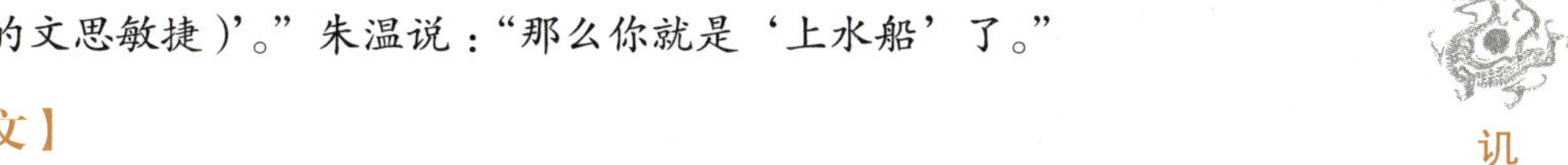

（比喻人的文思敏捷）’。”朱温说：“那么你就是‘上水船’了。”

【原文】

52. 晏子与楚王坐，忽缚一人来[①]。王问：“何为者？”左右曰：“齐人，坐盗。”王视婴曰：“齐人善盗乎？”对曰：“婴闻橘生于江南，至江北为枳[②]，枝叶相似，其味不同，水土异也。”

【注释】

①缚：捆绑。

②枳（zhǐ）：是一种落叶灌木或小乔木，小枝多刺，果实黄绿色，味酸，可入药。亦称“枸橘”。

【译文】

晏子与楚王坐在一起交谈，忽然卫兵将一个捆绑着的人带进来。楚王问：“为什么捆绑那个人？”卫兵说：“是个齐国人，犯了偷盗罪。”楚王看着晏子说：“难道齐国人天生就擅长偷盗吗？”晏子回答说：“我听说橘子生长在江南就叫橘子，可是移植到江北就被称为枳子了，尽管枝叶相似，但是它们的味道却大不相同，这就是因为水土不同的原因啊。”

【原文】

53. 郑康成在袁冀州坐[①]，时汝南应劭亦归于袁[②]，因起自赞曰：“故泰山守应仲远，北面称弟子何如？”郑笑曰：“仲尼之门，考以四科。回、赐之徒，不称官伐[③]。”

【注释】

①郑康成：郑玄，字康成，东汉末年儒家学者、经学大师。

②应劭（shào）：字仲瑗，东汉学者，曾因父亲之事逃命而投奔袁绍。

③官伐：亦作“官阀”，官职、门第。

【译文】

郑玄在冀州牧袁绍府中做客，当时汝南人应仲远也投奔了袁绍，因此应仲远起身自我介绍说：“曾经的泰山太守应仲远，拜会做您的弟子怎么样？”郑玄笑着说：“昔日孔子收门徒时，都要先考四科学问。颜回、子贡等人拜师的时候，从来不以官职、门第自居。”

【原文】

54. 北朝李谐至南，梁武与之游历，至放生处，帝问曰：“彼国亦放生否？”谐对曰：“不取，亦不放。”帝赧然[①]。

【注释】

①赧然：惭愧。

【译文】

北朝的学者李谐到南朝，梁武帝萧衍与他一起散步，走到放生池的时候，梁武帝问他说："你们国家是否也放生呢？"李谐回答说："我们国家从不猎捕，所以也就不放生了。"梁武帝听后感到非常惭愧。

【原文】

55. 任彦升在齐，纡意于倖者梅虫儿[①]，用为中书郎。彦升造谢尚书令王亮，亮曰："卿宜谢梅，那忽谢我？"

【注释】

①纡意（yū yì）：曲意逢迎，即委屈己意而奉承他人。倖（xìng）：同"幸"。

【译文】

任彦升在齐国时，曲意逢迎于当时皇上所宠幸的梅虫儿，所以他被任用为中书郎。有一天，任彦升到尚书令王亮的家中去拜访致谢，王亮说："你应该到梅虫儿的家里去道谢，哪还用得着谢我？"

【原文】

56. 王平子尝行经陈留郡界，陈留时为大郡，有名人士。太守遣吏迎王，王问吏曰："此郡人士为谁？"吏曰："有蔡子尼、江应元。"是时郡人多居大位者，王以其姓名问曰："甲乙等非君郡人耶？何称此二人？"吏曰："向谓君侯问人，不谓君侯问官。"王笑而止。

【译文】

晋代的王平子曾经路过陈留郡地界，陈留在当时是一个大郡，那里有很多知名人士。太守派郡吏去迎接王平子，王平子问郡吏："这个郡界里的知名人士都有谁？"郡吏回答说："有蔡子尼、江应元。"当时陈留郡里有很多人都在朝中官居高位，于是，王平子就说出这些官员的姓名问道："甲乙等人不是你们郡里的吗？为什么只提到这两个人？"郡吏回答说："此前以为您问郡里的名人，不知道您问郡里有哪些官员。"王平子笑了笑，不再说话了。

【原文】

57. 王介甫为相，大讲天下水利。刘贡父尝造之，值一客献策曰："梁山泊（泺）决而涸之，可得良田万顷，但未择得利便之地贮其水耳。"介甫俯首沉思，贡父抗声曰[①]："此甚不难。"介甫欣然，以为有策，遽问之，曰："别穿一梁山泊，则足以贮此水耳。"介甫笑而止。

【注释】

①抗声：高声，大声。

【译文】

北宋政治家王安石做宰相时，大力提倡兴修天下水利。曾有一次刘贡父去拜访他，正好遇到一位客人在向王安石献出策略说："把梁山泊水源挖开，然后让水流干，就能得到万亩良田，只是目前还没有找到更好的地方存贮这些水而已。"王安石低头陷入沉思中，这时刘贡父高声说道："这个并不是很难。"王安石非常高兴，以为他想出了好办法，就连忙追问他，只听刘贡父说："在另一个地方重新挖一个梁山泊，就足够存贮这些水了。"王安石听后大笑，于是停止了这个想法。

【原文】

58. 狄仁杰为相，有卢氏堂姨居午桥别墅，仁杰伏腊修礼甚谨。尝雪后休假，候卢氏，适见表弟挟弧矢携雉兔归①。羞味进于堂上②，顾揖仁杰，意甚轻傲。仁杰因启曰："某幸为相，表弟有所欲，愿悉力从其请。"姨曰："吾止有一子，不欲令事女主。"仁杰惭而止。

【注释】

①弧矢：弓箭。雉（zhì）兔：指野鸡和野兔。

②羞味：珍馐美味。

【译文】

狄仁杰任宰相时，他有一位卢姓堂姨居住在午桥别墅，每逢节假日狄仁杰都会非常恭谨地去看望她。曾有一次下雪后休假，他去看望卢氏，恰好遇见表弟拿着弓箭、带着猎取的野鸡野兔满载而归。表弟将这些珍馐美味送到父母居住的屋里之后，才回来对狄仁杰作揖问候，态度非常傲慢。狄仁杰随后开口说道："我有幸成为宰相，表弟有什么愿望需求，我会尽全力满足表弟的请求。"堂姨说："我只有这一个儿子，不想让他去侍奉女主子（指武则天）。"狄仁杰听后非常惭愧，只好作罢。

【原文】

59. 郭昱狭中诡僻①，登进士，耻赴常选。献书于宰相赵普，自比巢由②。朝议恶其矫激③，故久不调。后复伺普，望尘自陈。普笑谓曰："今日荣甚，得巢由拜于马下。"

【注释】

①狭中诡僻：心胸狭隘，诡辩狡诈。

②巢：巢父，传说中的高士，因筑巢而居，人称"巢父"。尧以天下让之，

不接受，隐居聊城，放牧为生。

③矫激：犹诡激。奇异偏激，违逆常情。

【译文】

郭昱（yù）心胸狭隘，诡辩狡诈，登科中了进士后，认为参加常规的选拔是一种耻辱。于是就呈献给宰相赵普一封书信，将自己比作古代高士巢父、许由。朝廷认为他这种偏激、违逆常情的做法很令人厌恶，因此很长时间都没有调用他。后来他又在路上等候赵普，望见赵普的车子尘土飞扬而来就急忙迎上去，自我陈述了一番。赵普笑着对他说："今天我很荣幸啊，能见到巢父、许由跪拜在我的马下相求。"

【原文】

60. 张文潜尝问张安道[①]："司马君实直言王介甫不晓事，是如何？"安道云："贤只消去看《字说》。"文潜云："《字说》也只是二三分不合人意。"安道云："若然，则足下亦有七八分不晓事矣。"

【注释】

①张安道：张方平，字安道，号乐全居士，谥号"文定"，北宋名臣。

【译文】

张文潜曾经问张安道："司马光直言不讳地说王安石不通晓事理，这是怎么回事呢？"张安道说："您只需要看看《字说》就明白了。"张文潜说："《字说》也只是说明了两三分，不能完全令人满意。"张安道说："如果是这样，那么您也就有七八分不明事理了。"

【原文】

61. 王元美预相嵩席，出桑落酒饮之。相曰："张谓诗云：'不醉郎中桑落酒'，此酒肇唐耳[①]。"王曰："《水经注》载此酒，想采此诗。"

【注释】

①肇（zhào）：开始。

【译文】

王元美应邀参加宰相严嵩的宴席，严嵩拿出了桑落酒让大家饮用。严嵩说："张谓诗中说：'不醉郎中桑落酒'，看来这酒从唐朝就开始酿造了。"王元美说："《水经注》（此书著于唐代以前）记载了这种酒，想必就是以这首诗为依据的。"

【原文】

62. 解缙、胡俨同观进士榜，解以胡不由科目，指榜上谓胡曰：此黄榜丈夫也[①]。胡笑曰："彼亦有侥幸得之者。"

【注释】

①黄榜：朝廷发布殿试中榜名单的公告。

【译文】

解缙、胡俨一起去观看进士榜，解缙因为胡俨没考中过进士，所以就故意指着进士榜上的人名对胡俨说："这张黄榜上的都是大丈夫啊。"胡俨笑着说："那上面也有侥幸中榜的。"

【原文】

63. 卢肇开成中就江西解末，肇送启谢云："巨鳌赑屃①，首冠蓬山。"试官曰："昨以人数挤排，深惭名第奉浼②，焉得首冠之语？"肇曰："顽石处上，巨鳌戴之，岂非首冠耶？"

【注释】

①巨鳌：我国古代传说中的大海龟。赑屃（bì xì）：传说是龙子之一，像龟，力大可驮负三山五岳。旧时大石碑的石座多雕刻成它的形状。

②奉浼（měi）：蒙受委屈。浼：意思是污染。

【译文】

卢肇在唐文宗开成年间考中了举人，他在江西的考生中名次排在最后，卢肇因此写信感谢试官时说："巨鳌赑屃，首冠蓬山。"试官说："日前因为考生人数太多，导致你的名次没能出人头地，本应该深感惭愧，怎么却说出了'首冠'这样的话呢？"卢肇说："顽石处在上面，有巨鳌驮着它，这难道不是'首冠'吗？"

【原文】

64. 刘公干以失敬待罪①。文帝问曰："卿何以不谨于文宪？"桢答曰："臣诚庸短，亦由陛下纲目不疏②。"

【注释】

①刘公干：刘桢，字公干，东汉名士、文学家。

②纲目不疏：比喻法令法规细致周密。

【译文】

刘桢因为失敬而获罪，等待发落。魏文帝质问他说："你为什么不谨慎遵守法纪规章呢？"刘桢回答说："我的确平庸浅薄，但同时也是因为陛下的法纪规章太细致周密了。"

【原文】

65. 竺法深在简文坐，刘尹问："道人何以游朱门？"答曰："君自见其朱门①，贫道如游蓬户②。”

【注释】

①朱门：指古代王侯贵族的府第大门漆成红色，以示尊贵。后泛指富贵人家。

②蓬户：用蓬草编成的门户。指贫困之家。

【译文】

东晋高僧竺法深在简文帝宫中做客，刘尹问：“出家之人为什么还要出入富贵人家之门呢？”竺法深回答说：“在你眼中看来是朱门富户之家，而在我看来如同走进贫困之家。”

【原文】

66. 刘真长为丹阳尹，许玄度出都，就刘宿，床帷新丽①，饮食丰甘。许曰：“若保全此处，殊胜东山。”刘曰：“卿若知吉凶由人，吾安得不保此？”逸少在坐曰：“令巢许遇稷契，当无此言。”

【注释】

①床帷（wéi）：床帐。

【译文】

东晋名士刘惔（字真长）做丹阳尹的时候，有一次，许玄度离开京城去办事，于是就到刘惔府中住宿，刘惔为他准备的床帐崭新华丽，食物也非常丰盛甜美。许询说：“如果能保全这个地方，远远胜过隐居东山。”刘惔说：“倘若你能预测出吉凶都是由人决定的，我又怎能不尽力保全这个地方呢？”当时王羲之也在场说：“假如让巢父、许由遇到了稷、契，应当都不能说这样的话。”

【原文】

67. 孙绰赋遂初，筑室畎川，自言见止足之分①。斋前种一株松，恒自手壅治之②。高世远时亦邻居，语孙曰：“松树子非不楚楚可怜，但永无栋梁用耳。”孙曰：“枫柳虽合抱，亦何所施？”

【注释】

①止足：表示知止、知足，不求名利。引自《老子》：“知足不辱，知止不殆。”

②壅（yōng）：堵塞；培土。

【译文】

东晋文学家孙绰写了一篇《遂初赋》，然后又在畎（quǎn）川建筑了一座房屋，自称在这里可以显现出“知止知足，不求名利”的本分。他在房子前种了一棵松树，经常亲手给松树修剪培土。高世远当时也在这里居住，是他的邻居，对孙绰说："松树子不是不楚楚动人，只可惜它太小永远不能做栋梁之用了。"孙绰回复说："枫树、柳树即使能够长到合抱那么粗，又能施展什么用途呢？"

【原文】

68. 张天锡为凉州刺史，称制西隅①。既为苻坚所禽②，用为侍中。后于寿阳俱败，至都，为孝武所器。每入言论，无不竟日。颇有嫉己者于坐问张："北方何物可贵？"张曰："桑椹甘香③，鸱鸮革响④，淳酪养性，人无嫉心。"

【注释】

①西隅（yú）：西北地区。

②禽：同"擒"，擒获，抓住。

③桑椹（shèn）：同"桑葚"，桑树的成熟果实，可食用。

④鸱鸮（chī xiāo）：属夜行猛禽。面盘圆形似猫，常被称为"猫头鹰"。

【译文】

张天锡在西部担任凉州刺史时，称霸于整个西北地区。被苻坚擒获以后，任用他为侍中。后来在寿阳大战时，苻坚、张天锡两支军队都战败，张天锡被晋军俘虏到京都，得到了晋孝武帝的器重。每次进宫与孝武帝谈论国家大事，都是一整天了还意犹未尽。有一些颇为嫉妒他的人就在坐席上问张天锡："北方什么东西堪称珍贵？"张天锡说："桑葚甘甜醇香，鸱鸮飞得快叫声响亮，淳香的奶酪怡养性情，人们天性朴实没有嫉妒心。"

愤语篇第十四

【原文】

吴苑曰：凡物之愤，必郁结而后起，如风怒则厉，泉怒则决，虎怒不择爪，人怒不择言，是皆愤之至也。盖愤不易谈，惟豪杰能之。若世间琐琐衣食之儿，即命填沟壑，不过如鱼鳖之就砧而已耳，安见其愤哉？大抵天地如弹丸而名物有尽，生才不已，以有尽生不已，求不愤得乎？乃次愤语第十四。

【译文】

吴苑说：凡是物体显现出的愤怒，都是因为内部郁结到一定程度而后暴发的，如同风发怒就会发出猛烈呼叫，泉水发怒就会冲破大堤，老虎发怒就会控制不住自己的爪子，人发怒就会口无遮拦，这些都是愤怒至极的表现。概括来说，愤怒之时不容易交谈，只有英雄豪杰才能做到。像世上那些贪恋衣食的猥琐之辈，即使用他们的生命来填满沟壑，也不过就像是躺在砧板上的鱼鳖任人宰割罢了，哪里能看见他们愤怒呢？大概是因为天地之间像弹丸一般渺小，而使各类知名物体存在的空间有限，所以才会生生不息，让有限的生命得到无限地生发，如此看来，要求人们不去发愤图强，怎么可能呢？于是将愤语排列在第十四位。

【原文】

1. 武帝拜主父偃为郎中，岁中四迁至中大夫。公卿皆畏其口①，赡遗累千金。或说之为太横，偃曰：“结发游学，四十年不得遂，亲不以为子，昆弟不收，宾客弃我，厄日久矣②。大丈夫生不五鼎食，死则五鼎烹！吾日暮，故倒行逆施之耳③。”

【注释】

①畏：畏惧，害怕。

②厄日（è rì）：意思是遭灾受难的日子。

③倒行逆施：原指做事违反常理，不择手段，现多指所作所为违背时代潮流或人民意愿。

【译文】

汉武帝任命主父偃为郎中，后来一年之中连续升迁了四次，官至中大夫。朝中的公卿大臣们都害怕他出口不逊弹劾自己，纷纷看望他并送礼讨好，累计高达千金。有人说他这样做太骄横了，不会有好结局的，主父偃说："我刚成年就离家到外地求学，四十多年来都不顺利，父母不把我当儿子，兄弟们都排斥我，宾客们都嫌弃我，像这样遭灾受难的日子让我经历太久了。大丈夫生前不能享受五鼎食，死后也要五鼎烹！我已经到了人生的晚年，所以要倒行逆施这人生之路了。"

【原文】

2. 沈攸之晚好读书，尝叹曰："早知穷达有命，恨不十年读书！"

【译文】

沈攸之晚年喜欢读书，曾经感叹说："如果早知道穷困和通达都是由命运决定的，恨不能埋头苦读十年书！"

【原文】

3. 刘孝孙博学通敏，而仕不遂①，常叹曰："古或开一说而致卿相，立谈顷而降白璧，书籍妄耳！"

【注释】

①仕不遂：仕途坎坷，不顺遂。

【译文】

刘孝孙博学多识，聪敏好学，但是仕途坎坷不得志，故而他常常感叹说："古时候有的人提出一种观点就能够得到卿相的职位，有人站着交谈一会儿就能得到君王赏赐的白玉，这些都是古书上胡乱记载的而已！"

【原文】

4. 屠长卿下第归，酒酣，忼慨呼曰："吾手可扪日月而一第厄人①。东海洋洋，似欲代吾矣！"

【注释】

①扪（mén）：触摸。厄（è）：阻遏，困厄。

【译文】

屠隆（字长卿）考试落榜而归，心中郁闷，喝酒喝得大醉，意气激昂地高呼道："我的手可以触摸到日月，却成了一个被科举考试阻遏前程的人。东海茫茫，似乎要来替我高喊了！"

【原文】

5. 豫章狂生李如龙，尝落第归，遇耕牛，大骂曰："尔腹无文章，尚有角，吾不若也！"以头触之，牛几倒。

【译文】

豫章有个狂放的书生李如龙，曾经赶考落第而归，半路上遇到一头牛，于是就大骂道："你胸无点墨，却还有两只角，我还不如你呀！"说完就用头去撞牛，那头牛差点儿被撞倒。

【原文】

6. 鲍无雄落魄无遇，常以得第自期。一日于西湖醉后，忽俯水照见影①，大恸曰②："丈夫三十岁，尚如此头颅耶？"

【注释】

①俯：低头，向下看。

②大恸（tòng）：大哭，非常悲痛之意。

【译文】

鲍无雄失意落魄，找不到可以用世的机会，常常期望自己能够科举中榜。有一天，他在西湖边喝得大醉以后，忽然俯身向下看到水中照出自己的影子，禁不住失声大哭说："大丈夫已三十岁，怎么还是这样的光秃脑袋啊（是说没有戴上乌纱帽）？"

【原文】

7. 吴王赐子胥死。将死，言曰："树吾墓上以梓，令可为器；抉吾眼置之吴东门①，以观越之灭吴也。"

【注释】

①抉：挖掉。

【译文】

吴王夫差赐死伍子胥。伍子胥在临死之前，以悲愤的言辞说："在我的坟墓前种上梓树，让它长大后做成棺材；将我的眼睛挖出来挂在吴国东面城门上，让我亲眼看见越国是怎样灭掉吴国的。"

【原文】

8. 赵嘉仕宦不得志，有重疾，卧蓐七年①，自虑奄忽②，乃敕兄子曰："大丈夫生世，遁无箕山操，仕无伊吕勋，天不我与，复何言哉！可立一石于吾墓前，铭曰：汉有逸人，姓赵名嘉。有志无时，命也奈何！"

【注释】

①卧蓐（rù）：卧病在床。

②奄忽：死亡。

【译文】

赵嘉仕途生涯不顺遂，不幸又得了重病，卧病在床七年之久，自知即将面临死亡，于是就对其兄长的儿子说："大丈夫生在世上，即便隐世也没有箕山许由那样的操守，做官也没有伊尹、姜尚那样的功勋，这都是老天不给我机会，又有什么可说的呢！你可以在我死后的坟墓前立上一块墓碑，上刻铭文为：汉有逸人，姓赵名嘉。有志无时，命也奈何！"

【原文】

9. 苏峻迁历阳太守，诏书征峻，峻曰："台下云我反，反岂得活耶？我宁山头望廷尉①，不能廷尉望山头。"

【注释】

①廷尉：古代官名。秦代设置，掌管刑狱，为九卿之一。

【译文】

苏峻迁任历阳太守期间，皇帝害怕苏峻伺机谋反就下诏书招安他，苏峻对使者说："你说我谋反，若定罪谋反还能活下去吗？我宁肯独占山头远远望着官府的牢狱，也不能到官府的牢狱里再指望能够独占山头。"

【原文】

10. 和州士人杜默，累举不成名。因过乌江，入谒项王庙。时正被酒沾醉，才炷香拜讫，径升偶坐，据神颈，拊其首而恸①，大声语曰："大王有相亏者。英雄如大王而不能得天下，文章如杜默而进取不得官，好亏我！"语毕而泪如迸泉。庙祝拉杜下②，视神目，泪亦涌出。

【注释】

①拊（fǔ）：拍打。

②庙祝：寺庙中看管香火的人。

【译文】

和州的学子杜默，多次参加举人考试都没能榜上有名。因此路过乌江时，进去拜谒了项王庙。当时他刚喝完酒有些醉意朦胧，才上完香就叩拜，叩拜完毕就径直登上神座和项羽像并排坐下，他搂着神像的脖子，拍着项王的脑袋失声痛哭，大声哭诉道："大王真是个吃亏的人啊。像大王这样英雄盖世却不能得到统一天下，像我杜默能写出这样的好文章却没能考取功名，命运真是亏待我啊！"说完后就泪如泉涌。庙祝看见后把他拉下来，再看神像的眼睛，也流出泪水来。

【原文】

11. 阮光禄闻何次道为相①，叹曰："我当何处生活？"

【注释】

①阮光禄：即阮裕，字思旷，东晋哲学家，曾任金紫光禄大夫等职。何次道：何充，字次道，晋朝重臣。历任黄门侍郎、中书侍郎等职。

【译文】

东晋光禄大夫阮裕听说何次道升任宰相后，感叹说："我该到哪里去谋求生路呢？"

【原文】

12. 桓玄败后，殷仲文还为大司马咨议，意似二三。司马府厅前有一老槐，甚扶疏[①]。殷因月朔，与众共视而叹曰："槐树婆娑[②]，无复生意。"

【注释】

①扶疏：枝杈分散状。

②婆娑：形容枝叶纷披的样子。

【译文】

桓玄篡权失败以后，殷仲文回朝请罪得到晋安帝的原谅，成为大司马的幕僚，但他对辅佐朝政早已三心二意。司马府门前有一棵老槐树，枝杈呈现出非常分散的状态。殷仲文在大年初一那天，与大家一起观看槐树，感叹道："槐树枝叶纷披，已经再也没有生机了。"

【原文】

13. 殷仲文素有名望，自谓必当阿衡朝政，忽作东阳太守，意甚不平。及之郡，至富阳，慨然叹曰："看此山川形势，当复出一孙伯符！"后果以反诛[①]。

【注释】

①诛：杀。

【译文】

殷仲文向来颇有威望，自认为一定能掌权当政，忽然有一天被任命为东阳太守，心里感到特别不平衡。等到他前去郡城上任的时候，刚到富阳，就慨然感叹说："看这山川地势，应当还能出现一个东吴孙伯符！"后来他果然因谋反失败而被诛杀。

【原文】

14. 阮籍登广武而叹曰："时无英雄，使竖子成名。"

【译文】

阮籍登上了广武城后，感叹说："只因时代没有豪杰英雄，才使无名之辈一举成名。"

【原文】

15. 梅侍读晚年躁于禄位，而病足，常抚其足而詈曰[①]："是中有鬼，令我不至两府者，汝也！"

【注释】

①詈（lì）：骂。

【译文】

北宋的翰林侍读学士梅询晚年特别热衷于官位利禄，但是他的脚却患了疾病，所以常常抚摸自己的脚大骂道："定是这脚里面有鬼，才让我坐不到两府的位置上，一定是你啊！"

【原文】

16. 桓公卧语曰："作此寂寂，将为文景所笑。"既而屈起坐曰[①]："既不能流芳百世，亦不足复遗臭万载耶？"

【注释】

①屈：弯身。

【译文】

东晋桓温躺在床上对人说："整天这样孤寂而无所事事，将会被汉文帝、汉景帝所取笑的。"然后弯腰坐起又说："既然不能流芳百世，也不能再去满足于遗臭万年吧？"

【原文】

17. 王孝伯问王大："阮籍何如司马相如？"王大曰："阮籍胸中垒块[①]，故须酒浇之。"

【注释】

①垒块：比喻心中郁积的不平之气。

【译文】

东晋名士王孝伯问王大："阮籍和司马相如相比谁更优秀？"王大说："阮籍胸中郁积了不平之气，因此需要用酒来浇灭它。"

【原文】

18. 太元末，长星见[①]，孝武心甚恶之。夜，华林园中饮酒，举杯属星云："长星！劝尔一杯酒。自古何时有万岁天子？"

【注释】

①长星：古星名。类似彗星，有长形光芒。见：同"现"，出现。

【译文】

东晋孝武帝太元末年，天上有长星出现，孝武帝心里非常厌恶它。夜里，他独自到华林园中饮酒，举杯对星星说："长星！我敬你一杯酒。从古到今，哪有寿命能活到万岁的天子呢？"

【原文】

19. 郭恕先时与役夫小民市肆饮食，曰："吾所与游，皆子类也。"

【译文】

郭恕先时常与仆役、市井小民们在酒肆里吃饭饮酒，他说："我所交往的人，都是你们这一类人。"

【原文】

20. 丘车骑初领骁骑将军，不乐武位，谓人曰："我还东掘顾荣冢①。江南地数千里，士子风流皆出其中，顾忽引诸伧渡，防我辈涂辙②。"

【注释】

①顾荣：字彦先。吴郡吴县（今江苏苏州）人。西晋末年大臣、名士，也是拥护司马氏政权南渡的江南士族领袖。冢（zhǒng）：坟墓。

②防：阻碍，妨碍。涂辙：指车轮的痕迹，比喻行事的途径、前途。

【译文】

南朝宋的丘灵鞠刚被封为骁骑将军时，其实他不喜欢做武官，因此对别人说："我应该回到江东去挖开顾荣的坟。江南地区数千里，众多风流士子都出自其中，可恨的是顾荣却忽略他们而引荐诸多北方人南渡，从而妨碍了我辈的前途。"

【原文】

21. 虞仲翔放弃南方，谓人曰："生无可与语，死以青蝇为吊客。使天下一人知己者，足以不恨①。"

【注释】

①恨：遗憾。

【译文】

虞仲翔被放逐到南方，他对别人说："在这里，活着没有可以一起说话的人，死后只能依靠青蝇来做吊唁的宾客。倘若普天之下能够得到一个知己，那么就没什么可遗憾的了。"

【原文】

22. 王彦深不为群从所礼，常怀耻慨，欲以将领自奋。每抚刀曰："龙泉太阿，汝知我者。”

【译文】

王彦深得不到诸位子侄们的尊重，常常感到耻辱与愤慨，于是就以希望将来能当将领来激励自己。每当他用手抚摸刀剑的时候就会说：“龙泉剑、太阿剑，只有你们才最懂我的心。”

【原文】

23. 萧南郡除少府，意甚不得。寺内所住斋前有故种花草甚美，悉令刬除[①]，列种白杨树，每谓人曰：“人生不得行胸怀，虽寿百岁，犹为天也[②]！”

【注释】

①悉：全部。刬（chǎn）除：铲除。

②夭：夭折，早亡。

【译文】

南朝宋人萧惠开被任命为少府时，心里很不高兴，认为自己不得志。他所居住的斋房前原本栽种了很多花草，非常漂亮，但他却让人全部铲除，种上一排排白杨，他常常对人说：“人活着难以实现自己的抱负，就算活到一百岁，也还是与夭折而死差不多啊！”

【原文】

24. 王融自恃人地，三十内望为公辅。夜直中书省，叹曰：“作此寂寂，使邓禹笑人[①]。”（禹年二十四封酂侯）

【注释】

①邓禹：字仲华，南阳新野（今河南新野）人，东汉开国名将，云台二十八将之首。在刘秀称帝后，被拜为大司徒，封酂侯。

【译文】

王融自认为高人一等，希望三十岁以内就能够成为公辅重臣。夜里在中书省值班的时候，曾感叹说：“像我这样籍籍无名，会让年轻有为的邓禹所耻笑。”（邓禹二十四岁时被封为酂侯）

【原文】

25. 毛伯成既负其才气，常云：“宁为兰摧玉折，不作萧敷艾荣[①]！”

【注释】

①萧敷艾荣：指蒿草长得很茂盛。萧、艾：艾蒿、蒿草。敷、荣：开花、繁盛。

【译文】

毛伯成自以为才华过人，常常说："我宁可成为被折断的兰花、破碎的玉石，也不做蒿草只顾长得茂盛繁荣！"

【原文】

26. 庾公欲起周子南，子南固辞。庾每诣周，庾从前门入，周从后门出。庾尝一往奄至，周去不及，终日相对。庾从索食，周出蔬食，庾虽强饭①，意思极欢。与语世故，约相推引，同佐世难。既仕至二千石而不称意，中宵慨然曰："大丈夫乃为庾元规所卖！"一叹，遂发背而死②。

【注释】

①强：勉强。

②发背：病症名。痈疽之生于脊背部位，统称"发背"。

【译文】

庾亮想起用周子南出仕做官，周子南坚决推辞。庾亮每次到周子南家去拜访时，庾亮从前门进入，周子南就从后门出走。庾亮曾有一次突然来到，周子南躲闪不及，就和他对坐了一天。庾亮向他索要食物吃，周子南就拿出一些粗淡的蔬菜饭食，庾亮勉强下咽，但是心里已经很高兴了。他不仅同周子南讲了一些人情世故，还说会举荐他，与他一起来辅佐皇帝挽救国家危亡。后来周子南终于同意出仕做官，但是他的俸禄已经达到两千石了还是感到不满意，一天，半夜里大声感叹说："我堂堂大丈夫竟然被庾亮当物品出卖了！"一阵叹息，不久后背疾突发，很快就死去了。

【原文】

27.罗逸平生多读书，不能自润①，每叹曰："男儿在世，场场皆当历过。吾历贫而未历富，历贱而未历贵。虞卿寂寂，岂男儿久为耶？当觅东街一醽以完结此心耳！"

【注释】

①自润：指自己得到好处。

【译文】

罗逸好学，平时读了很多书，但总觉得自己没得到什么好处，因此常常感叹说："男儿在世，应该每一个场景都要经历过。而我经历过贫穷，却没有经历过富裕，经历过低贱，却没有经历过富贵。难道男儿就要长久度过虞卿这样孤独寂寥的日子吗？我应当到东街一醉方休，以此完成自己的心愿！"

【原文】

28. 王维宁过卖棺肆[①]，叹曰："人生不能得金紫封骨，死何用此为？"

【注释】

①棺肆：棺材铺。肆：店铺。

【译文】

有一次，王维宁路过卖棺材的店铺，不禁感叹道："人活着的时候不能得到金印紫绶加身，死了以后用这棺材加身还有什么意义呢？"

辩语篇第十五

【原文】

吴苑曰：辩者无锋不摧，无坚不入。彼以直来，我以横往；彼以顺加，我以逆受。此涕唾之战场也，故战国称为辩士。辩之有似于争，君子无所争而取之，可乎？曰：不！审问之、明辩之之语，圣人已垂令教，盖不辩无以明格，斯辩亦近道矣。强词曰：其辩也君子，奚害焉？乃次辩语第十五。

【译文】

吴苑说：善于辩论的人，没有他无法摧毁的尖峰，没有无法攻破的坚固防线。对方直着来，我就横着顶回去；对方顺着施加，我就逆着受。这就是进行口舌之战的战场啊，因此战国时代称善辩者为辩士。辩论有点相似于争论，君子没有什么争论就想取得胜利，可以吗？回答说：不可以！细致地盘问，明确地辨析对方的言语，圣人早就这样明白地教诲过我们，因为不辩论就难于明辨是非，而这种辩论也就接近于论道了。武断地说：这样善辩的也是君子，又有什么害处呢？于是就将辩语排列为第十五位。

【原文】

1. 刘贡父一日问苏子瞻[①]：“‘老身倦马河堤永，踏尽黄榆绿槐影’，非阁下之诗乎？”子瞻曰：“然。”贡父曰：“是日影耶？月影耶？”子瞻曰：“‘竹影金锁碎’，又何尝说日月也[②]？”刘不能答。

【注释】

①苏子瞻：苏轼，字子瞻，号东坡居士，宋代著名文学家，“唐宋八大家”之一。

②何尝：用在肯定形式前表示否定，有“未尝”“哪里”。

【译文】

有一天，刘贡父问苏轼：“‘老身倦马河堤永，踏尽黄榆绿槐影’这不是阁下写的诗吗？”苏轼说：“是的。”刘贡父说：“这诗句里的影子是日影呢？还是月影呢？”苏轼回答说：“你看那‘竹影金锁碎（韩愈诗句）’，又何曾说过是日影和月影呢？”刘贡父不能做出回答。

【原文】

2. 荀慈明与汝南袁少朗相见，问颍川士，慈明先及诸兄。少朗叹之曰："但可私亲而已。"慈明答曰："足下相难，依据何经？"少朗曰："问国士，始及诸兄，是以尤之。"慈明曰："昔祁奚内举不失其子①，外举不失其仇，以为至公。公旦、周文王之子，《诗》不论尧舜之德，而颂文武者何？先亲之义。春秋之义，内中国而外诸夏，且不能爱其亲而爱他人者，不当以是悖德乎②？"

【注释】

①祁奚（qí xī）：字黄羊，春秋时晋国大夫，曾任中军尉（统领战车兵），在多次战斗中取得胜利。

②悖（bèi）：违背。

【译文】

荀慈明与汝南的袁少朗相互见面后，袁少朗询问颍川有哪些贤士，荀慈明首先提到了自己的各位兄长。袁少朗为此感叹说："你这是只偏爱自己的亲人罢了。"荀慈明回答道："你这样责备我，依据是什么呢？"袁少朗说："问你杰出人士有哪些，你却首先提及自己的亲人，所以我认为这样很不合适。"荀慈明说："过去祁奚举荐人才，对内不忘记举荐自己的儿子，对外举荐没有漏掉自己的仇人，因此被认为是最公正的。周公旦是周文王的儿子，他编写的《诗经》没有歌颂尧、舜的功德，而是歌颂周文王、周武王的功德，这是为什么呢？这就是首先注重亲情之义的原则。《春秋》的原则是把中原周王室当作内，把其他诸侯国当作外，况且不能爱自己的亲人而去爱一些外人的行为，这不应当看作是违背德行纲常吗？"

【原文】

3. 高定年七岁，读《尚书》至《汤誓》，问父曰："奈何以臣伐君①？"答曰："应天顺人。"又问曰："用命赏于祖，不用命戮于社②，岂是顺人？"父不能对。

【注释】

①伐：讨伐，攻打。

②戮：杀戮。

【译文】

高定七岁那一年，他诵读《尚书》读到《汤誓》这一篇时，对父亲说："为什么臣子要讨伐君主呢？"父亲回答说："这是上应天命，下顺人心。"高定又问："服从命令就在祖宗神位前接受赏赐，不服从命令就在社神牌位前被杀戮，难道这也是顺应人心吗？"父亲被他问得无言以对。

【原文】

4. 杨修九岁，甚聪惠。孔君平诣①，其父不在。修为君平设果，有杨梅，君平曰：“此实君家果。”修应声答曰：“未闻孔雀是夫子家禽也。”

【注释】

①孔君平：孔坦，字君平，孔子第二十六代后人。晋元帝年间，建议申明贡举之制，崇修学校。诣：去，到……去。

【译文】

杨修九岁时，就异常聪慧。有一天，孔君平到他家去拜访，他父亲不在家。杨修就摆设水果招待孔君平，其中有杨梅，孔君平笑着说：“这确实是你杨家的水果。”杨修应声回答道：“从来没听说过孔雀是孔夫子家的家禽。”

【原文】

5. 东晋光禄祖纳①，少孤苦，性至孝，常自为母炊爨作食②。王平北闻其常亲供养，乃以二婢饷之，因以为吏。人有戏之者曰：“奴价倍于婢。”祖答曰：“百里奚亦何必轻于五羖之皮耶③？”

【注释】

①祖纳：字士言，范阳（今涞水县）人。镇西将军祖逖之兄。西晋时期大臣，官至光禄大夫。

②爨（cuàn）：烧火做饭。

③五羖（gǔ）之皮：五张公羊的皮。语出《孟子·万章上》。

【译文】

东晋时期的光禄大夫祖纳，少年丧父，孤苦伶仃，但他天性特别孝顺，常常亲自为母亲烧火做饭。平北将军王乂听说他常常亲自奉养母亲，深受感动，就选了两个婢女赠送给他，并因此任命他为从事郎中。有人开玩笑对他说：“一个奴仆的价格是婢女的两倍。”祖纳回答说：“难道百里奚就一定要比五张公羊皮轻贱吗？”

【原文】

6. 齐刘绘为南康郡，郡人郅类所居名秽里①。绘戏之曰：“君有何秽而居秽里②？”答曰：“未审仲尼有何阙而居阙里。”

【注释】

①郅（zhì）：姓氏。

②秽（huì）：肮脏，龌龊。

【译文】

南朝齐的刘绘曾经做过南康郡的太守，郡里有个叫郅类的人居住的地方名叫

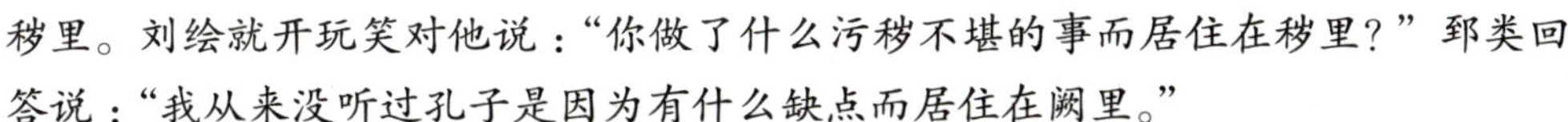
秽里。刘绘就开玩笑对他说：“你做了什么污秽不堪的事而居住在秽里？”郅类回答说：“我从来没听过孔子是因为有什么缺点而居住在阙里。”

【原文】

7. 王浑平吴之日[①]，登建业宫酾酒[②]，既酣，谓吴人曰：“诸君亡国之余，得无戚乎？”时周子隐答曰：“汉末崩分，三国鼎立，魏灭于前，吴灭于后。亡国之戚，岂惟一人？”王有惭色。

【注释】

①王浑：字玄冲。太原郡晋阳县（今山西太原）人。三国曹魏至西晋初年名臣，东汉代郡太守王泽之孙、曹魏司空王昶之子。

②酾（shī）酒：斟酒。

【译文】

西晋名臣王浑平定吴国凯旋而归的时候，在建业宫大摆宴席相互斟酒庆贺，喝到酣畅微醉的时候，他对吴国人说：“你们吴国灭亡以后，诸位难道没有悲戚之感吗？”当时周子隐站出来回答说：“汉末分崩离析，形成三国鼎立的局势，曹魏先灭亡，东吴灭亡紧跟在其后。如此亡国的悲哀，岂只是一个吴国之人的悲哀？”王浑听后，顿时面露愧色。

【原文】

8. 岳柱年八岁，时观画师何澄画《陶母剪发图》，指陶母手中金钏诘之曰[①]：“有此可易酒[②]，何用剪发？”何大惊，即易之。

【注释】

①金钏（chuàn）：用珠子或玉石等穿起来做成的镯子。诘（jié）：责问，追问。

②易：交换；改变，修改。

【译文】

岳柱八岁那年，在他观看画师何澄画《陶母剪发图》时，指着陶母手中的金钏追问道：“有这金银首饰就足可以换酒了，何必还需剪去头发呢？”何澄听罢大为震惊，随即修改了画的内容。

【原文】

9. 曾有白头鸟集吴殿前，孙权问群臣：“此何鸟也？”诸葛元逊对云[①]：“此名白头翁。”张辅吴自以坐中最老，疑元逊戏之，因曰：“恪欺陛下，未尝闻鸟名白头翁者，试使恪复求白头母。”元逊曰：“鸟名鹦母，未必有父，试使辅吴复求白头父（疑为“鹦父”之误）。”昭不能答。

【注释】

①诸葛元逊：诸葛恪，字元逊，琅琊阳都（今山东沂南）人。三国时期东吴权臣，蜀汉丞相诸葛亮之侄，东吴大将军诸葛瑾长子。

【译文】

曾经有白头鸟聚集落在吴国的宫殿前，孙权就问诸位大臣们："这是什么鸟？"诸葛恪回答说："这只鸟叫白头翁。"辅吴将军张昭认为此刻自己在群臣中年纪最大，怀疑诸葛恪是在指桑骂槐戏弄自己，因此说："诸葛恪是在欺骗陛下，从来不曾听说过鸟的名字有叫白头翁的，如果真有，那么就请诸葛恪再找一只白头母来。"诸葛恪说："有种鸟名叫鹦母，不一定就有鹦父，那就请辅吴将军再找出一只鹦父来，我便可找来白头母。"张昭显然无言以对。

【原文】

10. 某令贪，监司欲斥之。陈渠为中丞，欲解之[①]，谓曰："此地穷苦，不比贵乡，墨不满橐也[②]。"监司曰："盗劫贫家，岂得无罪？"

【注释】

①解：解救。

②橐（tuó）：口袋。

【译文】

某县令贪污，监司想要罢免他。陈渠当时任中丞，想解救他，于是就对监司说："这个地方贫瘠穷苦，不能与那些富庶地区相比，黑心贪污所得的财物还装不满一个口袋呢。"监司说："他偷盗了贫困人家，难道就可以无罪吗？"

【原文】

11. 王右军与谢太傅共登冶城，谢悠然远想，有高世之志。王谓谢曰："夏禹勤王，手足胼胝[①]；文王旰食[②]，日不暇给。今四郊多垒，宜人人自效；而虚谈废务，浮文妨要，恐非当今所宜。"谢曰："秦任商鞅，二世而亡，岂清言致患耶？"

【注释】

①胼胝（pián zhī）：俗称"老茧"，是皮肤长期受压迫和摩擦而引起的手、足皮肤局部扁平角质增生。

②旰食（gàn shí）：指事务繁忙不能按时吃饭，泛指勤于政事。

【译文】

王羲之与谢安共同登上冶城以后，谢安悠然远眺遐想，大有超然物外的高远志向。王羲之对谢安说："夏禹是个勤政之王，他每天为国事操劳，手脚都起了老茧；文王为了治理国事，常常忙得没有闲暇时间休息，直到很晚才能吃饭。现在国家四周有很多敌国营垒，每个人都应该自觉效仿他们；而高调谈论那些虚妄

的无用事务，用浮夸的文章来妨碍国家大事，这些事情恐怕都不是现在应该做的。”谢安说：“秦国任用商鞅，却仅经历二世而亡，难道是因为高雅的言论所招来的祸患吗？”

【原文】

12. 东坡尝举“坡”字问荆公何义，公曰：“‘坡’者土之皮。”东坡曰：“然则滑者水之骨乎？”荆公默然。

【译文】

苏东坡曾举出“坡”字问王安石是什么意思，王安石说：“‘坡’就是土的皮。”苏轼说：“如此说来，那么‘滑’字就是水的骨头吗？”王安石顿时沉默不语了。

【原文】

13. 边文礼见袁奉高失次序①，奉高因嘲曰：“昔尧聘许由，面无怍色②，先生何为颠倒衣裳③？”文礼答曰：“明府初临，尧德未彰，是以贱民颠倒衣裳耳。”

【注释】

①边文礼：边让，字文礼，博学善辩，善写文章，曾作《章华赋》，因此名噪一时。后被曹操所杀。

②怍色（zuò sè）：羞惭的神色。

③颠倒衣裳：意思是衣裳上下倒穿，形容匆忙失序的样子。

【译文】

边文礼拜见袁奉高时显得手足无措，袁奉高因此嘲笑他说：“过去尧帝聘用许由的时候，许由并没有羞惭不安的神色，先生现在为什么会如此慌乱失序？”边文礼回答说：“太守您刚刚驾临，尧帝的品德还没显现出来，所以小民我才如此慌乱失序。”

【原文】

14. 东汉陈太丘寔①，与友人期行，过期不至。太丘舍去，去后乃至。其子元方年七岁，在门外戏。客问元方：“尊君在不？”答曰：“待君久不至，已去。”友人便怒曰：“非人！与人期行，相委而去②。”元方曰：“君与家君期日中，过时不来，则是无信；对子骂父，则是无礼。”友人惭，下车引之，元方遂入门不顾。

【注释】

①陈太丘寔（shí）：陈寔，东汉时期官员、名士。曾任太丘长，为官清正廉明。

②相委而去：抛下别人离开了。委：是抛弃、舍弃的意思。

【译文】

东汉时期的太丘长陈寔，有一次相约与友人同行，可是过了约定的时间友人还没到。于是太丘就独自先走了，等他离开后友人才来到。陈寔的儿子陈元方当时年仅七岁，正在门外玩耍。友人就问陈元方："你的父亲在家吗？"元方回答说："等您许久不见您来，已经独自先走了。"友人当即就愤怒地说："不配做人！和别人约好了一起同行，结果却抛下别人独自离去。"陈元方说："您与我的父亲约好了中午见面，而您却超过时间没能准时到来，这就是言而无信；此刻当着他的儿子骂他父亲，这就是无礼。"友人听后很惭愧，下车拉着他的手以示歉意，陈元方随后转身进门，不再回头看他。

【原文】

15. 光武帝召第五伦访政事，因戏谓曰："闻卿为吏挝妇翁[①]，宁有之耶？"对曰："臣三娶妻皆无父。"帝大笑。

【注释】

①挝（zhuā）：抓，打。妇翁：妻父，即岳父。

【译文】

东汉光武帝召见第五伦讨论秉公处理政事的问题，因此戏谑地对他说："我听说你做衙吏的时候，曾经打过你的妻父，难道真有这事儿吗？"他回答说："臣娶的三个妻子都没有父亲。"光武帝听后哈哈大笑。

【原文】

16. 倪文毅岳[①]，五岁侍父文僖[②]，父曰："天上更有天。"对曰："地下更有天。"父笑曰："小子妄言，地下安得有天？"对曰："卵白岂止一面？"

【注释】

①倪文毅岳：倪岳，谥号文毅，明代名臣。好学能文，通晓经世之务，曾任礼部尚书等职。

②文僖（xī）：倪谦，字克让，倪岳的父亲，官至礼部尚书，谥号文僖。

【译文】

倪岳五岁时就非常喜欢文学，有一次，他服侍在父亲倪谦的身边，父亲说："天上更有天。"他回答说："地下更有天。"父亲笑着说："小孩子胡言乱语，地下怎么可能有天？"倪岳回答说："难道鸡蛋只有一面有蛋清吗？"

【原文】

17. 余肃敏公为户部郎，尝有两势家争田，未决，部檄公理之[①]。甲以其地名与己姓同，合是故产。公曰："未闻有姓张者讼张家湾。"

【注释】

①檄（xí）：通告。是中国古代官府往来文书的一种。

【译文】

余肃敏担任户部侍郎的时候，曾经有两个权势人家相互争夺田地，一直没有结果，户部就写成檄文交给余肃敏来评判这件事情。其中一方认为地名与自己的姓氏相同，所以符合是自己家旧时财产的理由。余肃敏说："从来没听说张姓人家打官司争夺张家湾的。"

【原文】

18. 张敞为妇画眉，长安中传张京兆眉怃①。有司以奏，上问之，对曰："闺房之内，夫妇之私，有过于画眉者。"上爱其能，弗责也②。

【注释】

①怃（wǔ）：同"妩"，媚好的样子。

②弗：不。

【译文】

张敞经常为妻子画眉毛，因此长安城中盛传张敞画眉毛画得媚好漂亮。有关部门就把这件事禀奏给皇上了，皇上问张敞这是怎么回事，张敞回答说："闺房之内的事情，是有关夫妻生活的私事，肯定有比画眉更为重要的。"皇上爱惜他的才华，因此没有责备他。

【原文】

19. 刘恕年四岁，颖悟俊拔。坐客有言孔子无兄弟者，恕应曰："'以其兄之子妻之'，非兄乎？"

【译文】

刘恕四岁时就显露出天资聪慧，智力超群。一天，在座的客人中有人说孔子没有兄弟，刘恕回应说："'把兄长的女儿嫁给他'，不就说明有兄长吗？"

【原文】

20. 淮海周辉与人论臭腐化神奇，或云："无是理。"周曰："药中秋石①，何自而出？"

【注释】

①秋石：据说古时候秋石是从童子尿液中萃取提炼的。

【译文】

淮海周辉与别人争论化腐朽为神奇这个命题时，有人说："没有这种道理。"周辉回应说："如果不是这样，那么药中的秋石是从哪里来的呢？"

【原文】

21. 王绪为大将，令军中无得以老弱自随，犯者斩。王潮兄弟独扶其母，绪责之曰："军皆有法，未有无法之军。"三子曰："人皆有母，未有无母之人。"乃释之。

【译文】

王绪为大将军时，他命令所有将士不能因为家属年迈体弱就擅自将其携带在军中，违反军令者定要处斩。唯独王潮兄弟仍然在军中抚养自己的母亲，王绪知道后责问他们说："军有军法，没有不守法纪的军队。"三个儿子都说："人人都有母亲，没有无母亲的人。"王绪无言以对，于是就释放了他们。

【原文】

22. 王圣美为县令，未知名，谒一达官，值其方与客谈《孟子》，不顾圣美①。久之，忽顾圣美曰："尝读《孟子》不？"圣美对曰："生平爱之，但都不晓其义。"主人问何不晓？曰："'孟子见梁惠王'，已不晓此语。"达官深讶之②，曰："此有何奥义？"圣美曰："既云不见诸侯，因何见梁惠王？"

【注释】

①顾：理睬。

②深讶：深为惊讶。

【译文】

王圣美做县令时，还没有什么名气，有一次他去拜访一位大官，正好遇到这位大官在跟客人谈论《孟子》，没有理睬王圣美。过了一会儿，忽然转脸对王圣美说："你读过《孟子》没有？"王圣美回答说："我平生最爱读《孟子》，但总是不理解其中的含义。"主人问他都有什么不明白的？他回答说："'孟子见梁惠王'，这句话就已经令我看不懂了。"这位大官听后非常惊讶，说："这有什么深奥的含义？"王圣美说："既然说过'不见诸侯'，为什么还要去见梁惠王？"

【原文】

23. 李勉为司徒平章事，一日德宗谓勉曰："众人皆言卢杞奸①，朕何不知？"勉对曰："陛下不知，所以为奸也。"

【注释】

①奸：奸诈，奸佞之人。

【译文】

唐代的李勉担任司徒平章事期间，有一天，唐德宗对李勉说："大家都说卢杞是奸佞之人，我为什么不知道呢？"李勉回答说："正因为陛下不知道，所以他才是奸佞之人啊。"

【原文】

24. 周彬不治财产，服膺儒学[①]。其妻让之曰："汝家兄弟能力稼穑[②]，囊箱丰溢，汝之不调，无思悔，毕向何如？"及先主镇金陵，彬囊文往谒，锡赉颇厚[③]。归以所锡金帛陈于庭前，谓妇曰："吾今与伯叔何如优胜？"妇曰："男子之事，非女子所能知。"

【注释】

①服膺（yīng）：衷心信服；衷心信奉。

②稼穑（sè）：种植与收割，泛指农业劳动。

③锡赉（xī lài）：赏赐；赏赐之物。

【译文】

周彬不钻研生财之道，只衷心于研究儒学。他的妻子责备他说："你家众位兄弟都能努力耕耘收割，家中箱柜里装满财物，而你却这样不成才，又不知道思悟悔过，将来会有什么出息呢？"等到先主镇守金陵的时候，周彬用布袋装着自己的文章前去拜见，先主看后大为赞誉，因此赏赐给他的财物非常丰厚。回家后，他把先主赏赐的这些丝帛财物陈列在院子里，对妻子说："我现在和兄弟们相比谁更优秀呢？"妻子说："男人的事，不是女人所能知道的。"

【原文】

25. 御史大夫李承嘉尝让诸御史曰[①]："近御史言事，不咨大夫，礼乎？"萧至忠曰："故事台中无长官。御史，人君耳目，比肩事主，得自弹事。若先白大夫[②]，则弹大夫先白谁耳？"

【注释】

①让：责备。

②白：告诉；陈述。

【译文】

唐代的御史大夫李承嘉曾经责备诸位御史们说："近来御史向皇上奏事，不先去询问士大夫，这合乎礼法吗？"萧至忠说："御史台中没有长官。御史，是皇上的耳目，大家平等为皇上效力，可以自主弹劾人物事件。如果先向士大夫报告，那么弹劾士大夫时，先向谁报告呢？"

【原文】

26. 嵇中散语赵景真[①]："卿瞳子白黑分明，有白起之风，恨量小狭。"赵云："尺表能审玑衡之度[②]，寸管能测往复之气，何必在大？"

【注释】

①嵇中散：嵇（jī）康，字叔夜，三国时期曹魏思想家、音乐家、文学家。

拜官郎中，授中散大夫，世称“嵇中散”。

②尺表：古代用以测日影的一种仪器。玑衡：北斗七星的泛称。此处借指天体。

【译文】

三国时期的嵇康对赵景真说：“你的眼睛黑白分明，有白起的风范，可惜身材矮小。”赵景真回复说：“一尺长的日晷却能测量巨大的天体，一寸长的律管可以测量寒来暑往的气候变化，所以说，何必在于是否高大呢？”

【原文】

27. 王荆公初参政，视庙堂如无人。一日行新法，怒目诸公曰：“此辈坐不读书耳！”赵清简公同参知政事，独折之曰：“君言失矣。如皋夔稷契之时[①]，有何书可读？”公默然。

【注释】

①皋夔稷契（gāo kuí jì qì）：传说中舜时贤臣皋陶、夔、后稷和契的并称。亦借指贤臣。

【译文】

王安石刚开始参政的时候，在朝堂之上总是目中无人。一天，因推行新法而引发争议，故而他怒视各位大臣说：“你们这些人就是因为不读书才如此不堪的！”赵清简公当时和王安石同任参知政事，独自站出来反驳他说：“荆公所言有失妥当了。诸如皋、夔、稷、契成为舜帝贤臣的时候，他们有什么书可读呢？”王安石顿时哑口无言。

【原文】

28. 诸葛厷在西朝[①]，少有清誉，为王夷甫所重，时论亦以拟王。后为继母族党所谗[②]，诬之为狂逆，将远徙。友人王夷甫之徒，诣槛车与别。厷问：“朝廷何以徙我？”王曰：“言卿狂逆。”厷曰：“逆则应杀，狂何以徙？”

【注释】

①诸葛厷（gōng）：字茂远，琅琊阳都人，诸葛绪之子。他才能出众，在西晋官至司空主簿。

②谗：陷害。

【译文】

西晋的诸葛厷，年少时就有美好的名声，被西晋玄学领袖王衍（字夷甫）所器重，当时也有人议论他的才华可与王衍相比拟。后来诸葛厷被继母家族的人所陷害，污蔑他为狂逆之徒，要将他流放到很远的地方。当时他的朋友王衍等几个人，来到囚车前为他送别。诸葛厷问：“朝廷为什么要流放我？”王衍说：“有人

说你狂妄叛逆。”诸葛厷说：“如果是叛逆造反，应该被斩杀，我只是狂妄，为什么还要被流放？”

【原文】

29. 郗司空拜北府[①]，王黄门诣郗门拜云：“应变将略，非其所长。”骤咏不已。郗仓谓嘉宾曰：“公今日拜，子猷言语殊不逊[②]，深不可容！”嘉宾曰：“此是陈寿作诸葛评。人以汝家比武侯，复何所言？”

【注释】

①郗司空：郗愔（chī yīn），字方回，高平金乡（今山东省金乡县）人，东晋太尉郗鉴长子，王羲之的内弟，在东晋官至平北将军、徐兖二州刺史。

②子猷（yóu）：王徽之，字子猷，东晋时期名士、书法家，王羲之的儿子。曾任黄门侍郎。

【译文】

郗愔被任命为北府中郎将，黄门侍郎王徽之前去郗家拜贺说：“应变将略，非其所长。”然后不停地赞叹。郗愔的儿子郗仓听到后对前来祝贺的宾客们说：“今天是家父的升迁吉日，诸公前来拜贺，可是子猷大人却出言不逊，真是难以容忍！”有嘉宾说：“这句话本是陈寿对诸葛亮的评论。人家把你父亲比作诸葛武侯，又有什么可抱怨的呢？”

【原文】

30. 鸿胪卿孔群好饮酒，王丞相语云：“卿何为恒饮酒？不见酒家覆瓿布[①]，日月糜烂？”群曰：“不尔。不见糟肉[②]，乃更堪久。”

【注释】

①瓿（bù）：古代陶制容器，圆口深腹，圈足，形似罐子。

②糟：用酒或酒糟腌制食品。

【译文】

鸿胪卿孔群特别喜欢喝酒，王丞相对他说：“你为什么总是饮酒而不知道节制？难道你没看见酒家盖坛子的布，在日月更替中渐渐腐烂吗？”孔群说：“不是你说的那样。你没看见用酒腌过的肉，才能放置的时间更长久吗？”

【原文】

31. 许允为吏部郎，多用其乡里，魏明帝遣虎贲收之。其妇出诫允曰：“明主可以理夺，难以情求。”既至，帝核问之。允对曰：“‘举尔所知’。臣之乡人，臣所知也。”

【译文】

许允担任吏部侍郎的时候，大多任用他的同乡为官，魏明帝知道后派遣虎贲中郎将去抓捕他。临出家门时，许允的妻子告诫他说："在贤明的君主面前可以用道理来说服他改变主意，却很难靠求情去感化他。"到了朝堂之后，魏明帝向他核实情况。他对皇帝说："《论语·子路》中说'选拔官员要举荐你所了解的人'。而微臣的乡里之人，就是臣所了解的人啊。"

【原文】

32. 许允妇是阮卫尉女，奇丑。初婚时，允既见，即欲出。妇料其此出必无入理，便捉裾停之[1]。许因谓曰："妇有四德[2]，卿其有几？"妇曰："新妇所乏，唯容尔。然士有百行，君有几许？"云："皆备。"妇曰："夫百行以德为首，君好色不好德，何谓皆备？"允有惭色，遂相敬重。

【注释】

①捉裾（jū）停之：拉住许允的衣襟让他停下来。

②四德：妇德、妇言、妇容、妇工（功）。

【译文】

许允的妻子是三国卫尉卿阮共的女儿，相貌特别丑。刚结婚那天，许允见了她就想立即跑出去。妻子料到他这次跑出去就一定没有再回来的打算，于是就抓住他的衣襟让他站住。许允顺势对她说："妇女有四种美德，你有其中几德？"妻子说："新妇我唯独缺少容貌之美而已。然而士人有百种好品行，夫君又有几种呢？"许允回答说："我全都具有。"妻子说："大丈夫百种品行以德为首，而你好色却不看重品德，又怎能说是全都具有呢？"许允面露愧色，从此夫妻二人相敬如宾。

【原文】

33. 许玄度隐在永兴南幽谷中，每致四方诸侯之遗[1]。或谓许曰："尝闻箕山人似不尔耳。"许曰："筐篚苞苴[2]，故当轻于天下之宝耳。"

【注释】

①遗：馈赠。

②筐篚（fěi）：盛物竹器；亦指帝王恩赐的礼物。苞苴（bāo jū）：指包装鱼肉等用的草袋，也指馈赠的礼物。

【译文】

东晋许玄度隐居在永兴南面的深谷中，常常收到四面八方诸侯们送给他的礼物。有人对许玄度说："我曾听说隐居箕山的人似乎不是像你这样的。"许玄度说："我收到的都是些普通的礼物，和帝王所赠简直无法相比，所以这应当算是天下最轻贱的宝物了。"

【原文】

34. 殷荆州曾问远公："《易》以何为体？"答曰："《易》以感为体。"殷曰："铜山西崩，灵钟东应，便是《易》耶？"远公笑而不答。

【译文】

晋代的荆州刺史殷仲堪曾向僧人惠远询问："《周易》以什么为核心思想？"惠远回答说："《周易》的核心思想是感应。"殷仲堪又说："铜山在西方崩裂，灵钟在东方回应，这难道就是《周易》吗？"惠远微微一笑，却没有回答。

【原文】

35. 阮宣子以三语为王太尉掾①，卫玠嘲之曰②："一言可辟③，何假于三④？"宣子曰："苟是天下人望，亦可无言而辟，复何假一？"

【注释】

①掾（yuàn）：属官，历史官职。

②卫玠（jiè）：古代四大美男之一，晋朝著名玄学家、名士。

③辟：君主召见并授予官职。

④假：借助，借用。

【译文】

晋代阮宣子因为讲了三句精彩的话就被太尉王衍任命为掾吏，著名玄学家卫玠嘲笑他说："一句话就可以授官了，何必非要借助三句呢？"阮宣子说："假如这天下都像人们所期望的那样，也可以一句话不讲就被授官，又何必非得借助那一句话呢？"

颖语篇第十六

【原文】

吴苑曰：舌之有颖[①]，如弩之有机，天下之利物也。颖之于语，无类不有，惟谐、谑、机、辩之类居多。然四语已有部领，即四语中有具颖者而颖部无与焉。以其有四部也，惟其不能入谐谑机辩之语，斯成颖语矣。乃次颖语第十六。

【注释】

①舌：在口中，引申指语言。颖：指某些小而细长东西的尖端，锋芒。

【译文】

吴苑说：语言具有锋芒，这就如同在强弩上安装了机关，成为天下极其锋利的武器了。带有锋芒对于语言来说，没有哪一类中是没有的，只不过是以谐、谑、机、辩四类最为多见。然而这四类语言已经有专类收录了，也就是说，这四类语言中具有巧妙锋利的语言在颖类中就不再收录了。因为前面已经有这四部归类了，只是不能将其收录入谐谑机辩这四类语种之中，这才形成了颖语这一类。于是就将颖语排列在第十六位了。

【原文】

1. 诸葛靓在吴[①]，于朝堂大会，孙皓问："卿字仲思，为何所思？"对曰："在家思孝，事君思忠，朋友思信，如斯而已。"

【注释】

①诸葛靓：字仲思，琅琊阳都（今山东沂南县）人，西汉司隶校尉诸葛丰之后，曹魏征东大将军诸葛诞之子。诸葛诞叛乱后入仕东吴。吴亡后投降晋朝，但因父仇而终身不仕，时人称许他至孝。

【译文】

诸葛靓投靠在吴国时，有一次在朝堂大会上，孙皓问他："你的字为仲思，不知你都思些什么呢？"诸葛靓回答说："在家思孝顺父母，在朝中思侍奉君主该如何尽忠，与朋友相交时思如何恪守诚信，仅此而已。"

【原文】

2. 宋梁州范百年，因事谒明帝[①]，帝言次及广州贪泉[②]，因问之曰："卿州复有此水不？”百年答曰：“梁州唯有文川、武乡、廉泉、让水。”又问：“卿宅在何处？”曰：“臣居在廉、让之间。”

【注释】

①谒（yè）：拜见，觐见。

②言次：言谈之间。

【译文】

南朝宋时期梁州人范百年，因为有事前去拜见宋明帝，宋明帝在言谈之间，谈到了广州的贪泉，因此就问范百年说：“你居住的梁州是否也有这样的泉水呢？”范百年回答说：“梁州只有文川、武乡、廉泉、让水。”宋明帝又问：“你的府宅建在什么地方？”他回答说：“微臣就住在廉泉、让水之间。”

【原文】

3. 齐武帝尝谓群臣曰：“我后当何谥[①]？”莫有对者。王俭因目庾杲之对[②]。杲之曰：“陛下寿比南山，与日月齐明。千载之后，岂是臣之轻所度量？”

【注释】

①谥（shì）：谥号，指古代帝王或大官死后评给的称号。

②庾杲（gǎo）之：字景行，南朝齐官员，新野人。

【译文】

南朝的齐武帝曾经对群臣说：“我死后应当使用什么谥号呢？”没有人能够回答。因此王俭就使眼色让庾杲之回答。于是庾杲之回答说：“陛下寿比南山，与日月同辉。千年之后，哪能是我们这些人所能度量的呢？”

【原文】

4. 王俭为吏部尚书，有客姓谭求官。曰：“齐桓灭谭，那得有汝？”答曰：“谭子奔莒[①]，所以有仆[②]。”

【注释】

①莒（jǔ）：春秋时期为莒国。

②仆（pú）：谦辞。旧时男子称自己。

【译文】

王俭担任吏部尚书，有个姓谭的客人前来求官。王俭对他说：“齐桓公灭了谭国，怎么还会有你呢？”客人回答说：“谭子逃难到了莒国，所以就会有我。”

【原文】

5. 梁武帝尝以枣掷兰陵萧琛[①]，琛仍取栗掷帝，正中面。帝动色言：“汝那得如此[②]？岂有说耶？”琛应声曰：“陛下投臣以赤心，臣敢战栗于陛下。”

【注释】

①萧琛（chēn）：字彦瑜，南兰陵（今江苏武进）人，南朝梁学者、官员。

②汝（rǔ）：你。那得：怎得；怎会；怎能。

【译文】

南朝的梁武帝曾经拿起一个红枣投掷兰陵人萧琛，萧琛就拿起一个栗子投向梁武帝，正好击中梁武帝的面部。梁武帝勃然大怒说："你哪能这么做？难道还有什么可解释的吗？"萧琛应声回答道："陛下投给我一颗红心，微臣岂敢不战栗于服侍陛下。"

【原文】

6. 萧琛尝于御座饮酒，属酒北使员外常侍李道固[①]，不受，曰："公庭无私礼，不容受卿劝。"众皆失色，恐无以酬。琛徐曰："《诗》所谓'雨我公田，遂及我私'。"道固乃屈意受酒。

【注释】

①属酒：敬酒。

【译文】

萧琛曾在梁武帝的宫廷御宴席座中饮酒，他端起酒樽向北使员外常侍李道固敬酒，李道固没有接受，说："皇宫里没有私礼，所以不允许我接受你的劝酒。"在座的人听后都脸色大变，担心萧琛不知如何应对。只见萧琛不慌不忙地说："《诗经》中所谓：'雨我公田，遂及我私'。"李道固听罢，只好极不情愿地接受了这杯酒。

【原文】

7. 张后胤在并州[①]，太宗尝就受《春秋》。后因诏入赐宴，言及平昔，从容谓曰[②]："今日弟子何如？"后胤对曰："昔孔子领徒三千，达者无子男之位。臣翼赞一人，即为万乘主。计臣此功，逾于先圣。"太宗大悦。

【注释】

①张后胤（yìn）：字嗣宗，隋唐时期大臣，唐太宗受业师傅之一。他父亲张中擅长儒学，引用为博士。后胤跟随父亲在并州，以学问操行为人称道。

②从容：舒缓悠闲的样子。

【译文】

张后胤在并州居住时，唐太宗李世民就曾经跟他学习过《春秋》。所以后来唐太宗召他入宫，并赏赐酒宴相待，席间谈论到过去教授学生的事情，唐太宗舒缓悠闲地对他说："现在的弟子都怎么样呢？"张后胤回答说："昔日孔子带领

三千弟子，显达之人也没有达到子爵、男爵之位的。我只辅助了一个人，就已成为万民之主的皇上。要论我的功绩，应该远远超过先贤圣人。”唐太宗听后非常高兴。

【原文】

8. 晋武帝始登阼[①]，探策得一[②]。王者世数系此多少，帝既不悦，群臣失色，莫能有言者。侍中裴楷进曰："臣闻：天得一以清，地得一以宁，侯王得一以为天下贞。"帝悦（说），群臣叹服。

【注释】

①登阼（zuò）：登基；登上皇位。

②探策：求签。策：古代占卜用的蓍（shī）草。帝王登位时，常靠占卜来预测帝位世代相传的数目。

【译文】

晋武帝刚刚登上皇位时，求签得到一个“一”。因为古时认为占卜王位能够传几代，跟求签所得的这个数字密切相关，所以晋武帝看到签后很不高兴，群臣们也都吓得变了脸色，此刻没有能够出来解签的人。这时侍中裴楷上前进言道："臣听说：天得一可以清净，地得一可以安宁，侯王得一可以得到天下人的忠心拥护。"晋武帝听后非常高兴，群臣也深表叹服。

【原文】

9. 钟繇昼寝，二子毓、会共偷服散酒。繇时觉，且假寐以观之[①]。毓拜而后饮，会饮而不拜。既而问之，毓曰："酒以成礼[②]，不敢不拜。"又问会何以不拜，会曰："偷本非礼，所以不拜。"

【注释】

①寐：睡觉。

②酒以成礼：酒是用来完成礼仪的。

【译文】

钟繇白天睡觉时，他的两个儿子钟毓、钟会一起来偷喝他的散酒。钟繇当时已经觉察到，暂且假装睡觉来暗中观察他们。只见钟毓先是敬拜而后开始饮酒，而钟会则是直接饮酒却不敬拜。钟繇事后问他俩其中缘故，钟毓回答说："酒是礼仪的表达方式，不敢不拜。"钟繇又问钟会为什么不拜，钟会说："偷东西本来就不合乎礼仪，所以不拜。"

【原文】

10. 孙齐由、齐庄二人小时诣庾公[①]，公问齐由何字？曰："齐由。"公曰：

"欲何齐耶？"曰："齐许由。"又问齐庄何字？曰："齐庄。"公曰："欲何齐耶？"曰："齐庄周。"公曰："何不慕仲尼而慕庄周[②]？"答曰："圣人生知，故难慕。"庾公大喜。

【注释】

①庾公：庾亮，字元规，东晋颍川人，曾任征西大将军、荆州刺史。

②仲尼：孔子，字仲尼，春秋末期思想家、政治家、教育家，儒家学派的创始人。庄周：庄氏，名周，字子休（一作子沐），是我国先秦（战国）时期伟大的思想家、哲学家、文学家。

【译文】

孙齐由、孙齐庄二人小时候曾一起到庾亮府中拜访，庾亮问孙齐由的表字是什么？齐由回答说："字齐由。"庾亮说："你想向谁看齐呢？"齐由回答说："向许由看齐。"又问齐庄表字是什么？齐庄回答说："表字齐庄。"庾亮说："你想向谁看齐呢？"齐庄回答说："向庄周看齐。"庾亮说："为何不去仰慕孔子而去仰慕庄周呢？"齐庄回答说："因为圣人生来就是无所不知的，所以难以仰慕。"庾亮听后非常高兴。

【原文】

11. 蜀先主以伊籍为左将军从事中郎[①]，使吴，孙权闻其才辩，欲逆折其辞。籍适入拜，权曰："劳事无道之君。"籍应声对曰："一拜一起，未足为劳。"吴主大惭[②]。

【注释】

①蜀先主：三国时期的蜀国先帝刘备。

②大惭：非常惭愧，非常不好意思。

【译文】

蜀国的先主刘备任命伊籍为左将军从事中郎事务，不久后派遣伊籍出使吴国，孙权听说他是能言善辩之才，想要挫一挫他的言辞锐气。当时正好伊籍进来向孙权参拜，孙权说："可惜你不辞辛劳却为了一个无道之君（暗指刘备）。"伊籍应声回答说："这一拜一起，算不上辛劳（暗指叩拜孙权）。"吴主孙权听后感到非常不好意思。

【原文】

12. 陆机诣王武子，武子有百斛羊酪[①]，指以示之曰："卿东吴何以敌此？"陆曰："有千里莼羹[②]，未下盐豉耳！"

【注释】

①百斛（hú）：泛指多斛。斛为量具名。古以十斗为斛。羊酪：羊奶酪。

②莼（chún）羹：用莼菜烹制的羹。

【译文】

陆机到王济（字武子）家中拜访，王武子家有百斛的羊酪，他指着这些羊酪给陆机看，并说："你们东吴有什么东西可与这些美味匹敌？"陆机说："我们东吴千里江湖中可有千里莼羹，只是还没有放盐豉罢了！"

【原文】

13. 孔融与祢衡友厚[①]，跌荡狂放。衡谓融曰："仲尼不死。"融答曰："颜回复生[②]。"

【注释】

①祢（mí）衡：字正平，平原郡般县人。个性恃才傲物，和孔融交好。

②颜回：孔子的弟子。

【译文】

孔融与祢衡友情深厚，两人的性格都有些狂放傲慢。有一天，祢衡对孔融说："你是孔子不死之身。"孔融回答说："你是颜回再生之体。"

【原文】

14. 唐辛郁，管城人也，旧名太公。弱冠遭太宗于行所[①]，问："何人"？曰："辛（与新同音）太公。"太宗曰："何如旧太公[②]？"郁曰："旧太公八十始遇文王，臣今适十八，已遇陛下，过之远矣。"

【注释】

①弱冠：古代男子二十岁行冠礼，表示已经成人，但身体还未壮，所以称作弱冠，后泛指男子二十岁左右的年纪。

②旧太公：此指姜太公，即姜尚，字子牙，中国古代杰出的政治家、军事家、韬略家，周朝开国元勋，商末周初兵学奠基人。垂钓于渭水之滨，遇见西伯侯姬昌，拜为"太师"，尊称太公望。

【译文】

唐朝的辛郁，是管城人士，旧名太公。他二十岁那年在唐太宗出行之地相遇，唐太宗问："你是什么人？"他回答说："我叫辛太公。"唐太宗听完笑笑说："你与旧太公相比如何？"辛郁回答说："旧太公八十岁才刚刚遇到周文王，我今年才十八岁就遇到了陛下，说明远远超过他了。"

【原文】

15. 李令伯常聘吴[①]，吴主与群臣泛论道义，因言宁为人弟。令伯曰："愿为人兄。"吴主问："何愿为兄？"令伯答曰："为兄，供养之日长。"

【注释】

①聘：诸侯派大夫拜见别国诸侯叫聘。这是诸侯之间邦交的礼仪。

【译文】

蜀国的李令伯经常受命出使吴国，有一次，正好听见吴国君主与群臣们讨论道义的问题，因此听见有人说宁愿做人弟弟。李令伯说："我愿意为人兄长。"吴国的君主问："你为什么愿意做兄长呢？"李令伯回答说："做兄长，供养父母的时间较长。"

【原文】

16. 宋世祖尝赐谢中书庄宝剑，谢以与鲁爽送别。后鲁作逆，世祖尝因宴集，问剑所在，谢曰："昔日鲁爽别，窃为陛下杜邮之赐①。"

【注释】

①窃：暗中，私下里。杜邮之赐：赐死。杜邮：古地名。典故出自《史记·白起王翦列传》。

【译文】

南朝的宋世祖曾经赐给中书令谢庄一把宝剑，谢庄又把宝剑当作送别礼物送给了好友鲁爽。后来鲁爽叛逆造反被杀，宋世祖曾在一次聚会宴饮的时候，问谢庄那把宝剑在哪里，谢庄回答说："以前与鲁爽分别的时候，我已经私下里替陛下赐他一死了。"

【原文】

17. 张说女嫁卢氏①，女尝为其舅求官，说不语，但指搘床龟示之②。归告其夫曰："舅得詹事矣③。"

【注释】

①张说（yuè）：字道济，一字说之，河南洛阳人，唐代政治家、军事家、文学家。三拜宰相，统领文坛。

②搘（zhī）床龟：古代传说的支床之龟。

③舅：公公。詹事：是古代官名。主要从事皇子或皇帝的内务服务。

【译文】

唐代名相张说的女儿嫁给了卢家，女儿曾委托父亲为自己的公公求取一个官职，张说没有说什么，只是指着支床龟给女儿看。女儿回来后对她的丈夫说："公公将要得到詹事这个官职了。"

【原文】

18. 耿九畴迁盐运使①，有廉声。尝临水坐，有童子戏其旁，九畴曰："此水何清也！”童子应曰：“尚不及使君之清也！”

【注释】

①耿九畴（chóu）：字禹范，山西平定人。明朝永乐年进士。历官给事中、两淮盐运同知等职，为官清正廉明。

【译文】

耿九畴迁任为盐运使，他为官素有清正廉洁的好名声。曾有一次他闲坐在水岸边，有小孩子在他旁边嬉戏玩耍，耿九畴说：“这水是多么清澈啊！”小孩子应声回答道：“还是比不上使君您的清廉啊！”

【原文】

19. 解学士缙童时[①]，妇翁过其家，解父抱缙置椅上。妇翁曰：“父立子坐，礼乎？”解应声曰：“嫂溺叔援，权也。”

【注释】

①解学士缙（jìn）：解缙，字大绅，一字缙绅，江西吉安府吉水（今江西吉水）人，明代大臣，文学家。

【译文】

明代大学士解缙童年的时候，就被父母为他定了娃娃亲，有一天，他的岳父到他家里做客，解缙的父亲把他抱起放在椅子上坐着。岳父说：“父亲站着，儿子坐着，这合乎礼仪吗？”解缙应声说道：“这就好像嫂子落水了，小叔子连忙去援救，这只是权宜之计罢了。”

【原文】

20. 王武子、孙子荆各言其土地人物之美。王云：“其地坦而平，其水淡而清，其人廉且贞。”孙云：“其山嶵巍以嵯峨[①]，其水浃渫而扬波[②]，其人磊砢而英多[③]。”

【注释】

①嶵（zuì）：山的样子。嵯峨（cuó é）：形容山势高峻。

②浃渫（jiā xiè）：倾泻流淌。

③磊砢（lěi luǒ）：才气卓越。

【译文】

王济、孙楚各自述说自己本地的风土人物之美。王济说：“我们那里土地平坦宽阔，那里的水淡而清澈，那里的人们廉洁而且忠贞。”孙楚说：“我们那里大山巍峨又高峻，那里的水倾泻流淌又叠浪扬波，那里的人们才气卓越而又英豪多多。”

【原文】

21. 周仆射伯仁①，雍容好仪形。诣王公，初下车，隐数人，王公含笑看之。既坐，傲然啸咏。王公曰："卿欲希嵇、阮耶②？"答曰："何敢近舍明公，远希嵇、阮？"

【注释】

①周仆射伯仁：周顗（yǐ），字伯仁。汝南安成（今河南省汝南）人。晋朝名士、大臣。

②嵇：嵇（jī）康，字叔夜。三国时期曹魏思想家、音乐家、文学家。阮：阮籍，三国时期魏国诗人。字嗣宗，陈留尉氏（今河南开封）人。竹林七贤之一。曾任步兵校尉。

【译文】

晋代尚书仆射周伯仁，雍容大方，身材魁梧，相貌仪态姣好。有一次他到王导家去拜访，刚下车站在那里，身体就挡住了后边几个人，王导面含微笑看着他。等他坐下来之后，一副镇定自若傲然啸咏神态。王导说："难道你想要效仿嵇康、阮籍吗？"周伯仁回答说："我哪敢舍弃近处的明公您，而去效仿远处的嵇康、阮籍呢？"

【原文】

22. 孙盛为庾公记室参军，从猎，将其二儿俱行。庾公不知，忽于猎场见齐庄，时年七八岁。庾谓曰："君亦复来耶？"二子应声曰："所谓'无小无大，从公于迈'。"

【译文】

孙盛是庾亮手下的记室参军，有一天跟随庾亮出去打猎，他便私自带上自己的两个儿子一起前行。庾亮当时并不知道，忽然在猎场上看见了孙盛的儿子齐庄，那年齐庄才七八岁的样子。于是庾亮对他说："你也跟着来了呀？"两个孩子应声说道："所谓'臣子没有大小之分，所以就跟随君主远行到此了'。"

【原文】

23. 宋太祖初幸相国寺①，至佛像前烧香，问当拜与不拜，僧录赞宁奏曰："不拜。"问其何故，对曰："见在佛，不拜过去佛。"

【注释】

①幸：指封建帝王到达某地。

【译文】

宋太祖第一次到相国寺进香的时候，走到佛像前烧香，询问僧官该不该去跪拜，僧官赞宁回答道："不必跪拜。"宋太祖问他是什么原因，他回答说："皇上您是现在的佛，所以不必去跪拜过去的佛。”

【原文】

24. 杨大年年十一①，太宗皇帝闻其名，召对便殿，授秘书省正字，且谓曰：“卿久离乡里，得无念父母乎？”对曰：“臣见陛下，一如臣父母。”上叹赏久之。

【注释】

①杨大年：杨亿，北宋文学家，“西昆体”诗歌主要作家。淳化中赐进士，曾为翰林学士兼史馆修撰，官至工部侍郎。

【译文】

杨亿十一岁的时候，宋太宗赵光义听说他的名气很大，于是就在便殿召见了他，一见果然名不虚传，当即授予他秘书省正字一职，并对他说：“从此你将离开家乡很久，会不会很想念你的父母呢？”杨亿回答说：“臣见到陛下，就如同见到了我的衣食父母。”皇上一听，欣慰地赞叹了许久。

【原文】

25. 谢仁祖年八岁，谢豫章将送客，尔时语已神悟，自参上流，诸人咸共叹之曰：“年少一坐之颜回。”仁祖曰：“坐无仲尼，焉别颜回①？”

【注释】

①焉：怎么能。

【译文】

东晋的谢尚（字仁祖）八岁那年，有一天，他的父亲豫章太守谢鲲准备送客人回家，那时候谢仁祖的口才已达到出神入化的地步，独自参加上流社会的聚会也能应付自如，当时在座的诸多客人都共同赞叹道：“这个少年，简直就是力压四座的颜回。”谢仁祖回应说：“坐席中没有孔子，怎么能辨别出谁是颜回呢？”

【原文】

26. 袁彦伯宏以吏部郎出为东阳郡，太傅谢安赏宏机速，乃祖之于冶亭，时贤皆集。安欲卒迫试之①，执手将别，顾左右取一扇赠之。宏即曰：“辄当奉扬仁风，慰彼黎庶。”

【注释】

①卒（cù）迫：指仓促紧迫；出其不意。试：测试。

【译文】

袁宏，字彦伯，以吏部郎的身份离开京城去东阳郡担任郡守，太傅谢安欣赏袁宏才思敏捷，于是就在冶亭为他设宴饯行，当时的贤士都闻讯而来聚集在酒宴之上。谢安想用出其不意的方式来测验一下袁宏的应变能力，所以在他俩拉手即将作别时，环顾左右后随手拿出一把扇子赠送给他。袁宏立即说："我一定会弘扬仁爱之风，来抚慰造福那一方黎民百姓。"

【原文】

27. 周盘龙为散骑，武帝戏曰："卿着貂蝉①，何如兜鍪②？"盘龙曰："此貂蝉从兜鍪中出耳。"

【注释】

①貂蝉：官帽的一种。

②兜鍪（dōu móu）：古代打仗时戴的头盔。

【译文】

周盘龙担任散骑常侍时，有一次，南齐武帝跟他开玩笑说："你如今戴上了貂蝉，与你以前戴兜鍪相比，有什么不一样呢？"周盘龙回答说："这貂蝉不过是从兜鍪之中取下来的而已。"

【原文】

28. 崔邪利、崔模入魏，邪利子遣妻，蔬布，如居丧礼。模子虽居处变节，不废婚宦。崔元孙使魏，魏人问二家子侄何以不同？元孙曰："王尊驱骑，王阳回车，欲令臣子两遂，忠孝并弘。"

【译文】

崔邪利、崔模都投降加入了魏国，崔邪利的儿子知道以后，就与妻子分居，自己吃粗茶淡饭，穿粗布衣裳，如同为父亲守丧一样。崔模的儿子虽然居处有所改变，但生活上没有做出任何改变，没有放弃结婚与入仕做官。崔元孙出使魏国的时候，魏人问为什么两家的儿子会截然不同？崔元孙说："这就好比当初王尊驱车行到九折坂时继续前进，而王阳到九折坂时勒令车夫掉转车头一样，他们是想让人臣与人子这两种职责都能实现，忠、孝都能够得以弘扬。"

【原文】

29. 宋刘瑀位本在何偃前，孝武初，偃迁吏部尚书，瑀图侍中，不得，与偃同从郊祀，偃乘车在前，瑀策驷居后，相去数十步。瑀蹑马及之，谓偃曰："君辔何疾①？"曰："牛骏御精，所以疾耳。"曰："君马何迟？"曰："骐骥罹于羁绊②，所以居后。"偃曰："何不着鞭，使致千里？"曰："一蹴自造青云，何至与驽马争路？"

【注释】

①辔（pèi）：驾驭牲口的嚼子和缰绳。

②骐骥罹于羁绊：千里马也有被束缚而受到牵制的灾难。骐骥（qí jì）：是千

里马的别称。罹（lí）：本意是指遭受苦难或不幸，引申为忧患，苦难。

【译文】

南朝刘宋时的刘瑀原本官位比何偃高，孝武帝初年，何偃迁任为吏部尚书，刘瑀试图想调任侍中，但没有实现，这一年他奉命与何偃一起随同孝武帝去郊祀，何偃乘车走在队伍的前面，刘瑀驾驶的驷马车跟随在他后面，相差数十步距离。这时，刘瑀踏一下马追上何偃，对何偃说："你抖起缰绳驾车的速度怎么这样快？"何偃回答道："牛马膘肥体壮，驾车技术精湛，速度当然就快了。"接着，何偃反问道："你的马为什么如此慢呢？"刘瑀回答说："骏马受到苦难牵绊，所以就会落后。"何偃说："为什么不用力鞭打它，让它尽全力远致千里呢？"刘瑀回答说："踢它一下，它自然就会创造出飞上云霄的奇迹，可又何必与那些劣等马相争前行的道路呢？"

【原文】

30. 吴使张温聘蜀，问秦宓曰①："天有头乎？"宓曰："有。"温曰："在何方？"宓曰："《诗》曰：'乃眷西顾。'以此推之，在西方。"温曰："天有耳乎？"曰："天处高而听卑②，《诗》云：'鹤鸣于九皋，声闻于天。'"温曰："天有足乎？"宓曰："《诗》云：'天步艰难。'无足，何以步之？"温曰："天有姓乎？"宓曰："姓刘。"问何以然，曰："天子姓刘，以此知之。"

【注释】

①秦宓（mì）：字子敕，三国时期蜀汉大臣、学者。秦宓善舌辩。

②卑：卑微，低下。

【译文】

三国时吴国的使者张温到蜀国出访，他问秦宓说："天有头吗？"秦宓回答道："有。"张温问："头在哪里呢？"秦宓说："《诗经》中说：'乃眷西顾。'按照此言推理可知，应当在西方。"张温问："天有耳朵吗？"秦宓说："当然有。天在高处能听到低处的声音，正如《诗经》中说：'鹤鸣于九皋，声闻于天。'"张温又问："天有脚吗？"秦宓说："《诗经》云：'天步艰难。'如果没有脚又用什么行路呢？"张温问："天有姓吗？"秦宓说："姓刘。"张温问为什么这样说，秦宓回答说："天子姓刘，由此便可以知道天的姓氏。"

【原文】

31. 戴安道既厉操东山，而其兄安丘欲建式遏之功。谢太傅曰："卿兄弟志业，何其太殊？"戴曰："下官'不堪其忧①'，家弟'不改其乐'。"

【注释】

①不堪其忧：无法忍受其中的忧患。

【译文】

东晋的戴安道隐居于东山以后，不忘修炼节操，而他的兄弟戴逯（字安丘）则总想建立杀敌报国的军功。太傅谢安说："你们兄弟间的志向，为什么相差这么悬殊呢？"戴安道说："我是'无法忍受贫穷所带来的忧患之苦'，我家兄弟则'不因贫穷而改变安贫乐道的志向'。"

【原文】

32. 卢志于众坐问陆士衡："陆逊、陆抗，是君何物？"答曰："如卿于卢毓、卢珽。"

【译文】

卢志当着众人的面问陆士衡："陆逊、陆抗是你的什么东西？"陆士衡坦然回答说："这就如同你与卢毓、卢珽之间的关系一样。"

【原文】

33. 陈元方年十一时，候袁公。袁公问曰："贤家君在太丘，远近称之，何所履行？"元方曰："老父在太丘，强者绥之以德，弱者抚之以仁，恣其所安，久而益敬。"袁公曰："孤往者尝为邺令①，正行此事。不知卿家君法孤？孤法卿父？"元方曰："周公、孔子，异世而出，周旋动静，万里如一。周公不师孔子②，孔子亦不师周公。"

【注释】

①邺（yè）令：邺县令。邺县在今河南北部安阳一带。

②师：效仿。

【译文】

陈元方十一岁那年，曾去拜访袁绍。袁绍问道："你父亲在太丘为官，可远近之人都对他称赞不已，他所做的都有哪些功绩呢？"陈元方说："我父亲在太丘，对那些强横的人用美德感化，对弱者施以仁慈抚慰，资助他们生产，让他们过上安定的生活，久而久之，人们就都越来越敬仰他了。"袁绍说："孤王我曾经做过邺县令，当时也做了很多这样的好事。不知道是你父亲效仿我呢？还是我效仿了你的父亲？"陈元方说："周公和孔子，他们分别出生在不同的年代，但是都能被人们所敬仰，他们的言行举止，即使远隔万里也能保持一致。然而周公没有效仿孔子，孔子也没有效仿周公。"

【原文】

34. 桓玄既篡位①，将改置直馆，问左右虎贲中郎省应在何处？有人答曰："无省。"当时殊忤旨。问："何以知无？"答曰："潘岳《秋兴赋》叙曰：'余兼虎贲中郎将，寓直散骑之省。'" 玄咨嗟称善[②]。

【注释】

①篡：篡夺。

②咨嗟（zī jiē）：赞叹；叹息。

【译文】

桓玄篡夺皇位以后，想要改设直馆，于是就问身边的人："虎贲中郎省应该设置在哪里？"有人回答说："没有这个省。"当时就否定了桓玄的旨意。桓玄生气地说："你怎么知道没有？"那人回答说："潘岳的《秋兴赋》序文中说：'余兼虎贲中郎将，寓直散骑之省。'"桓玄高声慨叹，连连称赞他的回答很巧妙。

【原文】

35. 陆逊闻车浚令名，请与相见，谓曰："武陵蛮夷乃有此奇人也[①]。"浚曰："吴太伯端委之化，以改被发文身之俗。今上挺圣主，下生贤佐，亦何常之有？"

【注释】

①武陵蛮夷：是两汉时活动在武陵郡的少数民族，出自《三国志》中的武陵蛮夷造反作乱，后被黄盖使计平息了战乱。

【译文】

陆逊听说了车浚的美名，请求和他相见，对他说："武陵地区的蛮夷人之中，竟然会有先生你这样的传奇人物。"车浚回答说："吴太伯端正世风，善用礼仪教化百姓，要求百姓改变披头散发、文身的风俗。现如今的吴国，在上有圣明的君主，在下又有贤能的大臣辅佐，这哪里是什么寻常的现象呢？"

浇语篇第十七

【原文】

吴苑曰：文章之士有才，其犹天地之有云露，草木之有花卉乎！才乃上天之所秘惜，不轻易以与人。士有才者，是得天之物，得天之物，安得不狂乎？狂之不已，不轻薄乎？故轻薄乃狂之甚也。盖文人不必有德①，何也？天之所以与我者，才耳，而我混混沌沌②，是弃天也。弃天之罪，不尤浮于轻薄乎？嗟乎！是亦可畏也。拔舌之狱，皆轻薄之报，毗沙天子③，不肯暂一假借饶人。虽然，此亦自天之纵我耳，可无问也。乃次浇语第十七。

【注释】

①盖：一般来说。

②混混沌沌（hùn hùn dùn dùn）：迷糊不清的样子。

③毗（pí）沙天子：传说很早以前，阎罗王是毗沙国的一个国王，他生性好战，而且从不服输。

【译文】

吴苑说：写文章的士人有才华，他们犹如天地之间生有云露，草木之中生有芬芳的花卉啊！才华是上天所秘密珍藏的东西，不会轻易将它送给别人。士人当中有才华的，是得到了上天的恩赐，得到了上天的恩赐，怎能不狂妄呢？狂妄之态不加以止息，又怎能不轻薄呢？因此轻薄就是过度狂妄的表现。一般来说，文人不一定有德行，为什么呢？上天所赐给我们的是才华，可我们却混混沌沌地过下去，这是在蔑视上天。蔑视上天之罪，不比轻薄之罪更为严重吗？啊呀！这也是多么可怕的事情啊。拔舌头的刑罚，这都是对轻薄者的报应，阎罗殿的毗沙天子，从来不肯稍加宽容就原谅他人的轻薄。尽管如此，这毕竟也只是上天对我们的纵容而已，可以不必去刻意过问它了。在此便将这轻薄之语排列在第十七位。

【原文】

1. 宋会稽太守孟顗事佛精恳。谢灵运轻之①，谓顗曰：“得道应须慧业文人，生天当在灵运前②，成佛必在灵运后。”

【注释】

①轻：轻视，瞧不起。

②生天：升上天空，亦称死亡。

【译文】

南朝宋的会稽太守孟颉（yǐ）是佛教虔诚的信徒。谢灵运非常轻视他的行为，对孟颉说："升天得道必须是具备智慧业缘的人，老人家升天应该在灵运之前，成佛一定在灵运之后。"

【原文】

2. 许敬宗性轻傲，见人多或忘之。或谓其不聪，曰："卿自难记，若遇何、刘、沈、谢，暗中摸索着亦可识①。"

【注释】

①识：辨认。

【译文】

许敬宗天性轻率傲慢，他见过的人不少，可有时候很容易就忘记。因此有的人说他不够聪明，他却说："你们的名字本来就很难记住，如果遇到的是何逊、刘孝绰、沈约、谢灵运，那么就算是闭着眼睛摸索着也能够辨认出来。"

【原文】

3. 梁到洽，本灌园人，后得位。谓刘孝绰曰："某宅东家有好地，拟买，被本主不肯，何计得之？"孝绰曰："卿何不多辇其粪①，置其牖下以苦之②？"洽恨孝绰，竟害之。

【注释】

①辇（niǎn）：古代用人拉着走的车子。

②牖（yǒu）：窗户。

【译文】

梁朝的到洽，原本出生在一个挑粪种田的人家，后来考入仕途得到一个官位。有一天，他对刘孝绰说："我家东面的邻居家有一块好地，我想买下来，但是那块地的主人不肯卖给我，用什么办法才能得到它呢？"刘孝绰说："你为什么不用车多拉些粪便，堆放在他家的窗户底下让他们忍受恶臭之苦呢？"到洽听后极其愤恨，后来竟然设计谋害刘孝绰。

【原文】

4. 盈川令杨炯，每见朝官，目之曰"麒麟楦①"。人问其故，杨曰："今铺乐假弄麒麟，刻画头角，修饰皮毛，覆之驴上，驴非楦而何？"

【注释】

①麒麟楦（qí lín xuàn）：唐朝人称演戏时装假麒麟的驴子叫麒麟楦。比喻虚有其表没有真才的人。

【译文】

盈川县令杨炯，经常接见朝廷派来的官员，每次见完都会傲慢地称他们为“麒麟楦”。人们问他其中的缘故，杨炯说：“现在的店铺都乐于制作假麒麟，他们雕刻出麒麟头，画出麒麟角，修饰出麒麟的皮毛，盖在驴身上冒充麒麟，这样的驴不叫麒麟楦又叫什么呢？”

【原文】

5. 杜审言初举进士，恃才蹇傲①，甚为时辈所妒。苏味道为天官侍郎，审言参选试判后谓人曰：“苏味道必死。”人问其故，曰：“见吾判即当羞死矣。”

【注释】

①恃才蹇（jiǎn）傲：倚仗自己有才华就言辞狂傲，目空一切的样子。蹇：高傲；傲慢。

【译文】

杜审言刚考取进士时，就倚仗自己有才华而言辞狂傲，深为当时的人们所妒恨。苏味道当时担任天官侍郎，杜审言是参加选举考试的考生，参加完判词考试以后，杜审言对别人说：“苏味道必死无疑。”人们问他其中的缘故，他说：“看了我的判词之后，应当立即就会羞愧而死。”

【原文】

6. 陈通方年二十五，举进士，与王播同年。播年五十六，通方薄其成事后时，因期集戏拊其背曰：“王老王老，奉赠一第。”言其日暮途远及第同赠官也。王曰：“拟应三篇。”通方又曰：“一之已甚，其可再乎？”王心贮之①。

【注释】

①贮：贮藏。

【译文】

陈通方二十五岁那年，考中了进士，当时与王播同年及第。王播那年五十六岁，陈通方轻视他成器较晚，于是趁着大家聚会的时候拍着王播的肩背戏谑说：“王老王老，奉赠一第。”意思是说他垂暮之年才科举及第，如同是皇帝对亡者的赠官一样。王播不以为然地说：“我准备继续应对三场考试。”陈通方又轻蔑地说：“一次考试就已经如此不易了，还能再参加考试吗？”王播没有应答，把这些话藏在了心里。

【原文】

7. 柳季云好弹琴饮酒，每出返，家人问有何消息。答曰：“无所闻，纵闻亦不解。”

【译文】

柳季云喜欢弹琴饮酒，每次出门回来的时候，家人都问外面有什么新消息。他总是回答说：“没有听到什么消息，纵使听到了，也不知道他们在说些什么。”

【原文】

8. 倪云林善山水①，为一代名匠，独不写人物。太祖高皇帝问曰：“每见卿山水俱无人，何也？”倪曰：“世自无人物可画耳。”

【注释】

①倪云林：即倪瓒，字云林，江苏无锡人，元末明初画家、诗人，“元四家”之一。

【译文】

倪云林擅长画山水，是一代名家，但他唯独不画人物。太祖高皇帝问他：“常常看你画山水，都没看见画中有人，这是为什么呢？”倪瓒说：“世上本来就没有值得去画的人而已。”

【原文】

9. 杜审言将死，语宋之问、武平一曰：“吾在，久压公等，今且死，固大慰，但恨不见替人①。”

【注释】

①替：接替。

【译文】

杜审言快要死的时候，对宋之问、武平一说：“我在的时候，长期压制你们，如今将要死了，你们固然会感到莫大的安慰，只可惜至今没有见到一个合适的接替我之人。”

【原文】

10. 祢正平自荆州北游许都①，书一刺怀之，漫灭而无所遇。或问之曰：“何不从陈长文、司马伯达乎？”祢曰：“卿欲使我从屠沽儿辈耶？”又问：“当今复谁可者？”祢曰：“大儿孔文举，小儿杨德祖。”

【注释】

①祢正平：祢衡，字正平，东汉末年名士，文学家。

【译文】

祢衡从荆州向北游历到许昌，起初写了一幅名帖揣在怀里，字迹都揣得模糊了也没有遇到合意的人。有人问他说："为什么不去找陈长文、司马伯达呢？"祢衡说："你是想让我去追随那些杀猪卖酒的人吗？"又问他："当今世上你认为还有谁可以呢？"祢衡说："年长的人是孔融，年幼的人是杨德祖。"

【原文】

11. 刘荆州尝自作书，欲与孙伯符以示祢正平。正平蚩之①，言："如是为，欲使孙策帐下儿读之耶，将使张子布见乎？"

【注释】

①蚩（chī）：古同"嗤"，讥笑。

【译文】

荆州的刘表曾亲自给江东的孙策写了一封信，想与孙策结盟，他先让祢衡看一遍。祢衡看后嗤之以鼻，讥笑他说："写出这样的信，是想给孙策帐下的无名小儿看呢，还是想给张子布看呢？"

【原文】

12. 人问祢正平："荀令君①、赵荡寇皆足盖当世乎②？"祢答曰："文若可借面吊丧，稚长可使监厨请客。"

【注释】

①荀令君：荀彧，字文若，东汉末年著名政治家、战略家，曹操统一北方的首席谋臣和功臣。

②赵荡寇：赵融，字稚长，曾担任"荡寇将军"，东汉末年，与曹操、袁绍等同列"西园八校尉"，为"助军校尉"。

【译文】

有人问祢衡："荀文若、荡寇将军赵稚长都是足以功过当世的豪杰吗？"祢衡说："当然不是，荀文若足可以凭借那副面孔来吊丧，赵稚长足可以在请客时让他做监厨。"

【原文】

13. 徐常侍陵聘齐。时魏收文学，北朝之秀，收录其文集以示徐，令传之江左。徐速济江沉之，曰："吾为魏公藏拙。"

【译文】

南朝散骑常侍徐陵奉命出使齐国。当时，魏收文学的造诣，在北朝可谓是一枝独秀，他收录自己的文集给徐陵看，让他带走传播到江南地区。徐陵渡江返回时，很快就把这些文集扔到水里，说：“我为魏公隐藏其文学的拙劣。”

【原文】

14. 庾信至北①，惟爱温子升《寒山寺碑》②。后还南，人问北方何如？信曰：“惟寒陵山一片石堪共语，薛道衡、卢思道稍解把笔，自余驴鸣狗吠，聒耳而已③。”

【注释】

①庾（yǔ）信：南北朝文学的集大成者，“宫体诗”的代表人物之一。

②温子升：字鹏举，东魏大臣，著名文学家，北地三才之一。

③聒（guō）耳：声音刺耳。

【译文】

庾信到了北方，只喜爱温子升写的《寒山寺碑》。后来回到南方，有人问他到北方有什么收获吗？庾信说：“只有寒陵山的一片石头可有共同讨论的价值，薛道衡、卢思道稍微了解一些如何下笔而已，其余的都是些自娱自乐的驴叫狗吠，折磨人的刺耳之作罢了。”

【原文】

15. 刘昼作《六合赋》，自谓绝伦，以呈魏收，收曰：“赋名六合，已是大愚，文又愚于六合，君四体又甚于文。”昼大忿，以示邢子才，子才曰：“君此赋正似疥骆驼，伏而无妩媚。”

【译文】

刘昼写了一篇《六合赋》，自认为精妙绝伦，就将它呈交给魏收品评，魏收看后说：“赋名六合，就已经很愚蠢了，赋文内容比六合还要愚蠢，刘君你的四体又比赋文还要更深一层。”刘昼大怒，转而又拿着这篇赋文给邢子才看。邢子才说：“刘君你这篇赋文正像是有疥疮的骆驼，趴在地上失去了妩媚之态。”

【原文】

16. 崔信明尝自矜其文①，谓过李百药。郑世翼遇之江中，谓信明曰：“尝闻有‘枫落吴江冷’，愿见其余。”信明欣然多出众篇，世翼未终篇曰：“所见不及所闻。”遂引舟去。

【注释】

①矜：夸奖。

【译文】

唐代的崔信明曾经自夸文辞精妙，声称可以超过李百药。郑世翼在江中遇到了他，对崔信明说：“我曾听说你有‘枫落吴江冷’的诗句，希望还能拜读崔君其他诗作。”崔信明非常高兴地拿出很多诗文给他看，郑世翼还没看到最后一篇，就摇摇头说：“所见不如所闻。”于是就驾船离去。

【原文】

17. 杨君谦每以文示人，人曰“佳”，即掩卷问曰：“何处佳？”其人不能指。杨袖文曰：“是蹴圆口①。”遂去。

【注释】

①蹴（cù）：踢，践踏。

【译文】

每当杨君谦拿着自己的文章给别人看时，人们都说“佳作”，随后他收起文章再问：“好在哪里呢？”那些人又都不能具体指出来。于是杨君谦十分遗憾地将文章放进袖子里说：“你们这是在践踏自己的嘴巴。”于是转身离去。

【原文】

18. 蔡子木酒后①，自歌其夔州诸咏②，甫发歌，吴国伦辄鼾寝，鼾声与歌相低昂。歌竟，鼾亦止。人诮之，吴曰：“我以南柯板击夔州腔，有何不可？”

【注释】

①蔡子木：蔡汝楠，字子木，湖州德清（今属浙江省）人。明代文学家。

②夔（kuí）州：古地名，今重庆境内。

【译文】

蔡汝楠喝完酒后，以歌唱的方式唱出自己所写赞颂夔州的多篇咏赋，他刚开始发声唱诵，吴国伦就打起呼噜入睡了，鼾声与歌声相伴此起彼伏。就这样，歌声停了，鼾声也停了。有人劝阻他，吴国伦却笑笑说：“我用南柯板来伴奏夔州腔，有什么不可以的呢？”

【原文】

19. 陈眉公曰：“品茶，一人得神，二人得趣，三人得味，七八人是名施茶。”

【译文】

陈继儒说：“至于品茶，一个人可以品出神韵，两个人一起品茶能品出雅趣，三个人能品出味道，七八个人一起就成了以品茶为名施舍茶水。”

【原文】

20. 崔赵公尝谓径山曰：“弟子出家得不？”径山曰：“出家是大丈夫事，岂将相所能为？”

【译文】

唐代的崔赵公曾经对径山法钦禅师说：“弟子我可以出家吗？”径山法钦禅师

说："出家是大丈夫的事，哪里是王侯将相所能做到的呢？"

【原文】

21. 郑光业有一巨皮箱，凡投贽有可嗤笑者①，即投其中，曰："此苦海耳！"

【注释】

①投贽（zhì）：进呈诗文或礼物求见。

【译文】

郑光业有一个巨大的皮箱，凡是进呈的诗文或是被他人嗤笑过的，都被他立即投放在这箱子里，并说："这里就是苦海啊！"

【原文】

22. 东平王锡老贫甚，每节口腹之奉以市碑刻。一日夸客曰："近得一碑甚奇。"客请出示，竟无一字可辨。客因笑曰："此名没字碑，宜公好尚之笃①。"

【注释】

①好尚之笃：纯厚高尚的喜好。笃：坚定，厚实。

【译文】

东平人王锡晚年时非常贫穷，常常省吃俭用，把节省的钱用来买碑刻。有一天，他对客人夸赞说："我最近得到了一块碑石，特别稀奇。"客人请他拿出来看看，竟然没有一个可以辨认出来的字。客人笑着说："这叫没字碑，正好适合您这纯厚高尚的喜好。"

【原文】

23. 谢耳伯结放生社于五明寺，以作文为社课。谢倡曰："如文不成，罚赀放生①。"沈曼长闻，曰："谢已有功德，何必放生？"人问其故，沈曰："人闻此语，胜于放生。"

【注释】

①赀（zī）：同"资"，钱财。

【译文】

谢耳伯在五明寺组建了一个放生社，以写文章作为放生社的课业内容。谢耳伯倡议说："如果写不出文章，就责罚他拿出钱财用于放生。"沈曼长听说后，说："谢耳伯已经很有功德了，何必再去放生呢？"有人问他什么缘故，沈曼长说："人们听了他所说的这番话，就已胜过放生。"

【原文】

24. 丁度、晁宗悫同在职馆①，晁因迁职，以启谢丁。丁乃戏答曰："启事更不奉答，当以粪墼一车为报②。"晁答曰："得墼胜于得启。"

【注释】

①晁宗悫（què）：宋代官员，曾任大理寺丞等职。

②墼（jī）：用碎末抟成的块状物。

【译文】

北宋的丁度、晁宗悫同在一个职馆内做官，晁宗悫升官后，就写一封答谢信与丁度道别。于是丁度就戏谑回答说："这事儿我就不写信答复了，我看用一车粪作为回报正合适。"晁宗悫回答说："得一车粪胜过得到一封回信。"

【原文】

25. 宋林逋高逸倨傲①，多所学，惟不能棋。尝谓人曰："逋世间事皆能之，惟不能担粪与着棋。"

【注释】

①林逋：字君复，杭州钱塘人，被后人称为和靖先生、林和靖，北宋著名隐逸诗人。倨（jù）傲：清高傲慢。

【译文】

北宋隐逸诗人林逋超凡脱俗、孤高自傲，他博学多识，但唯独不会下棋。他曾对别人说："世间的事情我都能去做，唯独不能担粪与下棋。"

【原文】

26. 桓温与谢奕善，辟奕为安西司马，惟布衣好。尝逼温饮，温走入避之，奕携酒就听（厅）事，引温一兵帅共饮，曰："失一老兵，得一老兵。"温闻而不计。

【译文】

东晋的桓温与谢奕关系很好，桓温任命谢奕为安西司马，两人的关系依然像以前"布衣之交"那样友好。曾有一次谢奕逼迫桓温与自己一起饮酒，桓温只好逃入室内躲避他。谢奕就带酒追到了他处理事务的厅堂，拉着桓温手下的一个将帅一起喝酒，说："失去一个老兵，又得到一个老兵。"桓温听后也不计较。

【原文】

27. 尧让天下于许由①，许由逃而去。其友巢父闻由为尧所让，以为污己，乃临池洗耳。池主乃牵牛上流饮，曰："毋污吾牛口。"

【注释】

①让：此指禅让帝位。

【译文】

尧帝想禅让帝位给许由，许由因此而逃走。他的好友巢父听说尧帝想禅让帝

位给许由之事，认为玷污了自己的耳朵，于是就到池塘去洗耳朵。水池的主人正好牵着牛到上游饮水，说："不要弄脏了我的牛嘴。"

【原文】

28. 戴良才高，自据傲，每见黄叔度①，未尝不正容。及归，罔然若有失也。其母问曰："汝复从牛医儿来耶②？"

【注释】

①黄叔度：黄宪，东汉著名贤士，家世贫贱，他父亲是牛医。

②牛医儿：牛医之子。比喻出身微贱而有声望的人。

【译文】

东汉的戴良才学很高，有些孤高傲慢，但每次见到同郡的黄宪（字叔度），从来不敢不正视他的才华。等到回家后，总是表现出一副怅然若失的样子。他的母亲问他说："你这又是从牛医儿子那里回来的吗？"

【原文】

29. 吴鹿长性坦率，不事矫饰，每遇风雅洗剔之辈，辄皆扫落。人谓曰："君不得尽卤莽尔尔。"答曰："予以卤莽遇风雅，复以风雅遇卤莽，胡为尽尔尔？"

【译文】

吴鹿长天性坦率，为人处事毫不矫情掩饰，每次遇到附庸风雅装腔作势的人，总会数落一番令其颜面扫地。有人对他说："你不能总是这样鲁莽待人啊。"他回答说："我总是对那些附庸风雅的人鲁莽，而对那些鲁莽的人又很风雅，为什么总是这样呢？"

【原文】

30. 潮阳苏福，八岁赋《初月诗》："气朔盈虚又一初，嫦娥底事半分无。却于无处分明有，恰似先天太极图。"人咏之以示王凤洲，王曰："极似陈白沙老来悟句。"

【译文】

潮阳人苏福，八岁就吟诵出一首《初月诗》："气朔盈虚又一初，嫦娥底事半分无。却于无处分明有，恰似先天太极图。"有人把这首诗吟咏给王世贞（字凤洲）听，王世贞听了后，说："这诗句很像陈白沙年老以后的顿悟之语。"

【原文】

31. 钱塘妓郭步摇，与所昵者泛西湖。坐中有少年，美丰姿，郭每顾之，略不与所昵者接。其人怒曰："汝爱伊耶？"郭佯不闻①，少年者举杯向岸花酹曰②："春风入林，岂为松柏？"

【注释】

①佯：假装。

②酹（lèi）：祭奠。

【译文】

钱塘歌妓郭步摇，与她所亲昵的情人一起在西湖乘船游玩。船舱里有一个少年，长相俊美，英姿飒爽，郭步摇频频回头看他，对身边的情人略微有些冷漠。那个情人愤怒地质问道：“难道你喜欢他了吗？”郭步摇假装没有听见，只见那少年举起手中的酒杯向岸边的花祭奠说：“春风吹入树林，难道是为了松柏而来吗？”

【原文】

32. 王勃、杨炯、卢照邻、骆宾王，皆以文章齐名，天下称“王杨卢骆”，号“四杰”。炯尝曰：“吾愧厕卢前，耻居王后。”

【译文】

唐代的王勃、杨炯、卢照邻、骆宾王，这四人都以文章之美而齐名，天下人合称其为“王杨卢骆”，号为“初唐四杰”。杨炯曾说：“我排在卢照邻前面感到羞愧，排在王勃后面又感到很羞耻。”

【原文】

33. 殷浩才名冠世[①]，庾翼弗之重也[②]，每语人曰：“此辈宜束之高阁，俟天下太平，然后议其任耳。”

【注释】

①冠世：超人出众、当世一流。

②弗：不。

【译文】

殷浩的才气和名声当世一流，可是庾翼对他却毫不器重，还常常对人说：“这样的人应该束之高阁，等到天下太平以后，再考虑任用他吧。”

【原文】

34. 桓南郡每见人不快，辄嗔云[①]：“君得哀家梨[②]，当复不烝食不[③]？”

【注释】

①辄（zhé）：就；总是。嗔（chēn）：生气。云：说。

②哀家梨：据说秣陵哀仲的家里有棵梨树，结出的梨子既大又甜，却被愚蠢的人蒸着吃了。

③烝（zhēng）食：蒸熟了吃。烝：同“蒸”。

【译文】

东晋的桓南郡每次看见别人不开心，就会生气地说："你得到了袁家的梨，该不会也拿去蒸着吃了吧？"

【原文】

35. 支道林入东①，见王子猷兄弟②。还，人问："见诸王何如？"答曰："见一群白颈乌，但闻唤哑哑声。"

【注释】

①支道林：即支遁，世称支公、林公，东晋高僧、佛学家、文学家。

②王子猷（yóu）：王徽之，东晋名士，官员，著名书法家王羲之的儿子。

【译文】

东晋的高僧支道林东行，看到了王徽之兄弟。回来后，有人问他："你见到了这几个王氏兄弟感觉怎么样？"支遁回答说："我看见了一群白脖子乌鸦，只听到他们沙哑的叫唤声。"

【原文】

36. 苻宏叛来归国，谢太傅每加接引。宏自以有才，多好上人，坐上无折之者①。适王子猷来，太傅使共语，子猷直孰视良久，回语太傅云："亦复竟不异人。"

【注释】

①折：折服。

【译文】

苻宏背叛前秦归顺晋朝，来到京城后，太傅谢安常常接待他。苻宏自以为很有才能，因此越来越恃才傲物，总是喜欢高人一等，在座的没有人能够让他折服的。这时正好王徽之过来拜访，太傅谢安就让他们在一起交谈，王徽之用眼睛直愣愣地盯着他看了许久，回头对太傅说："他也并不是什么奇异之人。"

【原文】

37. 王中郎与林公绝不相得。王谓林公诡辩①，林公道王云："着腻颜帢②，缟布单衣，挟《左传》，逐郑康成车后，问是何物尘垢囊③！"

【注释】

①林公：东晋的高僧支遁，世称支公、林公。诡辩：有意把真理说成是错误，把错误说成是真理的狡辩。

②帢（qià）：古代士人戴的一种丝织的便帽。

③尘垢囊：装满尘垢的口袋。比喻没有学识才能的人。

【译文】

东晋的王坦之与高僧支遁特别不相合。王坦之说支遁善于狡辩，支遁则评论王坦之说："戴个油腻腻的帢帽，穿着单薄的粗布衣，拿着一本《左传》，追逐在郑康成的车后面，若问这是个什么东西，其实就是一个装满尘垢的脏口袋！"

【原文】

38. 王右军少时甚涩讷①。在桓大将军许，王、庾二公后来，右军便起欲去。大将军留之曰："尔家司空、元规，复何所难？"

【注释】

①王右军：王羲之，曾任右将军，东晋时期书法家，有"书圣"之称。涩讷（nè）：亦作"涩呐"。寡言木讷，亦指说话、写文章迟钝。

【译文】

东晋时期的王羲之年少时非常内向羞涩，寡言木讷。有一次去大将军恒温府上拜访，不大一会儿，王导、庾亮（字元规）二人也来了，王羲之就要起身离去。大将军恒温挽留他说："王司空、庾元规都是自家人，你又有什么可难为情的呢？"

【原文】

39. 深公云①："人谓庾元规名士，胸中柴棘三斗许②。"

【注释】

①深公：竺道潜，字法深，东晋僧人。

②柴棘：荆棘，比喻人的心计。

【译文】

高僧法深说："人们都说庾亮是位名士，我看他这个人心计能有三斗多，而且心胸狭隘、待人刻薄。"

【原文】

40. 魏长齐雅有量，而才学非所经。初宦当出，虞存嘲之曰："与卿约法三章：谈者死，文笔者刑，商略抵罪①。"魏笑而不怒。

【注释】

①商略：品评，评论。抵罪：抵偿罪责，接受应有的惩处。

【译文】

东晋的魏长齐儒雅，为人很有气量，但并没有太高的经世才学。他初入仕途为官，正要出发赴任时，虞存嘲讽他说："我与你约法三章：高谈阔论的人要处死，舞弄文笔的人要判刑，品评议论他人的要抵罪。"魏长齐笑了笑，并没有恼怒。

【原文】

41. 王子猷诣谢万[1]，林公先在坐，瞻瞩甚高。王曰："若林公须发并全，神情当复胜此不？"谢曰："唇齿相须，不可以偏亡，须发何关于神明？"林公意甚恶，曰："七尺之躯，今日委君二贤[2]。"

【注释】

①王子猷：王徽之，字子猷，东晋官员。诣（yì）：到……去；前往。

②委：交给。

【译文】

王徽之到谢万家中去拜访，支遁和尚比他先坐在那里了，看上去神情傲慢。王徽之说："如果林公的头发和胡须都齐全，神态是否应当还要胜过现在呢？"谢万说："唇齿相依，相互缺一不可，胡须、头发与神态有什么关系呢？"支遁听完心里非常不高兴，说："我七尺身躯，今天就交给你们二位大贤人去评论吧。"

【原文】

42. 王、刘每不重蔡公[1]，二人尝诣蔡，语良久，乃问蔡曰："公自言何如夷甫？"答曰："身不如夷甫。"王、刘相目而笑曰："公何处不如？"答曰："夷甫无君辈客。"

【注释】

①不重：不尊重，言语轻佻。

【译文】

东晋的王濛、刘惔对司徒蔡谟时常言语轻佻，他二人曾经一起到蔡谟家去拜访，说了很久的话以后，就听他们对蔡谟说："蔡公您认为自己和王夷甫相比谁更优秀？"蔡谟回答道："我不如王夷甫。"王濛、刘惔相视而笑说："蔡公哪里不如王夷甫呢？"蔡谟回答说："王夷甫没有你们这样的客人。"

【原文】

43. 刘真长始见王丞相，时盛暑之月，丞相以腹熨弹棋局，曰："何乃渹[1]？"刘既出，人问："见王公云何？"刘曰："未见他异，唯闻作吴语耳！"

【注释】

①渹（qìng）：冷，凉。属于吴地方言。

【译文】

东晋的刘真长第一次见到丞相王导的时候，当时正值盛夏的月份，丞相王导用腹部贴近弹棋的凉棋盘，说："你为什么这么渹啊？"刘真长出来后，有人问他："你见到王丞相，他对你说些什么？"刘真长说："没见到他有什么奇异之处，只听到他用吴语说话。（吴语将'凉'说成'渹'）"

【原文】

44. 陆士衡初入洛，咨张公所宜诣①，刘道真是其一。陆既往，刘尚在哀制中。性嗜酒，礼毕，初无他言，惟问："东吴有长柄壶卢，卿得种来不？"陆兄弟殊失望，乃悔往。

【注释】

①咨：询问，咨询。

【译文】

陆士衡刚到洛阳，就向张公咨询应该先去拜访哪些人，张公告诉他，刘道真是其一。陆士衡听完后就前去拜访，当时刘道真还在守丧期间。他天性爱喝酒，与客人施礼完毕后，刚开口交谈没说别的，只是问："东吴有适合盛酒的长柄葫芦，你带没带种子来？"陆士衡兄弟特别失望，后悔此番前去拜访。

【原文】

45. 王凝之谢夫人，既往王氏，大薄凝之。既还谢家，意大不说。太傅慰释之曰："王郎，逸少之子，人身亦不恶，汝何以恨乃尔？"答曰："一门叔父，则有阿大中郎①；群从兄弟，则有封、胡、遏、末。不意天壤之中，乃有王郎！"

【注释】

①阿大中郎：指谢尚、谢据。

【译文】

东晋王凝之的妻子名为谢道韫，嫁到王家后，非常瞧不起王凝之。后来她回娘家省亲，心里还是显示出特别不高兴。太傅谢安劝慰并解释说："王郎，是王羲之的儿子，一表人才，本质也不坏，你为什么如此怨恨他呢？"谢道韫回答说："我们谢家的叔伯一辈中，则有阿大、中郎；诸位堂兄弟中，则有谢韶、谢朗、谢玄、谢渊这样的人才。没料到天地之间，竟然还有王郎这等人！"

【原文】

46. 孙子荆以有才，少所推服，唯雅敬王武子。武子丧，时名士无不至者。子荆后来，临尸恸哭，宾客莫不垂涕①。哭毕，向灵床曰："卿常好我作驴鸣，今我为卿作。"体似真声，宾客皆笑。孙举头曰："使君辈存，令此人死！"

【注释】

①垂涕：流下泪水。

【译文】

西晋的孙楚（字子荆）仰仗自己的才华，目中无人，很少有他所折服之人，但唯独敬重王武子。王武子去世时，当时的名士没有不前去凭吊的。孙子荆是最后一个到的，他面对尸体失声痛哭，宾客们没有不随之涕泪纵横的。哭完后，他

对着灵床说："您平常喜欢听我学驴叫，今天我再为您学一次。"他学得惟妙惟肖，宾客们都被逗笑了。孙子荆抬起头说："竟然让你们这些人活在世上，却让武子这人死去了！"

【原文】

47. 庾道季云："廉颇、蔺相如虽千载上死人，懔懔恒如有生气①；曹蜍、李志虽见在，厌厌如九泉下人。人皆如此，便可结绳而治，但恐狐狸貒貉啖尽②。"

【注释】

①懔懔（lǐn）：刚烈凛然的样子。

②貒（tuān）：猪獾，一种外形似猪的动物。貉（hé）：一种哺乳动物，外形像狐狸。啖（dàn）：同"啖"，吃或给人吃。

【译文】

庾道季说："廉颇、蔺相如虽然死了上千年，但是凛然之气依然生龙活虎地存在；曹蜍、李志虽然还活着，但是整天病恹恹的就像九泉之下的死人。如果人们都像曹蜍、李志这样，那么就可以回到远古结绳而治的年代了，但是恐怕都要被狐狸、猪獾、貉子之类的野兽吃光了。"

【原文】

48. 刘尹谓谢仁祖曰："自吾有四友①，门人加亲。"谓许玄度曰："自吾有由，恶言不入于耳。"二人受而不恨②。

【注释】

①四友：借指文房四宝，即笔、墨、纸、砚；亦指四位相知的朋友。其中颜回、子贡、子张、子路为孔子四友。

②恨：遗憾。

【译文】

东晋的刘尹对谢尚（字仁祖）说："自从我有了'四友'（指颜回思想），门人就跟我走得更近了。"又对许询（字玄度）说："自从我心里有了仲由（指子路），我就听不到恶言恶语了。"两人听后都认同这种说法而且没有遗憾。

【原文】

49. 郗司空方回家有伧奴①，知及文章，事事有意，王右军向刘尹称之。刘问："何如方回？"王曰："此正小人有意向耳，何得便比方回？"刘曰："若不如方回，故是常奴耳。"

【注释】

①方回：郗愔（古读 chī yīn），字方回，东晋太尉郗鉴的长子，在东晋官至

平北将军、徐兖二州刺史。伧奴：原籍为北土的奴仆。

【译文】

司空郗愔家里有个奴仆，懂得很多，还会写文章，事事都有自己的主意办法，因此王羲之曾经向刘尹称赞过他。刘尹问道："他和郗愔相比谁更优秀？"王羲之说："他只是小人中比较优秀的而已，怎么能跟郗方回相比呢？"刘尹说："如果比不上郗方回，故而就只能是个寻常的奴仆罢了。"

【原文】

50. 王夷甫尝属族人事①，经时未行，遇于一处饮燕，因语之曰："近属尊事，那得不行？"族人大怒，便举樏掷其面②。夷甫都无言，盥洗毕，牵王丞相臂与共载去。在车中照镜，语丞相曰："汝看我眼光，乃出牛背上。"

【注释】

①属：嘱托。

②樏（léi）：古代一种盛食物的器具，像盘子，中有隔档。掷：投掷，抛。

【译文】

西晋的王夷甫曾经嘱托本家族的人办事，经过了很长时间也没付诸实施，有一天他们在一个宴会上相遇，于是就对本家族的人说："我近日嘱托你办的事情，为什么还没得到施行？"那位本家族人大怒，于是就举起一个盛食物的器具抛向他的脸。王夷甫始终没说话，洗干净脸后，牵着王丞相的手臂，与他一起乘车离去。在车中照镜子的时候，他对王丞相说："你看我的目光，就像从牛背上发出来的一样。"

【原文】

51. 孙兴公作庾公亮诔文①，多托寄之辞。既成，示庾道恩。庾见，送还之，曰："先君与君自不至于此。"

【注释】

①诔（lěi）文：悼念死者的文章。

【译文】

东晋的孙绰（字兴公）为庾亮写了一篇《庾公亮诔》，文中有很多虚构二人感情深厚的言辞。写完之后，交给庾亮之子庾道恩审阅。庾道恩看后，将诔文送还给孙绰，说："家父与您的感情还不至于达到这么深厚。"

【原文】

52. 江仆射年少，王丞相呼与共棋。王手尝不如两道许，而欲敌道戏，试以观之。江不即下。王曰："君何以不行？"江曰："恐不得尔。"

【译文】

江仆射年少的时候，丞相王导招呼他一起下棋。王导知道自己的棋艺与江仆射对比相差两道距离，但也希望对方无须谦让而公平博弈，这样就可以观察江仆射是如何下棋的。可是江仆射没有立即下棋。王导焦急地说："你为什么还不行棋呢？"江仆射说："恐怕不能这样下棋。"

【原文】

53. 诸葛恢大女适太尉庾亮儿，次女适徐州刺史羊忱儿。亮子被苏峻害，改适江虨①。恢儿娶邓攸女。于时谢尚书求其小女婚，恢乃云："羊、邓是世婚，江家我顾伊，庾家伊顾我，不能复与谢裒儿婚②。"

【注释】

①江虨（bīn）：字思玄，东晋官员，博学知名，擅长下棋，为中兴之冠。

②谢裒（póu）：字幼儒，陈郡阳夏（今河南太康）人，出身于陈郡谢氏，东晋元帝的吏部尚书，谢安之父。

【译文】

诸葛恢的大女儿嫁给了太尉庾亮的儿子，二女儿嫁给了徐州刺史羊忱的儿子。太尉庾亮的儿子被苏峻害死以后，诸葛恢的大女儿就改嫁给了江虨。诸葛恢的儿子娶邓攸的女儿为妻。在当时尚书谢裒替儿子提亲，想娶诸葛恢的小女儿，于是诸葛恢说："我家与羊、邓两家是世代姻亲，我看上了江家，庾家看上了我家，因此我家的小女儿不能再与谢裒的儿子成婚。"

【原文】

54. 王丞相初在江左①，欲结援吴人，请婚陆太尉。对曰："培塿无松柏，熏莸不同器②。玩虽不才，义不为乱伦之始。"

【注释】

①王丞相：王导，东晋丞相。江左：江东。

②培塿（lǒu）：小土丘。熏莸（yóu）：香草和臭草。喻善恶、贤愚、好坏等。

【译文】

东晋丞相王导当初刚到江东时，想结交攀附吴地权贵之人，于是就向陆太尉家求婚。陆太尉回复说："小土丘长不出高大的松柏，香薰与臭薰不能放进同一个器物。我陆玩虽然没有才华，但在道义上也不能打开破坏伦理纲常的先河。"

【原文】

55. 杜预拜镇南将军①，朝士悉至，皆在连榻坐。时羊稚舒后至②，曰："杜元凯乃复连榻坐客！"不坐便去。

【注释】

①杜预：字元凯，京兆杜陵（今陕西西安市）人，魏晋时期著名政治家、军事家和学者。

②羊稚舒：羊琇，字稚舒，泰山南城（今山东新泰市）人。西晋时期外戚大臣，景献皇后羊徽瑜的从父弟，西晋名将羊祜的堂弟。

【译文】

杜预被任命为镇南将军，朝中官员知道后全都前来祝贺，他们都坐在连接在一起的座榻上。当时羊稚舒是最后一个到来的，说："杜元凯竟然又让客人在连榻座席上落座！"说完，没有坐下来就转身离去了。

【原文】

56. 夏侯泰初与广陵陈本善[①]。本与玄在本母前宴饮，本弟骞行还[②]，径入至堂户。泰初因起曰："可得同，不可得而杂。"

【注释】

①夏侯泰初：夏侯玄，字泰初，沛国谯县（今安徽亳州）人。三国时期曹魏玄学家、文学家、官员。

②骞（qiān）：陈骞，临淮东阳（今安徽天长）人。曹魏司徒陈矫之子，西晋开国功臣。自幼为人朴实稳重，颇有智谋。

【译文】

夏侯玄与广陵的陈本关系友善。陈本与夏侯玄陪着陈本的母亲一起饮酒吃饭，陈本的弟弟陈骞回来后，没打招呼就径直走入了厅堂的房间。夏侯玄因此站起来气恼地说："可以与志同道合的人同行，不能与志趣不同的人混杂在一起。"

【原文】

57. 刘真长与殷渊源谈[①]，刘理如小屈，殷曰："恶卿不作将，善云梯仰攻[②]。"

【注释】

①刘真长：刘惔（dàn），一作刘恢，字真长，沛国相县（今安徽省宿州朱仙庄镇）人。东晋大臣、清谈家。殷渊源：殷浩，字渊源，陈郡长平县（今河南西华县）人，东晋时期大臣、将领、清谈家。

②云梯仰攻：指登上云梯，从低处向高处进攻。此处喻指理亏之辩。

【译文】

刘惔与殷浩一起谈论玄理学说，刘惔似乎稍微有点理亏但仍极力申辩，因此殷浩说："你没当将军真是太可惜了，因为你很擅长登上云梯仰攻之计。"

【原文】

58. 支道林造《即色论》，论成，示王中郎，中郎都无言。支曰："默而识之乎①？"王曰："既无文殊，谁能见赏？"

【注释】

①识：记住。

【译文】

支遁创作《即色论》，此论著写成以后，便拿给王坦之看，而王坦之全部看完也没说一句评论之语。支遁说："你这是要默记于心吗？"王坦之说："既然没有文殊菩萨的慧眼，谁能赏识我的高见呢？"

【原文】

59. 王、刘与林公共看何骠骑，骠骑看文书，不顾之①。王谓何曰："我今故与林公来相看，望卿摆拨常务，应对玄言，那得方低头看此耶？"何曰："我不看此，卿等何以得存？"

【注释】

①顾：看，理睬。

【译文】

王濛、刘惔与支遁一同去看望骠骑将军何充，当时何充正在看文书，没有理睬他们。因此王濛对何充说："我今天特意与林公一起来看望你，希望你推开一切日常事务，应当与我们一起探讨玄理学说，哪能只顾低头看这些公务文书呢？"何充回答说："我不看这些文书，你们怎能得以更好地生存呢？"

凄语篇第十八

【原文】

吴苑曰：凄者，西也，于时为秋。秋之为时也，刁刁焉，槭槭焉[①]。稍具情者，触闻之间，无不堕泪，其义可知矣。又西方为万物告终之处。故次凄语第十八。

【注释】

①槭槭（sè）焉：树枝光秃的样子。

【译文】

吴苑说：所谓的凄，在方位上属于“西”，在时令上属于秋天。秋天这个时节，草木已经开始凋零了，树枝逐渐光秃的样子甚为凄凉。稍微具有一点感情的人，耳闻目睹之间，没有不为之感伤落泪的，这其中的深层含义就可想而知了。另外，西方是万物的终结之处。所以将这凄语篇排列在第十八位。

【原文】

1. 李斯论斩咸阳市[①]。当出狱，与其中子俱执，顾谓其中子曰：“吾欲与若复牵黄犬，俱出上蔡东门逐狡兔，岂可得乎？”

【注释】

①李斯：汝南上蔡（今河南省上蔡县）人。秦朝著名政治家、文学家和书法家。秦始皇死后被赵高等人陷害，秦二世二年（公元前 208 年），李斯父子腰斩于咸阳，夷灭三族。市：集市，街市。

【译文】

李斯被判处在咸阳集市上腰斩示众。李斯被押出牢狱处斩当天，与他的次子一起被押解到刑场，李斯回头对次子说：“我还想和你重牵咱家黄猎狗，一起奔出家乡的东门外追逐野兔，难道还可以做到吗？”

【原文】

2. 景公游于牛山，北临其国城而流涕曰：“若何滂滂去此而死乎[①]！”

【注释】

①滂滂（pāng）：形容血、泪流得多的样子。

【译文】

春秋时期，齐景公到牛山游览，面对国都北面城墙突然泪流满面地说：“我怎么舍得泪水滂沱地离开这美丽的地方去死呢！”

【原文】

3. 陈宫与吕布俱为曹公所执[①]。公谓宫曰：“奈卿老母何？”宫曰：“老母在公，不在宫也。夫以孝理天下者，不害人之亲。”公又曰：“奈卿妻子何？”宫曰：“宫闻霸王之主，不绝人之祀。”固请就刑，遂出不顾。

【注释】

①曹公：指曹操。执：俘获。

【译文】

陈宫与吕布都被曹操所俘获。曹操对陈宫说：“假如你被处死，你的老母亲怎么办？”陈宫说：“怎样安置我的老母亲全在于曹公你，而不取决于我陈宫。凡是以孝道治理天下的人，不会加害别人的亲人。”曹操又说：“假如你被处死，你的妻子儿女怎么办？”陈宫说：“我听说，凡是成就霸业的人，不会断绝他人的后代。”陈宫说完，坚持请求立即行刑，于是头也不回地走了出去。

【原文】

4. 卫夫人见王羲之小时书便有老成之气，流涕曰：“此子必蔽吾名[①]！”

【注释】

①蔽：掩盖；超过。

【译文】

卫夫人看到王羲之小时候写的书法就有娴熟老成之气，忍不住流着眼泪说：“这孩子将来一定会超过我的名声！”

【原文】

5. 汉高征黥布还[①]，过沛，留，置酒沛宫，悉召故人父老子弟佐酒[②]。酒酣，乃歌大风之歌，帝自起舞，慷慨伤怀，泣数行下。谓父兄曰：“游子悲故乡，吾虽都关中，万岁之后，吾魂魄犹思家沛。”

【注释】

①汉高：指汉高祖刘邦。黥布：原名英布，因受秦律被黥刑，又称黥布。是秦末汉初名将，先投靠项羽，为西楚名将。后被俘归顺刘邦。

②佐：款待；陪同饮宴。

【译文】

汉高祖刘邦征伐黥布归来，返回途中路过沛县，于是就留下来过夜，在沛宫

中摆下酒宴，招呼以前的老朋友和父老乡亲都过来陪同饮宴。大家喝到酣畅的时候，他就唱起了《大风歌》，刘邦一边唱一边跳舞，志气昂扬之时无限感伤，流下一行行眼泪。他对父老乡亲说："游子总是思念故乡，我虽然在关中建都，万岁之后（指死了以后），我的魂魄还是会因为思念家乡而回到沛县。"

【原文】

6. 狄仁杰登太行[①]，见白云孤飞，乃叹曰："吾亲舍其下。"

【注释】

①狄仁杰：唐朝时期宰相，杰出政治家。太行：太行山。

【译文】

唐代宰相狄仁杰登上太行山后，看见白云孤独地飘飞，于是叹息说："我的父母双亲就在那片白云之下。"

【原文】

7. 孔北海被收[①]，时男方九岁，女七岁，以幼弱得全，寄在他舍。或有言于曹操收之。女谓兄曰："若死而有知，得见父母，岂非至愿！"遂延颈就刑[②]。

【注释】

①孔北海：孔融，曾任北海太守。被收：被抓捕。

②延颈：本意是伸长脖子。这里指在平静中等待行刑。

【译文】

东汉末年，北海太守孔融被曹操下令抓捕，当时他的儿子才九岁，女儿七岁，因为年幼才免于一死，寄养在别人家里。有人建议曹操斩草除根以绝后患，于是就把孔融的儿女也抓了起来。女孩对哥哥说："如果死后还能有知觉，就能看见父母，这难道不是最好的心愿吗！"于是平静地伸出脖子等待行刑。

【原文】

8. 桓宣武平蜀[①]，以李势妹为妾[②]，甚有宠，常着斋后。主始不知，既闻，与数十婢拔白刃袭之。正值李梳头，发委藉地，肤色玉曜[③]，不为动容，徐徐结发，敛手向主言曰："国破家亡，无心至此，今日若能见杀，乃是本怀。"

【注释】

①桓宣武：桓温，东晋政治家、军事家、权臣。其子桓玄代晋称帝，建立桓楚，追封其父谥号"宣武皇帝"。

②李势：字子仁，成汉（十六国之一）第二代君主，在位四年后降晋，被封为归义侯。

③玉曜（yào）：像玉一样光艳夺目。多喻外表的美。

【译文】

东晋驸马桓温平定了蜀地叛乱后，便将成汉皇帝李势的妹妹带回家中为妾，非常宠爱她，但又惧怕公主，就把她藏在了书房后面的小屋里。桓温的妻子南康长公主刚开始并不知情，后来知道这件事后，就怒气冲冲地带着几十个奴婢拔出明晃晃的刀剑冲进李势妹妹的房间，打算趁其不备杀死她。当时，李氏正在梳头，长长的秀发拖到地上，肤色光洁如玉、耀眼夺目，当她看到公主带领众人闯进来并没有害怕，而是面不改色地用手慢慢挽起头发，恭敬地对南康长公主说："我已国破家亡，并不是我情愿到这里来，今天被你发现，如果能杀了我，正合我的心愿。"

【原文】

9. 孙子荆除妇服，作诗以示王武子。王曰："未知文生于情，情生于文，览之凄然，增伉俪之重①。"

【注释】

①伉俪（kàng lì）：配偶，夫妻。

【译文】

西晋的孙子荆为妻子服丧期满以后，写了一首诗拿给王武子看。王武子看后说："我无法分清这首诗到底是文生于情，还是情生于文，总之看完之后，让人觉得无比悲戚，更加感到了夫妻之间情感的浓重。"

【原文】

10. 曹公既杀杨德祖，后与太尉遇于朝堂。曹问太尉："公何瘦之甚？"太尉答曰："愧无日磾先见之明①，犹怀老牛舐犊之爱②。"曹公为之改容。

【注释】

①日磾（mì dī）：金日磾是汉武帝的大臣，他杀了自己两个行为不端正的儿子，以免产生后患。

②老牛舐犊（shì dú）：老牛舔小牛。比喻父母疼爱子女。舐：舔。

【译文】

曹操杀了杨修以后，有一天在朝堂上与太尉杨彪（杨修的父亲）相遇。曹操问太尉杨彪："杨公为什么越来越消瘦？"杨彪回答道："很惭愧，我没有金日磾那样的先见之明，但我还有老牛舐犊那样的爱子之情。"曹操听后为此脸色大变。

【原文】

11. 王安期去官①，东渡江，道路梗塞，人怀危惧。王每遇艰险，处之夷然，虽家人不见其忧喜之色。既至下邳②，登山北望，叹曰："人言愁，我始欲愁。"

谢太傅曰："当尔时，觉形神俱往。"

【注释】

①王安期：王承，字安期，太原晋阳（今山西太原）人，东晋初年的第一名士。

②下邳（pī）：古郡名。

【译文】

王安期辞官以后，东渡长江，由于道路上盗寇很多，通行不畅，人们都感到恐惧。可是王安期每当遇到各种险情时都能坦然面对，化险为夷，即使是家里人也看不到他有任何忧愁和喜悦的神色。到了下邳以后，他登山北望，感叹说："人们说到愁，我才开始想到忧愁。"太傅谢安说："在那个时候，就会让人觉得形态与神情都能完美结合。"

【原文】

12. 龚胜死[①]，楚父老来吊[②]，哭甚哀。既而叹曰："薰以香自烧，膏以明自煎。嗟哉龚生，竟夭天年[③]！"

【注释】

①龚胜：西汉彭城（今江苏徐州）人。因拒绝王莽的征聘，绝食而死。

②父老：古时职掌管理乡里事务的年长者。吊：凭吊。

③夭：夭折，早死之意。

【译文】

龚胜因拒绝王莽的征聘，绝食而死，楚地的一位父老前来凭吊，哭得特别伤心。随后止住哭声叹息说："香草因为自身散发芳香而被燃烧，油脂因为它能带来光明而自身备受煎熬。悲哀啊龚生，竟然空有才华而早早死于非命！"

【原文】

13. 羊太傅好山水[①]，每风景必造岘山，置酒言咏，终日不倦。尝慨然叹息，顾谓从事中郎邹湛曰："自有宇宙，便有此山。由来贤达胜士，登此远望，如我与卿者多矣，皆灭无闻，使人悲伤。如百岁后有知，吾魂魄犹应登此。"

【注释】

①羊太傅：羊祜（hù），字叔子，泰山郡南城县人，西晋时期战略家、政治家、文学家。死后获赠侍中、太傅。

【译文】

西晋的太傅羊祜喜欢山水，每当天气好的时候，必定会登上岘山，在那里置办酒席饮酒吟诗，终日不感到厌倦。有一天他曾无限感慨地叹息，回头对从事中郎邹湛说："自从有了宇宙，就有了这座山。历年来的圣贤与显达之人，都曾登

上这座山举目远眺，像你我这样的人多得数不胜数，如今都已被湮灭而没有了消息，真是令人感到悲哀。如果人死后还能有知觉，我的灵魂应当还能回来登临这座高山。”

【原文】

14. 孝武山陵夕，王孝伯入临，告其诸弟曰：“虽榱桷惟新①，便自有黍离之哀！”

【注释】

①榱桷（cuī jué）：屋椽。

【译文】

祭奠孝武帝的那天晚上，王孝伯也亲临现场吊丧，对他的诸位弟弟说：“尽管屋椽是新的，但是很轻易就给人一种《黍离》诗中宫殿被毁的悲哀！”

【原文】

15. 雷宣徽颇涉道书。因读史，废书流涕曰：“功名者，贪夫之钩饵。横戈开边，仗剑讨叛，死生食息之不顾。及其死也，一棺戢身，万事都已①，悲夫！”

【注释】

①一棺戢身，万事都已：一副棺椁装殓了死去的身体，万事都已经消亡了。

【译文】

雷宣徽平时读了很多涉及道学方面的书籍。有一次因为读了一本史书，他随手放下书籍流着眼泪说：“所谓的功名利禄，就是引诱贪婪之人的钓饵。那些横举刀戈开疆扩土之人，那些手持宝剑讨伐叛逆之人，他们根本不顾及自己的衣食生死。等到他们死后，只用一副棺椁就装殓了死去的身体，所有东西都已经消亡不见了，真是悲哀啊！”

【原文】

16. 张思曼亡后，从弟融赍酒于灵前①，酌酒恸哭曰②：“阿兄风流顿尽！”

【注释】

①赍（jī）：捧着，挟着。

②恸（tòng）哭：指放声痛哭，号哭。

【译文】

南朝齐的张思曼死后，他的堂弟张融捧着酒走到他的灵前，喝下酒后放声痛哭道：“堂兄的一代风流此刻全都化为乌有了！”

【原文】

17. 韩雍升江西巡抚，经泰和，念陈芳洲为举主，躬祭墓下，流涕不已。曰：

“士为知己者死，吾将安死焉？”

【译文】

韩雍升迁为江西巡抚，上任的途中经过泰和县，因为感念当年陈芳洲举荐自己的恩德，便来到他的坟墓前躬身拜祭，顿时流泪不止。他泪流满面地说：“都说‘士为知己者死’，如今我将如何为知己而死呢？”

【原文】

18. 江陵陈元植与章华甫、张相期友善。陈死，华甫检元植所披阅《东坡集》刻之，以传其意①。每至刻所出，谓人曰：“予一闻敲字声，使人半日思肠不返。”

【注释】

①意：心愿，意愿。

【译文】

江陵人陈元植与章华甫、张相期是好朋友。陈元植死后，章华甫检查校对陈元植生前批阅的《东坡集》之后将书籍刻印出版，以此完成陈元植的心愿。章华甫每当从刻印书籍的地方出来，就对别人说：“我一听到刻字发出的敲击声，那种浓郁的思友之情就会涌动肝肠，久久不能平复过来。”

参考文献

[1] 曹臣 . 舌华录 [M]. 白岭，译 . 郑州 ：中州古籍出版社，2017.
[2] 曹臣 . 舌华录 [M]. 陆林，校点 . 合肥 ：黄山书社，1999.
[3] 曹臣 . 舌华录 [M]. 黄伶，卿至，译注 . 北京 ：中国书店出版社，2018.
[4] 曹臣 . 舌华录 [M]. 北京 ：光明日报出版社，2014.
[5] 刘义庆 . 世说新语 [M]. 北京 ：中国文史出版社，2003.
[6] 刘义庆 . 世说新语 [M]. 沈海波，译 . 北京 ：中华书局，2016.